THE LOGIC
AND
COMMON SENSE
OF CREDIT

信贷的逻辑与常识

刘元庆◎著

中信出版集团 · CHINACITICPRESS · 北京

图书在版编目（CIP）数据

信贷的逻辑与常识 / 刘元庆著 . -- 北京：中信出版社，2016.12（2025.12重印）
ISBN 978-7-5086-6830-7

I. ①信… II. ①刘… III. ①信贷管理—基本知识 IV. ① F830.51

中国版本图书馆 CIP 数据核字（2016）第 248199 号

信贷的逻辑与常识

著　　者：刘元庆
出版发行：中信出版集团股份有限公司
（北京市朝阳区东三环北路 27 号嘉铭中心　邮编　100020）
承 印 者：北京通州皇家印刷厂

开　　本：787mm × 1092mm　1/16　　印　　张：24.5　　字　　数：330 千字
版　　次：2016 年 12 月第 1 版　　印　　次：2025 年 12 月第 60 次印刷
书　　号：ISBN 978-7-5086-6830-7
定　　价：79.00 元

目录

序 V

作者序 XIII

第一部分 **总论篇**

第 1 章 借债容易还钱难 003
第 2 章 周期是“大用” 007
第 3 章 风险控制要避免“火鸡的错觉” 012
第 4 章 借款人不能还款就是最大的实质风险 016

第二部分 **客户篇**

第 5 章 好股东就是好爸爸 023
第 6 章 债务轻的客户就是好客户 030
第 7 章 选好了客户就控制了风险的源头 041
第 8 章 开工率、产销率和货款回收率是反映企业生产经营状况的极简指标 048
第 9 章 库存和应收账款高企是企业财务恶化的重要征兆 052
第 10 章 品质是企业信用的基石 062

第三部分 **用途与交易背景篇**

第 11 章 用途欺诈是贷款反复发生风险的重要根源 069
第 12 章 识假辨假才能防假反假 076
第 13 章 民间借贷是“饮鸩止渴” 088
第 14 章 关联交易的主要指向是套取融资及掩盖用途 099

第四部分 **项目与市场篇**

第 15 章 小马拉不动大车 111
第 16 章 有多大的本钱干多大的事情 118
第 17 章 不要迷信项目的未来效益 124
第 18 章 东西卖不出去是加工制造企业最大的风险 131

第五部分 **还款能力篇**

第 19 章 债权人看报表就是看偿债能力 143
第 20 章 借款人能否偿还债务的两大关键因素是收入和资产 156

第六部分 **担保篇**

第 21 章 不能把宝押在保证和抵质押上 169
第 22 章 押品管理的核心是选得好、估得准、押得住 177
第 23 章 保证人的净资产与其保证能力关系不大 190
第 24 章 财务限制条款和保护性条款是重要的风险预警线 201

第七部分 **融资方案篇**

第 25 章 好苹果吃一半 219
第 26 章 期限越长不确定性越大 227
第 27 章 下浮利率就相当于等额减少了利润 232
第 28 章 大额或长期贷款到期一次性偿还是还不了的 240

第八部分 **贷后管理篇**

第 29 章 控制不了现金就控制不了现实的还款来源 249
第 30 章 贷后要相机抉择管控风险 256

第九部分 **财务分析篇**

第 31 章 财务报表分析与银行信贷决策 269

第十部分 **创新业务篇**

第 32 章 银行理财投资业务及其风险控制问题探讨 305
第 33 章 银行承销和投资债务融资工具及其风险控制问题探讨 332
第 34 章 投贷联动与银行公司业务投行化 347

后记 369

序

银行信贷风险管理的反思①

据银监会披露的信息，截至2016年6月末，商业银行不良贷款余额14 373亿元，不良贷款率1.75%，分别比上年同期增长3 454亿元和上升0.25个百分点。出现这种情况的原因是复杂的、多方面的，既有经济发展方式转型和经济增长放缓的客观因素影响，也有银行自身风险管理和外部监管等问题，其中更有不少值得反思的教训。

现状与趋势

银行贷款的质量变化，与经济周期、宏观调控政策等存在很高的相关性。从压力测试的情况来看，经济上行期，银行信贷资产的质量会处于较好的状态；经济下行期，银行信贷资产的质量就会随之下行。现在银行不良贷款的增加，主要是前几年经济快速增长时，企业过度投资、银行过度放贷所带来的结果。从历史情况的分析看，

① 原文刊登在《中国金融》2014年第11期，作者对个别文字和数据进行了修改和更新。

银行贷款在投放后的三年左右，就会出现不良贷款的大幅增加，无论是一个区域还是一家银行都基本如此。从近期新增的不良贷款分析看，基本都是2009年以后发放的。

进入2012年后，国内经济增长速度放缓，经济发展方式开始转型、产业结构加速调整、国内外需求不足、钢铁等行业产能严重过剩等多种因素叠加，出现风险事件的企业明显增多，尤其是一些中小企业相继出现了生产经营停顿、亏损增加、资金链断裂等状况，这导致银行业普遍出现了信贷资产质量下滑的态势。不良贷款率从2011年的0.9%上升到2013年的1%，结束了连续近十年不良贷款余额和不良贷款率的“双下降”。随着经济发展方式的转型和经济结构调整的进一步深化，中国银行业的资产质量将面临更为严峻的考验。

从披露的信息中可以看到，截至2016年6月末，16家上市银行的平均逾期贷款占比为2.78%，较年初上升0.14个百分点。除逾期贷款外，已有潜在风险迹象的贷款也在增加。如目前房地产贷款的不良率尽管还比较低，但随着房地产市场结构性风险的逐步显现，房价下降预期不断增强，银行贷款的劣变压力也在不断加大。再如钢铁、电解铝、船舶制造等传统制造业中的产能过剩风险还在增大，并不断向其上下游领域蔓延，企业的亏损面和亏损额在增多。从以往的实践看，这类潜在风险贷款中至少有10%会劣变为不良贷款。如果银行逾期贷款和潜在风险贷款的增长势头不能得到有效遏制，那么不良贷款还会继续上升。从2016年第一季度的情况来看，16家上市银行的不良贷款余额、不良贷款率再次出现“双升”，上升的势头较上年更快。

目前中国的风险投资市场不活跃，私募基金的市场规模很小，债券市场也不够成熟。间接融资仍是企业投资的主要资金来源，大小项目的建设资金需求主要依靠银行贷款，这给银行带来很大的风险隐患。按现行规定，项目建设的资本金，最低20%就可以，高的也只有35%，剩余的资金全由银行贷款解决。这种规定使银行实际承担了主要的投资风险，项目投资成功了，银行按合同收回贷款本息，投资者则获得了全部的投资收益；投资失败了，投资者损失的只是有限的资本金，而银行损失的则是占项目总投资65%以上的全部贷款本息。可见银行所获得的收益与所承担的风险极不匹配，这种不匹配更激发了企业的投资冲动。

投资冲动是企业家的基本特性之一。前几年应对国际金融危机的宏观经济政策，在拉动经济增长的同时，也带来了一定负效应，巨大的政策惯性，放大了一些行业的非理性繁荣，掩盖了大量的风险隐患。随着经济增速放缓，市场需求下滑，累积的问题开始暴露。一些企业为追求高回报，通过过度负债、过度融资来扩张投资，导致杠杆过大，财务成本过高。从工商银行持续监测的3.4万户贷款样本企业看，其财务费用由2009年的862.2亿元上升到2013年的3 273.3亿元，年均增长39.59%，比主营业务收入年均增幅高20.1个百分点。尤其是处于经济运行末端的小微企业，受经济运行波动的影响更大，从1.9万户小企业样本看，其财务费用比主营业务收入年均增幅高出30.88个百分点，这使得其抗风险的能力降低，现金流难以覆盖到期融资的本息而出现违约增加。因此，一些小微企业贷款占比高的银行或其分支机构，不良贷款率也明显要高一些。尽管目前中国银行业的风险总体可控，与国际上主要金融机构的不良贷款率相比也算是比较低的，但绝不能由此而掉以轻心，必须要高度关注。

问题与教训

除了外部因素导致不良贷款率上升外，我们必须清醒地看到，当经济高速增长的大潮开始回落后，不少银行自身的风险管理以及监管的问题也暴露出来。

风险意识淡漠，责任意识不强。一些银行在市场竞争的压力下，放松了风险防控，同业间还不断竞相降低融资的风险底线，以增大市场份额。比较普遍存在实质风险管理被形式上合规操作所替代的问题，只要形式上合规就给融资，对企业借钱干什么用、用什么钱来还、还不了怎么办等最基本的信贷问题很少考虑。少数银行分支机构还利用内部管理上的薄弱环节，把本不符合融资条件的借款人，进行合规性包装，弄虚作假来获取银行融资，形成了较大的风险隐患。

信贷业务发展缺乏战略。部分银行对信贷总量、结构缺乏总体规划，对区域信贷的布局更是缺乏考虑。既没有规划与当地经济结构相匹配的信贷总量及其分布，也没有合理细分不同风险业务的管理。对分支机构的信贷业务经营和管理能力也没有行之有效的办法来进行评估，只是以不断加码的绩效考核指标来激励其拓展市场。相应的风险防控措施及资源配置与业务发展的要求很不匹配，特别是信贷从业人员的业务素质没有同步跟上，不能有效识别风险，使得在同一区域、同一政策下，不同银行或同一银行不同分支机构的信贷资产质量差异很大。

体制机制不能满足风险管理的需要。目前银行风险识别的信息来源渠道狭窄，主要还是靠传统的方式采集，不仅各种财务报表信息是借款人提供的，生产经营情况主要也是听借款人的陈述，除此之外的信息很少。按现行的银行信贷管理体制，每家分支机构只能在规定的区域内开展业务活动，不能涉足其他分支机构的区域。而跨区域生产经营已是企业十分普遍的做法，这使得银行的现场调查效率大大降低，在本区域现场很难了解到借款人的全部真实情况。加上同一银行各分支机构之间在业绩评价排名上还有竞争，内部缺乏有效的信息共享机制。在这种体制机制下，银行就不可避免地存在不少重要信息，尤其是关联信息的遗漏或缺失，从而严重影响了对借款人实质风险的识别与判断。

风险识别和防控过于依赖第三方担保。一些银行的信用风险管理方法、技术还比较传统，信息和数据挖掘深度不够，对于集团关联风险、连环担保风险以及交叉违约风险等多层复杂风险的识别能力还比较薄弱。风险防控主要靠担保，甚至把担保作为判断风险和融资决策的主要依据。不仅依靠担保公司担保、第三方监管出具的仓单等，还接受企业互保、联保等无实际意义的担保。

对集中度风险缺乏有效监管。本轮银行不良贷款上升与信贷的过度投放直接相关，且有明显的区域特征。银行不良贷款上升，也有具体监管不到位的问题。一些风险偏好过于激进，在短期内大量投放信贷，年度贷款增长幅度过高的银行业金融机构，监管部门并没有及时提示风险，制止信贷的非理性投放。部分银行把大量的融资投向少数区域或行业领域，如钢贸领域存在明显的过度融资。而某些地区监管部门对这些风险隐患缺乏应有的敏感性，至少是没有及时采取必要的监管措施，只是在风险较大面积暴露后，才做了风险提示。

对融资的关联担保、连环担保风险监管不够到位。在一些区域内，银行融资采取企业相互担保、关联担保、连环担保极为普遍，并由此形成了风险隐患很大的融资担保圈。这种担保圈越大，涉及的银行也越多，尤其是跨银行、跨金融机构的关联担保、连环担保，一家银行很难识别。只要其中某个企业出现资金链断裂，违约风险就立刻会蔓延放大，将会形成大面积的金融风波，严重的还有可能引发区域性金融风险。此类风险事件需要监管部门高度重视。

对企业过度融资没有相应的监管约束。一些企业为了获得更多的融资，就通过关联企业，尤其是隐性关联企业从多家银行进行融资。有融资业务往来的金融机构越多，企业过度融资的可能性就越大，银企间的信息就越不对称，银行的风险管理措施也越难落实。而一旦发生风险就会涉及巨额融资，给银行业金融机构带来严重损失。近年来，此类风险事件不断增多，对信贷资产质量威胁甚大，但对这种风险隐患问题并没有明确的监管规定。

责任追究不够严格。在不良贷款率连续几年下降的态势下，一些地方监管部门放松了对监管对象的责任追究，银行对不良贷款的责任认定不及时，对责任人处罚层级偏低，处罚的威慑力不强，助长了一些银行分支机构过度追求短期利益而不顾风险。此外，一些地方监管部门对案件的考核也存在不科学的方面，导致银行有瞒报案件的情况。

思考与建议

面对这一复杂的情况和问题，无论是银行还是监管部门都不能靠简单的“补漏”来解决，亟须进行顶层的思考。要从深化体制、机制改革入手，改进银行风险管理，完善监管方式，确保信贷资产的高质量，严格防控系统性金融风险。

保持理性的信贷增长。现阶段银行的主要风险依然是信用风险，做大信贷总量实际上是对银行风险管理能力的考验。现在每年有10万亿元的新增融资投放，加上几十万亿元存量贷款到期后的重新发放，对后续的信贷风险管理、防控大面积金融风险将带来很大的压力。所以银行要学会善于选择、善于放弃，避免非理性的信贷增长。对信贷的区域布局、行业布局要有总体规划，不能任由分支机构随意投放。同时，对分支机构的风险识别、防控能力要有科学的评估，对风险管理能力薄弱的，要限制其办理风险相对较高的业务。

改革风险管理体制机制。银行要从内部体制、机制上理顺对表内外融资、债券承销与投资、资产管理、租赁等全口径投融资的统一管理，实行全覆盖的风险管理政策，提高风险防控的有效性。严格实质风险的防控，不仅要严把融资的准入关，还要重视第一还款来源的可靠性和第二还款来源的有效性。对风险隐患大的客户，要抓紧压缩和控制融资。对在本行只有贷款没有存款、结算等业务的“裸贷”客户，也要抓紧梳理，进一步落实风险防控措施。

以大数据思维创新信用风险管理方式。银行既不能弱化对借款人的实地调查，又要创新风险管理方式，通过多渠道的信息采集，强化多信息的校验分析和逻辑判断，解决调查、审查、贷后管理中的信息不对称问题，并为经营决策、政策制定、审查审批等提供支持。还要充分运用数据信息和技术，以大数据思维来改革风险管理方式。银行总行要发挥信息集中的优势，整合内外部数据信息，对客户进行全方位的复合式动态风险评估和深度的相关关系分析，以便更全面地了解客户，及时发现其潜在的风险及变化趋势，为分支机构提供信息支持。彻底改变单纯依靠经验来评估客户风险，主要由分支机构自行识别、各自防控风险的管理方式。更要加大信贷从业人员的培训力度，完善选人用人机制，健全奖惩机制。对风险工作岗位要实行资格认证上岗制度，并建立一套科学的岗位监测评价考核机制，对不适合的人员要及时调整。

转变监管方式，健全监管指标。在目前的市场经济环境下，监管部门除了应适度控制银行新增融资的增幅，拓宽直接融资渠道，扩大直接融资总量外，还应善于面对新情况、新问题，及时调整监管重点。其一，强化信贷集中度风险的监管，要从监管制度上健全和完善分区域、行业、集群、金融产品等的集中度风险监测指标。按月对银行融资投向结构进行监测分析和风险提示，避免信贷投放过度集中，避免银行信贷资金脱离实体经济。其二，强化对企业关联信息的监管，严格防控区域性金融风险。要通过监管渠道来获取企业的关联信息，尤其是跨地区、跨银行的连环担保、关联担保等信息，及时向银行通报披露或进行风险提示。同时，对银行保证方式的融资及其总量也要有明确的监管限制，对各种关联担保、连环担保要设定严格的监管要求，不能任其发展，以防出现区域性的担保圈风险。如出现区域性的金融风险，也要追究区域监管的责任。其三，整顿市场秩序，规范企业融资的银行数量。监管部门要在相关制度中明确企业只能在有限的若干银行业金融机构进行融资，企业在向银行融资时也要遵守相关的监管规定。银行要严格审查企业已有融资情况，要特别关注过度融资与融资真实用途。如发现企业存在多头融资、过度融资的情况，监管部门也应及时向监管对象提示风险。

强化责任认定和责任追究。监管部门要督促银行加大对不良贷款的责任认定和责任追究的力度。本着尽责免责、违规必惩的原则，对疏于职守、不尽责履职以及违规人员，要及时进行责任认定并实行终身责任追究。不论责任人已提拔、已换岗、已调离，都要依据有关规定严格追究责任。同时在处理方式上也要从以经济处罚为主转到行政、岗位任职资格和经济处罚并重，以警示和强化风险责任意识。同时尽快调整案件考核办法，为有效打击不法分子欺诈银行融资，监管部门不宜把外部欺诈案件作为对银行的约束性考核指标，应当鼓励银行报案，对成功防堵欺诈案件的事例更要及时给予表扬。

是为序。

魏国雄
中国工商银行原首席风险官
2016 年 10 月 13 日

作者序

商业银行的本质是经营风险，信贷是经营风险的具体体现。信贷业务是商业银行最核心的业务，并对银行整个资产端业务都有深刻的影响，是银行利润和风险最主要的来源。信贷赢，全局主动；信贷输，满盘皆输。

信贷业务风险的主要表现形式是信用风险，信用风险即为借款人或交易对手违约的风险。信贷是顺周期的，经济繁荣时期，客户各项经营指标较好，再融资环境比较宽松，即使贷款到期客户偿还出现一些困难，也总是可以借入更多的债务偿还前期贷款，因此，经济繁荣时期通常也是企业加杠杆的时期，相应地，客户也很少违约。经济下行时期，客户的各项经营指标恶化，但杠杆还在，债务依然高企，同时再融资环境恶化，不仅难以借入更多的债务，很多时候存量债务到期也难以周转续贷，于是客户便违约了。同时，当前银行的平均利差不足2%，信贷客户群体本质上是应具有较低风险特征的，社会上很多融资需求，本来不应该靠银行来满足，而是应该通过大力发展多层次的资本市场来解决，但在我国以间接融资为主的金融体系中，权益性资金来源非常有限，当前银行承担的很多责任，实际上超出了它的能力。比如，当前全社会三大债务融资的风险，几乎都集中在银行体系中：一是企业过度使用杠杆，信贷违约风险高企；二是债券（包括债务融资工具）的购买主体主要是银行，风险并未从银行体系分散出去，所谓的直接融资实际上仍是间接融资，而且债券投资的风险一点儿也不比信贷的风险小；三是在目前银行理财产品刚性兑付的环境下，银行非标理财产品的风险实际上也未从银行转移出去，而且一旦出现风险更难处置。总之，当前银行同时面临信贷、债券投资和理财投资三重叠加的风险，风险管控面临着前所未有的压力。

信用风险控制包括宏观经济、中观行业和微观企业三个层面，风险控制的基本理念是“先控大，再控小”。宏观经济、中观行业以及相应的风险管理政策、制度、办法、架构和流程，属于银行“顶层设计”的范畴，不属于本书重点讨论的内容。本书专注于微观层面单个客户、单个项目和单笔业务的信用风险控制事宜，并将有关宏观经济、中观行业风险的考量融入具体的客户、项目或业务中。

微观客户、项目或业务的风险控制构成了银行风险控制的基石。经济繁荣时，在信贷调查、审查和贷后管理过程中，银行粗一些或是细一些的区别可能还不是很大，客户较好的还款意愿和还款能力，以及企业产销顺畅和资产升值，可能把银行前期的疏忽就掩盖了；但在经济下行期，客户还款能力下降，信贷欺诈层出不穷，银行稍有不慎就可能出现风险。除宏观经济及外部市场环境变化外，银行内部“三查”不到位，也是造成当前信贷风险高发、多发的重要原因。在过去的10多年中，中国金融业快速发展，银行客户经理和风险经理队伍普遍都比较年轻，在注重市场扩张的环境和氛围中成长，很多都未经过严格的专业训练，也未经历过经济周期，基层信贷人员只注重形式合规，忽视实质风险的情形普遍存在。在当前银行信贷风险压力日益加大的背景下，提高信贷调查、审查审批和贷后管理人员的业务水平，提升其把控实质风险的能力，显得尤其迫切。本书尝试在这些方面做一些努力。

我1999年参加工作时，正值上一轮银行不良资产剥离、股改和上市，此后，中国银行业的发展经历了“黄金10年”，银行信贷资产高速增长，客户很少违约。大约从2012年开始，随着经济减速和“三期叠加”，信贷风险开始日益显现，银行经营压力不断加大。从我个人的工作经历来说，我参加工作后一直与信贷打交道，从工商银行基层支行的信贷员做起，先后在公司业务、投资银行、信贷管理、授信审批等多个信贷相关部门和岗位工作，比较完整地经历了银行信贷工作的各个层级、各个部门和各项业务，特别是在总行信贷管理部、信用审批部和授信审批部等部门工作期间，让我有机会接触到最多的项目、最复杂的业务以及最前沿的产品。近10多年来，我比较深入地参与了5 000多个（笔）项目及业务的尽职调查、审查、审议或审批，对商业银行微观信用风险管理有比较深切的认识和体会，期间既有准确判断成功规避重大风险的喜悦，也有判断失误形成风险的痛苦、彷徨和煎熬。不论如何，我都要特别感谢工商银行这个“宇宙行”给予我最大的平台、最高的眼界、最宽广的视野和最多的业务机会，让我有机会近距离去观察、去审视、去触摸、去体会这个国家最活跃的微观经济主体。10多年来，在与无数的项目及业务打交道的过程中，当看惯企业的“千姿百态”，看过太多的“起高楼、宴宾客、楼塌了”的事情以后，对风险的敬畏早已深入骨髓。本书是我这些年来从事信贷及风险管理实践的工作体会、观察与思考，也吸收了很多“老信贷”前辈们的宝贵经验，既有对实践经验的总结、概括与提炼，也有对其中教训的回顾、检讨与反思。

本书是专门为银行信贷相关专业（包括公司业务、投资银行、信贷管理、资产管理、授业信审批、风险管理等）从业人员而写的，供他们在进行具体项目或业务的尽职调查、审查审批决策和贷后管理中参考。由于全社会的融资主要分为债权融资和股权融资两类，信贷是债权融资的主体，但如果透过纷繁复杂的交易结构及外在形式，回归债权融资的本质，我们会发现，所有债权融资风险把控的核心要点都是相通的，所有债权人关心的问题都是一致的，比如，谁融资，融资干什么，拿什么还款，还不了怎么办，以及如何确定融资方案，即金额、用途、期限、利率、担保条件和还款安排如何组合等问题。因此，本书也可为在信托公司、基金、券商、保险子公司、租赁公司、小贷公司、互联网金融企业等金融机构从事债权融资业务的人员参考。

本书的主要特点：一是通俗化。重庆市市长黄奇帆曾说："把金融搞得很复杂的那些人都是骗子。"金融智慧，大道至简。作者力图用最通俗、最简单的语言，去阐述银行日常信用风险管理中的道理，回归常理、常情、常规、常识。近年来，金融风险事件频发，动辄上百亿元的跑路事件，实际上大部分都是违背了金融的常识，违背了信贷的常识。二是案例化。经验仍是抽象的，结合具体案例以后就形象化了。为此，作者精心挑选了约 50 个案例，结合各章的主题，详细分析了具体信贷业务风险把控中应重点关注的问题。三是全面性。本书既包括银行的传统信贷业务，也包括近年银行的创新业务，如债务融资工具承销和投资业务、非标理财投资业务以及投贷联动业务，几乎涵盖了银行当前绝大部分涉及信用风险的业务领域。四是实操性。本书立足于当前的市场环境和信贷工作实践，为银行等金融机构日常遇到的每个客户、每个项目或每笔业务的信用风险决策服务。

信贷涉及资金的跨期配置，贷款偿还与借款人预期效益密切相关。在银行发放贷款时，借款人大多都是好企业，但在贷款期间，与借款人预期效益及还款能力相关的一切因素都在发生变化，包括借款人在变化，保证人在变化，抵质押物在变化，政策在变化，市场在变化，技术在变化，而变化就意味着不确定性，不确定性可能带来的损失就是风险。

敬畏市场，敬畏风险，敬畏常识。

刘元庆

2016 年 7 月 16 日于北京金融街

第一部分　总论篇

金融的本质是跨时空的价值交换，是信用、杠杆和风险的总和，是钱生钱的游戏。信贷是金融重要组成部分，是以货币为起点和终点的借贷行为，是企业借债还钱的活动。

信贷中的借债还钱，总是跟信用、杠杆和风险联系在一起，低信用加上高杠杆就一定会发生风险。本部分主要探讨企业借债容易还钱难的逻辑、经济周期对信贷的影响、风险控制中常见的误区以及对有关信贷实质风险的辨析。

第1章　借债容易还钱难

信贷是以银行承担风险为前提，以借款人偿还为条件的资金借贷行为。信贷的起点和终点都是货币，银行“放贷生息”对应的是企业“借债还钱”。信贷总是跟信用、杠杆和风险联系在一起，银行把钱借出去容易，但要把钱从企业收回来却很难，特别是在经济下行时期，企业要偿还债务、要去杠杆更是难上加难。

借债容易还钱难，首先是因为“钱变物”容易，“物变钱”却很难。企业借债还钱涉及两个过程，第一个过程是“借债”，是“钱变物”的过程；第二个过程是“还钱”，是“物变钱”的过程。“钱变物”是企业生产经营的起点，也是信贷经营的起点。银行把钱借给企业，企业在生产经营过程中要把“钱”变成“物”，把货币形态的资金变成实物形态的资产，如购买原材料、机器设备和建设厂房。这个过程是在资产负债表内部完成的，是资产负债表左侧不同科目之间的转换。“物变钱”是企业生产经营的终点，也是信贷经营的终点。但“钱变物”容易，“物变钱”却很难。马克思在《资本论》中有著名的论断：“商品到货币是一次惊险的跳跃。如果掉下去，那么摔碎的不仅是商品，还有商品的所有者。”商品的所有者就是企业，通俗地说，如果东西卖不出去，“物”变不了“钱”，企业就要倒闭，银行的贷款也就没有办法偿还。企业把“物”变成“钱”无非两种途径：一是正常经营时，资产创造收入；二是不能正常经营时，资产本身变现。资产创造收入，需要在资产负债表和利润表之间完成转换，资产负债表的所有投入都需要通过利润表进行回收。资产负债表的资产能否转化为利润表的收入，既与企业努力有关，更与市场状况相关。在经济下行时期，市场环境恶化，企业东西卖不出去、钱收不回来已成为一种常态。一旦资产不能通过利润表进行有效回收，实物形态的资产无法变成货币形态的资金，债务就无法偿还。企业不能正常经营时，大量的不良资产实际难以变现，即使部分资产能够变现，由于账面价值与市场价值之间存在很大的差距，资产变现价值往往也很难覆盖债务余额。

借债容易还钱难，还因为资金有时间价值。银行借款是企业的强制债务，必须按期还本付息。企业一旦借钱，利息支出就是企业的一笔刚性费用。不管企业经营如何，随着时间推移，需要偿还的利息就会一刻不停地增加，这些都增加了资产的负担，需要资产创造额外的收入进行偿还，财务费用直接构成了企业利润的减项，甚至直接构成了资产的减项。笔者曾经历一个案例，2013 年 6 月，某房地产企业向信托公司借入 18 亿元，期限 2 年，年利率 16%，以已建成的商铺、写字楼和在建住宅做抵押，抵押物评估价值约 36 亿元。该笔贷款到期后，由于项目销售不如预期，企业仅偿还了 5 亿元，余额 13 亿元无法按期偿还。信托公司要求企业适当降低价格，尽快销售住宅或处置抵押的商铺和写字楼还款，但企业希望信托公司对贷款进行展期，不愿意降价销售及处置资产。这个案例非常典型，在当前的经济下行时期，有很多类似的企业，满手的资产但难以变成现金，而且资产还面临贬值的风险，企业必须在降价销售回笼资金与支付财务成本之间做出艰难的选择。在上述案例中，贷款展期后，企业每年须付出的财务成本约 2.08 亿元，相当于每天须向银行支付约 60 万元的利息，每两三天左右的利息支出就抵销了一套房子，而且本金还不减少，这对企业的财务压力和经营压力是非常巨大的。

借债容易还钱难，还因为杠杆是把双刃剑。信贷是企业利用杠杆的主要形式，但杠杆具有放大企业收益和风险的功能。在经济繁荣时期，企业负债扩张，因为有盈利能力的支撑，在扣除债权人的固定回报后，企业的利润和投资者的回报也依然很高；但在经济下行时期，不论企业经营多么艰难，债权人都照样要拿走固定的回报，企业债务越重，需要向债权人支付的固定回报也就越高，在扣除债权人的固定回报后，企业的亏损可能也就越重。当部分过度负债的企业无法偿还债务本金甚至无力支付债权人的固定回报时，违约就不可避免地发生了。企业经营与个人股票投资有许多相似的地方，当股市从 1 080 点上升到 6 124 点时，个人投资者的最好策略就是满仓操作，把所有的现金都变成股票，同时加杠杆，就可赚到最多的钱；但当股市从 6 124 点跌到 1 664 点时，个人投资者的最好策略是空仓操作，把股票尽快变成现金，才能减少损失，如果这时还有杠杆，个人的损失就会进一步放大。过去，在经济上行时期，很多企业都习惯“满仓操作”，有钱就进行投资，把所有的现金都变成资产，同时拼命利用杠杆，负债扩张，被反复证明是最有效的赚钱途径；但在当前经济下行、产能普遍过剩的背景下，过去负债扩张形成的资产，往往变成了当前无效的产能，过去杠杆率越高的企业，现在的财务负担就越重，生存压力就越大。

借债容易还钱难，还因为钱从借出去的那一刻开始，银行就没有太多的主动权了。债权与股权不同，不能参与企业的生产经营决策，不能干预企业人、财、物的配置，因此，银行发放贷款后，能不能偿还在很大程度上就取决于借款人，有点儿类似“嫁鸡随鸡”，如果“遇人不淑”，吃亏的往往是银行。在银行发放贷款后，即使发现有问题、有风险，因这时“钱”已变成了“物”，也很难退出来，不像证券市场有很强的流动性，纠错的成本较低，信贷市场的流动性差，没有有效的纠错机制，退出的成本很高。

借债容易还钱难，还因为现在的变化比过去任何时候都要快。信贷从本质上讲是保守的，它不喜欢激烈变化，希望未来能够重复过去。每一笔贷款在发放前都需要履行严格的尽职调查、审查和审批程序，在银行发放贷款时，绝大多数借款人都是好企业，但在贷款发放后，与贷款相关的一切都在变化，借款人在变、市场在变、技术在变、需求在变、政策在变、担保人在变、抵押物在变，变化意味着不确定性，不确定性造成的损失就是风险。由于变化，贷款到期时借款人的还款能力可能与银行发放贷款时完全不同。在过去的 10 多年中，很多耳熟能详的好企业，如摩托罗拉、爱立信、诺基亚、中国铝业、无锡尚德，有些衰落了，有些破产了，银行在企业破产的过程中损失惨重。时代是以加速度前进的，现在世界的变化速度超乎想象，快得让人喘不过气来，过去与未来之间越来越没有联系。虽然银行在发放贷款前试图充分评估未来各种变化可能对借款人还款能力的影响，但面对变化，每一个人的认知能力都是有局限的；面对变化，很多时候，贷款人和借款人都无能为力。

银行把钱借出去再收回来是一项很有挑战性的工作，是一件很不容易的事情。信贷的诱惑在于，收益是当期的，风险是滞后的；利息收入是当期的，本金损失是滞后的。银行贷出去的钱有没有风险，能不能收回来，通常要到还款的时候才能得到验证。由于风险的发生有“时滞”，所以银行的短期业绩很容易通过放贷制造出来。在当期业绩考核的压力下，银行信贷收益的风险扣除普遍不足。然而，当滞后的风险到来时，后果又特别严重。一笔贷款损失了，差不多要做98笔同样的成功贷款才能弥补回来，这是信贷工作与银行其他工作最大的不同之处。对信贷工作的评判，通常具有“秋后算账”的性质。

借债容易还钱难，银行信贷人员应始终保持对风险的敬畏之心。《诗经》里的三句话：“战战兢兢，如临深渊，如履薄冰”，可能是对从事银行信贷工作应有态度的最好阐释。

第 2 章　周期是“大用”

“大用”出自《周礼》：“掌受九赋九贡九功之货贿，良兵良器，以待邦之大用”，指重要的用度。汉晁错《论贵粟疏》中说：“粟者，王者之大用，政之本务”，“大用”指最有用的东西。周期是信贷工作的“大用”，是最重要、最有用的东西，是信贷第一课。

信贷是顺周期的。经济繁荣时期，一方面，企业产销顺畅，经营绩效良好，资产升值，自身信用状况通常较好；另一方面，再融资环境宽松，企业总是可以借到更多的钱用于经营周转并覆盖原有债务，因此，在经济繁荣时期，企业的确很少违约。这些都形成了正向反馈的效应，并刺激银行采取更加激进的策略，加上同业竞争激烈，于是，银行倾向于不断降低准入门槛和放松融资条件，不断扩大信贷客户群体，快速扩展中小微客户市场；强调债项信用，积极推广贸易融资、商品融资、供应链金融等结构化信用产品；不断扩大合格担保人和抵质押物的范围，关联担保、互保和交叉担保的情况普遍，专利权、商标权、特许经营权，甚至古董、字画等均成为银行可接受的押品。同时，各类所谓的金融创新层出不穷，各类信托计划、基金、券商、保险资产管理计划、产业基金等层见叠出，但大多数仍是变着花样在加杠杆。这就是前几年中国银行业的景象，整个社会似乎都在享受一场财富快速增值的盛宴，整个银行业都沉浸在加杠杆、钱生钱的游戏当中。

但是，从某一时点来看正确的决策，从整个经济周期来看却可能是错误的。大概从 2012 年或是更早的时候，市场形势开始发生快速变化。企业开始感到东西越来越难卖出去，钱越来越难收回来，产品价格快速下跌，且三者之间形成恶性循环，经济高涨时期形成的大量产能开始闲置，而企业债务依然高企，高额债务对应无效的产能。银行此前发放的流动资金贷款或贸易融资可能已经铺底化，固定资产贷款也已用于项目建设，钱已变成了物，变成了原材料、库存商品、机器设备和厂房，而此时，物再变成钱并不容易，前期放出去的贷款很难按期收回来，企业违约事件不断蔓延。同时，担保人的财务状况恶化，抵质押物贬值，且难以找到交易对手，担保和抵质押物缓释风险的作用也是顺周期的。这时银行发现，当它们以为控制住了债项风险的时候，客户出问题了；当它们以为控制住了客户风险的时候，行业出问题了；当它们以为控制住了行业风险的时候，周期出问题了。债项风险、客户风险、行业风险在周期性风险面前都微不足道。前些年越激进的银行，现在就越痛苦。

前段时间，微信朋友圈里流传一个段子，很好地说明了经济周期中商品价格变化的情况："有一种石头叫铁矿石，2013 年 10 月时，它的价格是每吨 1 000 多元，现在的价格是每吨 300 元，已经是打 3 折甩卖；有一种炭叫焦炭，2012 年年底，它的价格是每吨 2 200 元，现在是每吨 600 元，已经是打 2.7 折甩卖；还有一种生产汽车轮胎用的东西叫橡胶，2011 年最高峰时，它的价格是每吨 4.2 万元，现在的价格是每吨 9 000 多元，已经是 2.1 折甩卖；更离奇的是，有一种金属叫镍，在 2007 年最高峰时的价格是每吨 48 万元，现在是每吨 6 万多元，已经是 1.25 折甩卖。"价格大幅下跌的商品远不只这些，近年部分商品价格变化的情况如表 1–1 所示。

表 1–1　部分商品近年价格变化情况表

产品	2016 年 1 月	2010 年以来峰值	比峰值下降
煤炭（元 / 吨）	360	860	58%
水泥（元 / 吨）	260	440	41%
螺纹钢（元 / 吨）	2 160	5 420	60%
铜（元 / 吨）	35 560	76 200	53%
铝（元 / 吨）	10 860	18 300	41%

（续表）

产品	2016 年 1 月	2010 年以来峰值	比峰值下降
铁矿石（美元 / 吨）	39	200	81%
石油（美元 / 桶）	30	110	73%
黄金（美元 / 盎司）	1 063	1 900	44%
发光二极管（LED）价格（美元 / 千流明）	11	50	78%
太阳能电池（美元 / 瓦）	0.65	1.8	64%
32 英寸平板电视机（元 / 台）	1 400	3 500	60%

注：煤炭按环渤海动力煤 5 500 大卡现货价格，铜、铝按上海期货交易所价格计算。

过去，我们知道证券市场股票的价格波动非常激烈，但没有想到实体经济中商品的价格波动也可以是如此激烈。当股票价格“腰斩”时，股民往往难以承受亏损之痛；而当产品价格“腰斩”时，对财务杠杆普遍较重的企业而言，又会是怎样的一种煎熬？

总之，产品价格的短期快速下跌，对企业的伤害是巨大的，而且更严重的是，即使价格大幅下跌，东西还是卖不出去。企业产品销售量、销售价格的断崖式下跌和货款回笼不畅，直接造成了企业成本收益倒挂和财务崩溃，并通过供销、借贷和担保链条等，迅速将风险传染给上下游客户、银行、担保方和其他交易对手，企业违约事件不断蔓延，从而可能形成行业性或区域性的金融风险。在这个过程中，首当其冲的是批发零售企业、商贸企业和小微企业，然后是采矿业、房地产业和加工制造企业，与此对应的是，银行贸易融资、大宗商品融资、中小微企业融资、房地产贷款和加工制造业贷款等，都是特别顺周期的融资品种，在周期转换的过程中，形成了大量的坏账。以银行对商贸企业的贸易融资和商品融资为例，此类融资主要依托商品交易链条中形成的债项信用、商品信用或交易对手信用，由于商品价格快速下跌，企业“钱变物”和持有存货都变得非常危险，买入卖出的时间差经常导致购销价格的倒挂，再加上下游客户的货款拖欠或坏账，往往使商贸企业陷入越做越亏以及周转失灵的境地，而且由于商品价格下跌，企业通常需要提供数量更多的商品才能满足同样额度融资的质押率要求，此前已经提供的押品也很容易触及警戒线和处置线。总之，商品价格快速下跌，东西卖不出去，钱收不回来，以及三者之间的恶性循环，造成了越来越多的商贸企业违约和倒闭。如果在此过程中，商贸企业又涉及过度使用杠杆、大规模囤货、赊销，或资金挪用、借短用长、投资房地产、放高利贷或进行其他类金融化操作，则周期转换引起的商品价格快速下跌，就会引爆此前潜伏的所有危险。2012 年开始的大面积钢贸企业违约和 2015 年中钢集团的破产重组，莫不与此有关。

市场环境的急剧变化，对大量固定资产投资项目和中长期贷款的影响是灾难性的。大量 2011 年、2012 年新开工建设的项目，现在正处于建设末期或投产初期，项目建成后的市场情况与原立项时发生了翻天覆地的变化，目前很多产品的价格只有原可研报告预测价格的 1/3 或 1/2，而当时最谨慎的敏感性分析，也不过是按销售收入下降 20% 或成本费用上升 20% 进行测算的。按目前的产品价格水平，很多项目投产就面临亏损，而且产品销售出去还面临巨大的困难，大量投资可能变成无效产能和沉没成本，对应的银行贷款可能形成大量的坏账。然而，当初无论是政府职能部门（如发改委）、企业还是银行，每一个项目的论证似乎都是非常严谨的，谁会关注系统性风险呢？谁会想到市场变化这么快、调整幅度这么大呢？

在短短的四五年时间里，我们看到无锡尚德、江西赛维、广西有色等一个又一个曾经辉煌的企业倒下了，见证了武钢、鞍钢、中铝、同煤等一大批企业在经济繁荣时的风光，也目睹了这些企业在当前经济环境下的艰难处境，“眼看他起朱楼，眼看他宴宾客，眼看他楼塌了”。在兴勃亡忽之中，银行实际上成了风险的最后承担者，成了真正的“弱势群体”[①]。

① 2015 年 3 月“两会”期间，全国政协委员、中国建设银行（简称建行）行长张建国在发言中提到“银行也是弱势群体”时，引起现场哄堂大笑，包括参加讨论的国务院总理李克强，《建行行长张建国称银行是弱势群体，李克强笑了》，新浪财经，http://finance.sina.com.cn/money/bank/bank_hydt/20150304/163921644033.shtml, 2015–03–04。

企业在经济上行期加杠杆容易，但在下行期去杠杆太难了。然而，银行总是在重复上行期放贷，下行期收贷的事情。信贷往往是短视的，当银行纠结于某一时点的数据，执着于控制单笔业务、单个客户，甚至单个行业的风险时，往往就忽略了周期性的因素，甚至做反了周期，错误地把风险当成机会。“无用之用，方为大用”，信贷决策中常常忽略的周期性因素，看似无用，实则大用。

第 3 章　风险控制要避免“火鸡的错觉”①

纳西姆·尼古拉斯·塔勒布（Nassim Nicholas Taleb）是美国著名的风险管理专家，因“黑天鹅”理论而被人们称为“黑天鹅之父”。其在畅销书《黑天鹅》②（*The Black Swan: the impact of the highly improbable*）中讲了一个著名的火鸡的故事：一只火鸡被一户人家买回去，一开始因担心被宰杀而惶恐不安，但主人态度和蔼，还天天给它喂食，火鸡便慢慢由警惕、释然变成了习以为常。时间越长，火鸡就越确定主人态度友善并会继续喂食自己。直到感恩节，这次主人带来的是刀子，而不是食物，当火鸡还像往常一样伸长脖子准备就食时，迎接它的却是灭顶之灾。③

火鸡根据过去的经验得出结论，误以为过去的时间越久，原来的情形在未来就越可能会持续地重复下去，误以为未来风险是可以预测的。这种“火鸡的错觉”，是一种确认性错觉，是一种风险认知错觉。这种火鸡对风险的评估模型，被法国分析学家拉普拉斯总结为“平滑定理”，即：如果同一件事之前发生过 d 天，那么这件事再次发生的概率为（d+1）/（d+2）。也就是说，火鸡被喂食的概率，第 1 天为 2/3，第 2 天为 3/4……第 98 天为 99/100。事实则恰恰相反，安全的时间越长，距离死亡的风险就会越高。火鸡每天都对风险进行一次分析和判断，其中 99 次是正确的，只有最后一次是错误的，但这一次错误却是灾难性的、致命的错误。

---

① 本章主要观点源于肖舟博士的《商业银行信用风险控制》一文，见《中国金融》2016 年第 11 期，以及我和他在微信交流过程中肖舟博士的精彩论述。特向我的老领导肖舟行长致谢。

② 《黑天鹅》一书已由中信出版社于 2008 年出版发行。——编者注

③ 感恩节是美国的传统节日，为每年 11 月的第四个星期四，届时放假三天，一家团聚。在节日宴会上，有一道必不可少的特色名菜“烤火鸡”。

火鸡对风险的认知方法是“历史经验法”，即根据过去预测未来，未来会重复过去。近年来，随着信息科技的进步以及金融与大数据技术的融合，发展出越来越多精致的风险计量模型，银行越来越重视通过数理模型预测和控制风险，监管部门也鼓励银行开发内部评级模型预测违约概率和违约损失率，以评估风险和计提资本。这些分析方法的技术性较强，在某些领域用来辅助判断风险也取得了积极的成果，尤为专业人士所推崇。但过度模型化也带来了很多副作用，从近几年银行的实践效果来看，风险计量结果往往与现实情况反差较大，不少风险调整后资本收益率（RAROC）和经济增加值（EVA）很高的业务或产品，后面反而出现了很多风险，付出了很大的代价，反映了开发人员对风险认知不足、模型本身也存在局限等方面的误区，特别是不少模型仍仅是火鸡对风险认知模式的精致化而已。事实上，社会现象是复杂多变的，往往缺乏自然现象那样精确的规律，因此，模型在解释确定性越高的事物时，其解释能力越好，反之则相反。此外，数据来源的渠道、数据的质量、数据的口径及含义、数据的观察时间、样本的大小、数据的变量个数等等，都会对模型结果产生重要影响；还有，在模型的应用方面，必须处在大趋势没有改变的时间框架之内。即便满足上述条件，塔勒布认为，黑天鹅事件也是无法预测的，为此，塔勒布就经常对阿罗、萨缪尔森、德布鲁等数量经济学家的理论进行调侃、嘲弄和攻击。

很多企业对风险的认知都存在“火鸡的错觉”。过去 30 多年来，我国经济一直处于高速增长轨道，企业每次加杠杆都能带来更多的利润，于是，很多企业家越来越相信自己对市场的判断，越来越相信自己的能力，甚至把趋势归结为自己的能力。负债扩张、迅速做大规模、实现跨越式发展成为很多国企和民企的共同偏好和目标，特别是 2008 年金融危机以后，在政府 4 万亿投资的刺激下，很多企业进一步加快了规模扩张的步伐。在非理性繁荣的盛宴里，很多企业完全没有意识到此时越扩张可能越接近死亡，在风险来临之前，大众的信心指数反而达到历史的最高点。霍华德 · 马克斯（Howard Marks）在《人人皆知》（*Everyone Knows*）一书中这样写道：“投资者们明确达成的广泛共识差不多都是错的。”在随后的几年，随着经济增长拐点的来临，不少企业在产能过剩、债务高企、东西卖不出去、产品价格大跌、收入急剧萎缩等多重困境中轰然倒下，为自己此前的过度扩张付出了沉重代价。

银行信贷人员对风险的认知往往也存在“火鸡的错觉”。多年来，商业银行的风险审查重点，主要放在单笔贷款、单个项目、单个企业的微观风险审查上，往往缺乏对宏观经济、行业周期所处阶段的深入分析及准确把握。在风险识别方法上，着重看企业过去几年的经营情况和财务数据，根据过去或现在的业绩表现推测企业未来的偿债能力，类似于火鸡对风险的认知模式。如果说，上述方法在经济平稳时期对企业短期借款的风险判断尚有一定可取之处的话，那么在经济趋势、行业趋势、企业发展趋势将要出现变化的拐点区域时，如果仍然凭借由过去的经验、数据及固化的数学模型所推断出来的结论，往往就是不切实际的、错误的，其结果就是：在市场进入由繁荣至衰退的转折区域左侧时，把损失的风险当成发财的机会而贪婪冒进；反之，在久衰转盛的右侧阶段，把发财的机会当成风险而避之不及。因此，这种对风险的错误认知，最终既难以避免大面积的风险损失，也容易丢失战略性的发展机遇。这是经验数据分析方法的局限性所在。

银行等金融机构对债券市场风险的判断也屡屡存在“火鸡的错觉”。长期以来，债券市场鲜有违约的现象，交易人员普遍忽略了债券市场风险背后的信用风险，再加上各种外部评级机构、律师事务所、审计、承销人等将发行主体及债券包装得亮丽而光鲜，谁还会花时间去深入研究和仔细鉴别呢？就像时间越长，火鸡越确定主人态度友善，且会天天给自己喂食一样，即使危险逐步降临，不少金融机构仍相信大而不倒，相信刚性兑付。自 2014 年 3 月超日债开启国内债券实质性违约的序幕以来，截至 2016 年 4 月末，国内提示债券违约风险的发债主体就已接近 40 家，且债券违约风险呈加速爆发趋势，仅 2016 年前 4 个月就发生了 14 起债务违约事件，其中包括东北特钢、中煤华昱能源、中铁物资、国裕物流等央企或地方国有龙头企业，宣告了央企、地方国企“信仰神话”的破灭。在这个过程中，不少金融机构损失惨重。

总之，信用风险控制面对的是宏观经济、中观行业、微观企业，是未来的不确定世界，以及背后复杂的人性。银行要尽可能避免“火鸡的错觉”，就必须关注以下几个问题：一是银行对信用风险控制的总体要求是“先求控大，后才控小”。即先要从整体上去理解经济、行业、市场周期的规律及当前的趋势，再深入研究企业的生命周期、商业模式及经营业绩，在此基础上再把控单个客户、单个项目和单笔业务的信用风险；二是宏观层面的风险控制主要依靠银行的顶层设计。当前，银行迫切需要加强对经济趋势、行业趋势、市场趋势等“大趋势”的分析，在“大趋势”拐点形成之时，改变长期以来习惯的顺周期行为，尽力降低因市场风险引发的系统性信用风险；三是追求“模糊的正确”，防止“精确的错误”。塔勒布指出，人类在预测未来时经常犯的谬误之一，是太看重预测结果，而不关心它的准确性。实际上，我们的决策更多依赖于结果的可能范围，而不是预测的最终数字。在一个不确定的环境里，拥有越多的信息，利用越繁杂的计算工具，使用越复杂的决策方法，反而容易产生确定性错觉，面对复杂的问题，面对变幻莫测的未来，有时回归常规、常情、常理、常识，以简单应对复杂，可能是更加行之有效的方法。

第4章　借款人不能还款就是最大的实质风险

信贷实务中，每笔业务和每个客户或多或少都会存在一些问题和瑕疵。我们常说，要透过纷繁复杂的表象，把控信贷的实质风险。然而，对于什么是信贷的实质风险，实践中既存在模糊认识，又存在较大分歧。我认为，实质风险主要涉及三个问题，即交易背景是否真实、用途是否合规和客户能不能还款，前两个问题是信贷的前提和底线，信贷最大的实质风险就是客户能不能还款。信用风险说到底是客户不能正常还款的风险，客户还款了，信用风险也就消除了。抓实质风险，就是要紧紧抓住客户能不能还款这个核心问题。

评价一个企业的好坏有很多维度，从信贷的角度看，不能还款的企业就是坏企业。很多企业的技术很先进，管理很规范，研发能力很强，产品也很好，甚至还曾获得过很多的荣誉，身上有很多的光环，但就是过度负债，还不了贷款，对银行来说，这个企业就是坏企业。一个不能正常还款的企业，其他方面再优秀对银行也没有意义。实际上，按期偿债对企业是强制约束，也是企业持续经营的底线，无法偿还到期贷款通常是企业破产的最主要的原因。一旦企业的资金链断裂、无法偿还到期贷款，就可能破产，哪怕你以后有再大的市场，再好的产品，再高的利润，也没有用了，也跟企业没有关系了，现实中，此类例子不胜枚举。一旦企业不能偿还到期贷款，银行通常就会受到损失。所以，客户不能按期还款，就是信贷最大的实质风险。

抓实质风险，要避免无视风险和夸大风险两个极端。信贷的收益是现实的，是容易看清的；而风险总是滞后的、或有的、隐蔽的，是不容易看清的。现实中没有任何问题和瑕疵的业务几乎是不存在的，由于每个人的立场、专业、经验和阅历不同，以及现实中考核等因素的影响，对某一问题是不是风险因素以及影响程度有多大，往往分歧很大，现实中无视风险和夸大风险的现象同时存在。例如，前台营销部门容易犯的错误是：捡到篮子都是菜，把垃圾甚至炸弹都捡了回来，企业说什么就是什么，缺乏独立判断，调查报告照抄企业宣传资料，甚至帮助企业包装材料和粉饰经营业绩。中台风险审查部门容易犯的错误是：满眼都是风险，到处都是问题，眉毛胡子一把抓，分不清主要矛盾和次要矛盾，纠缠于鸡毛蒜皮，细枝末节的问题，一叶障目，不见泰山，钻牛角尖、认死理，固执已见，听不进别人的意见，心中无底，不敢担当。我们说抓信贷的实质风险，就是要透过现象看本质，善于抓住业务的主要矛盾、主要问题和主要风险点。抓住了主要矛盾，就抓住了解决问题、控制风险的关键。

抓实质风险，要避免以合规操作替代实质风险管理。各家银行都制定了完备的信贷政策、制度和办法，各种信贷产品都有相应的准入标准、办理条件和管理要求，银行分支机构信贷人员根据有关政策、制度和流程办理业务，本来无可厚非，但当前突出的问题是：银行分支机构的信贷人员常常拿着纸面上的条条框框去套具体的信贷业务，把主要的心思和精力放在审核形式是否满足有关规章制度的要求，以及按部就班办理各种手续上，对企业借钱干什么用、拿什么还款、还不了钱怎么办等基本问题考虑不多，以为按照规章制度的要求办理业务，就控制了风险，甚至将不符合条件的业务进行包装，以满足表面上的准入要求，通过审查审批。事实上，按规章制度办理业务，可以控制合规风险，但不一定能控制实质风险，合规操作是最低要求，是控制实质风险的必要而非充分条件，至于对业务进行包装粉饰，连合规操作的最低要求都未达到。规章制度是为控制实质风险服务的，而不是相反，特别是政策、制度、办法总是一刀切的，有人切了“尾巴”，有人切了“脑袋”，都是常有之事，而现实总是千姿百态、丰富多彩的。当面对现实与规章制度的差距时，正确的做法是实事求是，因需而变；而不是削足适履，舍本逐末。实际上，除监管红线外，本行的政策、制度、办法经过一定的程序都是可以突破的，前提是要论证具体业务的实质风险是可控的。

抓实质风险，要反对重形式轻实质的信贷文化。当前信贷经营和管理中的形式主义主要表现在以下三个方面：一是“本本主义”。部分基层分支机构在客户选择、审查审批和贷后管理中“唯政策”“唯制度”“唯模型”，对照“本本”做业务，对政策制度的理解和执行过于机械教条；二是“模板文化”风行。为规范本行的尽职调查、风险审查和贷后检查，各行通常都制定有各类业务的“三查”模板，这对提高信贷管理的规范性和质量无疑是必要的，但在基层分支机构实际执行的过程中，往往演化为依靠“模板”照猫画虎做尽调、批贷款和进行贷后管理，满足于填充表格做业务，尤其严重的是风险分析格式化，泛泛而谈、似是而非，既不深入，也缺乏针对性；三是“砖头文化”盛行。部分分支机构在办理信贷业务的过程中，只注重有无担保抵押，过分依靠第二还款来源进行信贷决策，忽视对第一还款来源的分析，甚至未深入调查核实担保抵押的可靠性，只要第二还款来源纸面上充足，就审批发放贷款。

抓实质风险，还要警惕过度模型化带来的风险。近年来，国内很多银行都越来越重视数据挖掘与风险建模，依托计量模型的 RAROC 和 EVA 在银行资源配置、风险决策和绩效考核等方面得到了广泛应用。但部分银行在经营管理和风险决策中过度模型化，也带来不少问题。比如，前几年通过模型计算出来的小企业贷款、贸易融资、商品融资的 RAROC 普遍都在 50% 以上，而公路、铁路、电力、港口、地铁等项目的 RAROC 却不到 5%[①]，这明显与信贷的常识不符，个别银行的分支机构完

① 例如，贸易融资的期限短，有应收账款质押等形式上的担保，且越是资信状况欠佳的企业，能够接受的利率越高，按有关模型计算出来的贸易融资 RAROC 值普遍较高；相反，公路、铁路、水电等基础设施项目贷款的期限普遍很长，且通常难以落实有效的担保抵押措施，按有关模型计算出来的 RAROC 值普遍较低。但实际上，公路、水电都是存货和应收账款很少的行业，现金流较好且比较稳定，周期性波动相对较小，在严格把关优选项目的基础上，风险相对较小。凡是现金流较好的行业或项目，实际上都比较适合做债权融资。

全按 RAROC 的高低来配置信贷额度和进行绩效考核，结果造成了类似“劣币驱逐良币”的效应。近年来，大量的小企业贷款、贸易融资、商品融资形成风险，一定程度上就与前些年模型计量结果的误导有关。事实上，除因数据质量、数据积累时间和样本数量等方面造成的模型局限外，由于经济发展阶段不同，国内银行的贷款结构与欧美日等发达国家的贷款结构也存在很大的差异。比如，国内银行存量贷款中 60% 左右都是中长期贷款，且大量贷款投入了基础设施项目建设；而发达国家大规模的基础设施建设大多已经完成，贷款通常主要用于满足企业的简单再生产，且金融市场发达，能够提供更多的流动性便利，因此很少有期限很长的贷款。此外，国内贷款与发达国家的贷款在担保结构方面也存在很大的差异，国内银行以实物押品为主，且存在大量的关联担保和互保，而发达国家通常以金融押品为主，并且大量使用信用衍生工具。如果简单套用它们的经验和模型，特别是如果期限、担保、利率等因素的权重影响过大，加上实践中的形式主义（如增加形式担保就可提升 RAROC 值），就容易得出有偏差的结论。总之，数据、模型与企业现实的还款能力之间往往还有很长的距离，数据建模和对模型结果的解释，都离不开模型开发人员对宏观经济以及信贷实践深刻的洞察力，否则就很容易造成理论、模型与现实的脱节。

我们常常说，信贷工作要平衡好风险与市场的关系，做到原则性与灵活性的统一。而原则性与灵活性的边界，就在于实质风险是否可控。坚持原则，是指在借款人能不能还款这个核心问题上，以及在交易背景真实性、贷款用途合规性等信贷底线方面，是没有商量余地的；不失灵活，是指除此之外的业务瑕疵，都是可以商量的，并应积极寻找合理的解决途径。原则性与灵活性相结合，就是风险管理科学性与艺术性的统一。

第二部分　客户篇

客户是银行的交易对手，是第一还款来源的集中体现，也是行业、区域、产品、债项的具体载体。在宏观经济周期一定的情况下，只有客户维度上的好坏，才是真正有意义的好坏。选好了客户，就控制了风险的源头。

信贷微观分析的起点是客户。本部分从客户的“出身”，即股东开始，分析了银行应关注的客户风险的主要方面，包括股东、债务负债轻重、生产经营是否正常、资信是否良好等。

第5章　好股东就是好爸爸

信贷微观分析的起点是客户，客户分析的起点是股东。股东反映了借款人的出身情况，奠定了借款人最初的身份。股东是企业的投资人，代表了资本的意志，往往决定了企业发展的根本方向。因此，股东好坏往往对客户银行借款的偿还影响很大。

客户的“出身状况”对其的影响是巨大的，股东是借款人最重要的表外资源，同时对借款人的资产负债表和利润表的影响又是深远的。首先，股东代表了资本的意志。现代公司治理的核心是由股东按照出资多少成立董事会，公司重大的经营决策由董事会决定。因此，股东通过董事会对借款人的公司治理、发展战略、重要人事安排等涉及企业经营发展的重要方面均具有决定性影响。其次，股东根据自身发展战略的需要，可以为借款人提供多方面的财务支持。例如，股东为借款人新建项目出资，可以减轻借款人自身的筹资压力和财务负担，提高借款人的偿债能力；股东为借款人的银行借款提供担保，有利于提高借款人获得融资的可能性，并降低融资价格；股东为借款人提供股东贷款，有利于优化借款人的债务结构，改善其财务状况，提高其他债权人的信心；股东减少对借款人的分红要求，有利于提升借款人的自我积累能力、偿债能力和抗风险能力；股东追加对借款人的投资，有利于提升借款人的整体实力、改善资产负债状况和提高对债权人的保障程度。特别是当借款人发生经营危机或出现财务上的现金短缺时，股东背景及股东的支持力度就显得愈加重要。再次，股东根据自身发展战略的需要，还可为借款人的经营管理等多方面提供支持。如除财务支持外，股东还可为借款人提供包括技术、人才、管理、原料来源、产品销售、品牌、渠道和企业文化等多方面的支持，还可协调其拥有的各种社会资源，为借款人的发展提供帮助。当然，在借款人发展壮大后，股东也可能要求借款人提供财务等方面的反向支持。

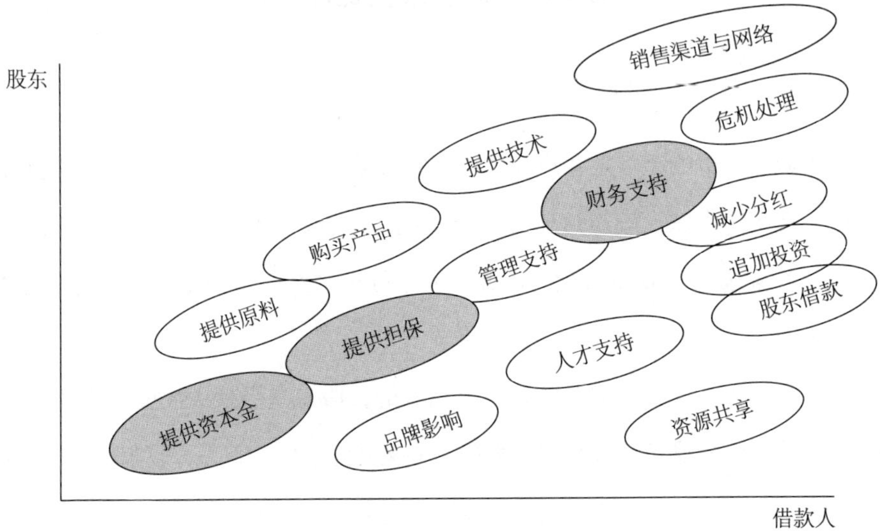

图 2–1　股东对借款人支持示意图

国内大量的新建固定资产投资项目，特别是公路、铁路、电力等基础设施项目、房地产项目以及公私合作制（PPP）项目等，都是以项目法人或新设公司的形式实施的，此时，股东背景更加重要，对借款人新建项目及其偿债能力的影响更加深远。当借款人为成熟的一般法人企业时，股东的影响通常要小一些。这里重点就借款人为项目法人时，信贷调查和审查应重点关注的股东情况做一分析，主要包括以下 5 个方面。

一是要关注股东的综合实力及资信情况。股东的综合实力主要体现在股东行业地位、技术装备状况、经营管理水平、资产及收入规模、盈利能力和经营创现能力等方面。信贷调查和审查要认真分析股东的经营情况、财务状况和偿债能力，判断股东的综合实力情况。实际上，弱势股东很难有强势项目。要认真核实股东及其主要关联企业的资信情况及信用记录，对股东有不良行为或违约记录的借款人，原则上一票否决。如借款人为集团成员企业，要了解借款人在集团整体中的地位如何，是否为集团的核心企业或从事核心业务。对非集团核心业务或劣质板块的融资要更加谨慎。要关注集团整体的负债总量，对集团整体已经过度负债的，要注意集团成员企业之间的财务风险很容易相互传染。因此，不仅要关注借款人的情况，还要关注借款人所在集团整体的情况。

二是要关注股东的行业经验。俗话说，“隔行如隔山”，行业经验非常重要，股东新进入陌生行业的风险很大。前些年经济繁荣时期，很多企业都搞跨行业投资，比如煤炭开采企业往下游延伸至煤化工行业，纺织企业投资太阳能光伏电池项目，家电生产企业涉足房地产开发，等等。几年过去，现在看来出了不少问题，比如煤炭开采企业搞煤化工项目，有些项目技术不过关，且项目超投资或延期投产的情况比较普遍；有些项目投产后调试时间过长、产品质量有瑕疵或成本居高不下；有些项目环境污染或安全事故频发。再加上目前市场环境发生了很大变化，前些年上马的煤化工项目，大部分目前生存非常艰难。跨行业投资意味着企业将要在陌生的行业里与他人竞争，前端面临产品不一定做得出来的风险，后端面临产品不一定卖得出去的风险，中间还面临质量与成本控制问题，而且每一个行业都有其自身的明规则与潜规则，熟悉一个行业需要时间和成本，跨行业投资的风险确实是很大的。因此，对股东跨行业投资的项目或无行业经验的借款人，都要特别谨慎。

三是要关注股东的出资能力及对借款人的财务支持情况。股东可通过追加出资、减少现金分红或以股东贷款等形式，对借款人生产经营提供资金支持。当借款人新建项目的资本金来源于股东时，应重点考察股东的出资形式、出资来源和出资能力。股东可以货币出资，也可以实物、知识产权、土地使用权等非货币财产作价出资，但股东不得以劳务、信用、商誉、特许经营权或者设定担保的财产等作价出资。股东以非货币财产出资或增资的，应当由具有评估资格的资产评估机构评估作价后，由验资机构进行验资，并提供已办理财产权转移手续的证明文件。股东出资来源包括利润、增发股票、变现资产或转让股权等，信贷调查和审查应重点核实上述来源的可靠性，特别是当股东以利润出资时，还要关注利润是否有现金支持，进而判断股东的出资能力。

四是要关注借款人或项目对股东的重要程度。借款人或项目对股东越重要，获得股东支持的可能性就越大。当出现危机时，股东协调解决问题的可能性就越大。因此，信贷调查和审查要了解借款人是否为股东的核心子公司，项目对股东是否具有重要战略意义，是否涉及股东的核心业务或长期战略等。重点支持股东的核心子公司，或涉及股东核心业务和长期战略的新建项目。

五是要关注股东是否提供担保。当借款人为项目公司时，应尽量争取股东为借款人的新建项目提供担保，或至少落实股东有条件担保或阶段性担保，以消除项目完工风险和运营初期风险。除股东担保外，针对项目公司贷款，常用的风险控制措施包括：（1）提高资本金比例。项目公司资本金通常均来自股东投入，因此项目资本金比例越高，银行承担的风险越小。（2）控制项目现金流量。项目现金流是偿还项目贷款的唯一来源，必须全部归集到银行指定账户，除必要支出后优先用于还款。（3）限制新增债务、费用支出和分红。因为无论是新增债务，还是过高的费用支出和分红，都会削弱项目公司的偿债能力。（4）严格落实分期还贷。根据项目现金流情况，制订合理的分期还贷计划并督促借款人严格落实，逐步降低贷款风险。

此外，当借款人为一般法人时，如果存在以下情况，也应尽量要求股东提供担保，同时要对股东的担保能力及关联风险进行评估：一是借款人与股东之间关联交易频繁，且关联定价不够公允的；二是借款人在建工程较多，或新建项目属“小马拉大车”，借款人未来还款能力存在较大不确定性的；三是借款人的财务独立性差，股东对其财务控制能力较强的等。

江苏阳光跨行业投资　纺织龙头梦碎多晶硅[①]

宁夏阳光硅业有限公司（以下简称“阳光硅业”）成立于2006年，注册资本3.6亿元，其中江苏阳光股份有限公司（以下简称“江苏阳光”）出资2.34亿元，持股65%，宁夏东方有色金属集团有限公司、宁夏电力投资集团有限责任公司分别出资0.9亿元和0.36亿元，分别持股25%和10%。控股股东江苏阳光为国内知名纺织服装生产企业。

2007年4月，阳光硅业年产1 500吨多晶硅项目在宁夏石嘴山开工，首期项目总投资15亿元，计划于2008年年底竣工投产，预计项目投产后，每年可实现销售收入约20亿元，利税约5亿元。根据《21世纪经济报道》2013年2月1日报道：实际上，该项目直到2010年才进入生产阶段，但彼时多晶硅价格进入下滑通道，直接导致该项目当年亏损1.14亿元。2011年上半年，阳光硅业平均每月亏损2 300万元左右。一位同行业的高管认为：“江苏阳光先前是做纺织的，没有做化工的经验，由此使得该项目一直调试不成功，到了2011年连正常产能的20%都发挥不出来。”由于多晶硅市场持续低迷，生产成本倒挂，为减少经营亏损和日常经营支出，阳光硅业自2011年下半年起停产检修。

2013年1月19日，江苏阳光发布公告，称鉴于当前多晶硅的市场情况和阳光硅业的连年亏损，阳光硅业已资不抵债，明显缺乏清偿能力，公司已向当地法院申请破产清算，并被正式受理。截至2012年年底，阳光硅业亏损2.47亿元，账面资产总额近14亿元，负债总额高达14.48亿元，净资产为–4 615.62万元，资产负债率103.4%。

① 《宁夏阳光破产清算　多晶硅破产潮至》，江苏省经信委网站，http://www.jseic.gov.cn/qtbt/cslm/dzxxcyc/dzxxcychyzx/201302/t20130204_126158.html，2013–02–04；《宁夏阳光硅业破产　江苏阳光或面临超15亿损失》，中国日报网，http://www.chinadaily.com.cn/hqcj/zgjj/2013-03-20/content_8544513.html，2013–03–20。

2013年3月18日，石嘴山市中级人民法院做出裁定，宣告阳光硅业破产。2013年8月30日，江阴建禾钢品有限公司以20 826万元成功竞得阳光硅业的整体破产资产，而截至2013年1月19日，阳光硅业年产1 500吨多晶硅项目累计总投资达17.8亿元，有约15亿元的投资打了水漂。

警惕项目公司利用股东优势进行风险隔离

虽然股东很重要，反映了借款人的“出身”状况，但银行贷款都是针对具体法人实体的，法人人格独立和股东有限责任原则是公司法人制度的两大基石。法人独立人格最主要的内容就是公司享有法人财产权（拥有独立的法人财产）以及公司以其全部资产对公司的债务承担责任这两个方面。因此，借款人违约银行并不能追索股东，除非股东提供了担保。银行要警惕将项目公司或非核心业务板块子公司信用混同优质客户自身信用的倾向，以及由此可能导致的风险误判。

例如，A银行在审查某央企下属项目公司安置房理财投资项目时注意到，银行理财资金通过基金子公司设立的专项资产管理计划入股该项目公司，并用于安置房项目建设，到期由该央企下属三级子公司回购股权实现退出，但其回购能力较弱，该央企和下属上市公司均不愿意提供有约束力的增信措施。在另一个案例中也存在类似情况，在某著名全国性房地产集团公司参与的上海某旧城改造项目中，融资客户是该集团在当地成立的项目公司，主要股东为该集团在上海成立的区域总部。由于最终股东的背景较强，该项目既不提供土地及在建工程抵押，销售收入也不归集A银行监管（该集团实行资金集中管理，主办行为另一家银行），仅由项目公司股东，即上海区域总部提供类似安慰函性质的书面承诺，承诺未来必要时将对项目公司增加投入用于偿还贷款本息，而该集团总部及上海区域总部均坚决不同意提供担保，因此，该笔业务是一笔典型的“三无”项目（即无抵押、无担保、无资金归集）。即便如此，当地基层行仍反映，本项目同业竞争激烈，多家银行均看好该项目的位置、股东背景及品牌效应，这反映出恶性竞争导致部分银行放弃了信贷的基本底线。

此外，当前很多银行热衷于通过表外理财的方式参与私募股权基金投资。目前大多数私募基金均采用有限合伙的方式，虽然形式上可以追索普通合伙人，但普通合伙人大多为规模很小的有限责任公司，很难实现有效追索。因此，每只基金实际上很类似于一个项目公司，劣后级有限合伙人（LP）出资份额很类似于资本金，优先级 LP 出资份额很类似于债务，每只基金均单独编制资产负债表、利润表和现金流量表。这些基金成立后，主要用于投资项目资产和股权，其中股权投资还可能进一步加杠杆，而且，与证券投资基金持有流动性较高的证券资产组合不同，股权投资基金或产业投资基金在投资完成后，货币资金均变成了流动性较差的实物资产或股权，因此，劣后级份额作为优先级份额安全垫的功能大大减弱。总之，上述投资的退出期通常较长，收益的不确定性较大，即使有次级安全垫的安排，普通理财资金参与私募股权投资基金或产业基金的风险也较大。银行如确需参与上述基金投资，只能改变资金来源的性质（如针对私人银行客户募集的资金），或将基金退出与股东信用或资产信用挂钩，以大幅提高普通理财投资的安全性。

当前，无论是民营企业还是国有企业，均越来越重视对外融资中的风险隔离问题，而且风险隔离的手段也越来越多。如果银行对此缺乏清醒的认识，很容易将项目公司、集团子公司甚至基金（有限合伙企业）的信用混同优质股东的信用，导致对风险的误判，或导致银行融资越来越集中在上述集团企业的劣质板块及非核心业务，且无法与优质企业的信用挂钩，后续风险隐患较大。

第 6 章　债务轻的客户就是好客户

银行作为债权人，最关心的问题是借款人能不能按期还款。从银企借贷关系的本质看，客户债务负担的轻重与能不能还款之间的关系最密切，债务负担越重，不能还款的概率就越大，在这一点上，居民、企业和国家都是一样的。因此，从银行债权人的角度看，一个非常简单的规则是：债务轻的客户就是好客户，债务重了就不是好客户了。债务由轻变重的过程，就是客户从好变坏的过程。

如何界定客户债务负担的轻重

该如何界定客户债务负担的轻重呢？过去大家习惯以资产负债率的高低来衡量企业债务负担的轻重，实际上是不够全面的。一般情况下，只有当企业经营出现问题时才会变现资产以清偿债务，债务首先是靠资产创造的收入来偿还的。从债权人债权安全能否得到保障的角度看，债务应与借款人的财务能力相匹配，包括债务应与收入、经营活动产生的现金净流量、资产及利润等 4 个维度相匹配。客户过度负债其实就是债务与上述 4 个维度的比率超过了合理的范围。我们从实践中归纳了过度负债的部分经验预警值，具体见表 2–1 所示。

表 2–1　企业过度负债的部分经验预警值

项目	序号	财务指标	预警值
债务规模与资产的匹配性	1	实体性企业的资产负债率	>65%
	2	短期付息债务 / 流动资产	>1

（续表）

项目	序号	财务指标	预警值
债务规模与收入的匹配性	3	总付息债务 / 销售收入	>1
	4	短期付息债务 / 销售收入	>0.5
债务规模与利润的匹配性	5	利润总额 / 总资产	<5%
	6	税息折旧及摊销前利润（EBITDA）/ 总付息债务	<0.15
债务规模与经营现金流的匹配性	7	经营活动产生的现金净流量 /（营业利润 – 投资收益）	<1.2
	8	经营活动产生的现金净流量 / 总付息债务	<0.05

注：1. 不同行业指标的合理范围差别较大，上表主要适用于制造业，其他行业可能有部分指标不适用；2. 债务规模与收入匹配性指标中，应剔除在建工程对应的债务；3. 债务规模与利润的匹配性指标中，应剔除利润的“水分”；4. 债务规模与经营现金流的匹配性指标中，如果企业投资资产的比重较大，也应考虑投资活动产生的现金净流量。

我们要关注资产负债率，更要关注资产的质量、创收、创现及变现能力；我们要关注债务的总量，更要关注债务的结构、期限、利率和偿还顺序，从实践经验看，税收、员工工资、水电费、到期债券的强制性都比银行贷款要高，企业可能要求银行对到期贷款进行展期，但不能不缴税，不发工人工资，不交水电费；我们要关注企业的收入及盈利能力，更要关注企业经营活动及投资活动的创现能力，因为贷款最终是靠现金来进行清偿的。

为什么国内企业大多数都“负债累累”

从银行债权人的角度看，债务轻的客户就是好客户。但不幸的是，现实生活中，企业的债务负担普遍都非常重，很少有债务很轻的企业。我们在实际工作中碰到的过度负债企业比比皆是，所以国内银行面对的主要客户群体的整体质量欠佳。为什么国内企业普遍都“负债累累”呢？笔者认为，主要有以下三个原因。

一是企业权益性资金来源过窄，债务性资金来源泛滥。企业经营资金来源只有两个渠道，即权益性资金和债务性资金。我国的金融体系是以间接融资为主的金融体系，权益性资金来源的渠道很窄，造成企业的杠杆率普遍偏高。企业权益性资金来源一般有三种渠道：股东投入、上市募资和利润留存。股东投入往往是一次性的；资本市场欠发达，股票融资规模不大；国内企业的利润较薄，利润留存有限。与此同时，国内债务性资金来源泛滥，银行产能严重过剩，公司债、企业债和债务融资工具的发行门槛越来越低，信托公司、租赁公司、小贷公司、典当行、基金子公司、证券子公司和保险子公司均主要从事债务融资业务，大部分的所谓金融创新本质上都在加杠杆。2015 年上半年，全社会融资规模增量为 8.81 万亿元，其中非金融企业股票融资 4 245 亿元（同比多增了 2 372 亿元），占比仅 4.8%，其余 95.2% 均为债务融资。

二是企业在经济上行期负债扩张，过度投资。中国是“世界工厂”，但我们在国际分工中处于产业链的中低端，处于“微笑曲线”的中段，挣的是辛苦钱，前端的技术及知识财产，后端的品牌、服务甚至渠道往往都掌握在外国企业手里。笔者从事加工制造业贷款审查工作的时间很长，一个很深的感触是，这么多年来，国内大部分制造业新建固定资产投资项目的设备或技术，主要还是来源于美、欧、日等发达国家和地区，我们习惯于引进技术、设备实现快速的规模扩张，自主技术、知识、品牌在产品附加值中的占比还很低。我们国家这么庞大的市场，在过去这么多年高速的经济增长中，推动的主要是别人的技术进步，而唯独缺少我们的自主技术。德

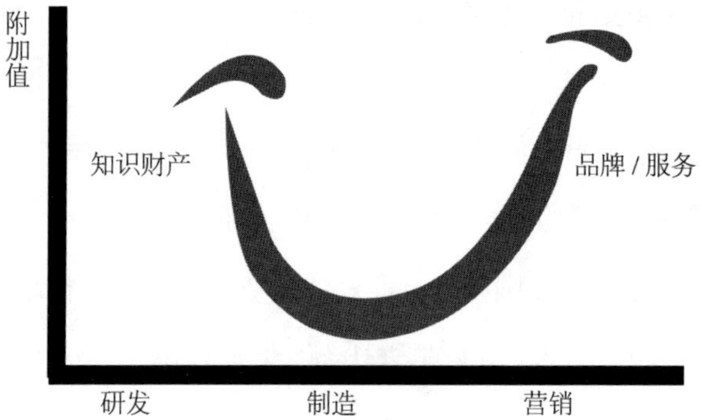

图 2–2　微笑曲线

国菲仕乐的锅一个卖四五千块钱，而我们可能要卖几百吨的钢材，才能跟人家卖一个锅的利润相当，这还是前两年钢铁行业形势稍好时候的状况。

由于挣的是辛苦钱，就一定要有规模才有效益，没有规模就挣不了钱。于是，我们看到过去 30 多年中，几乎所有的企业都在拼命扩大规模。同时，中国经济经历了一个长周期的上升过程，快速扩张也被证明是企业获取利润的有效途径，经济繁荣时期，企业家中普遍弥漫着乐观情绪及扩张欲望。但是，在企业扩大生产规模的过程中，权益性资金的来源却非常有限，主要是依靠负债性的资金来源。所以，我们看到随着生产规模的不断扩大，企业债务负担越来越重，杠杆率越来越高。然而，在经济下行的时候，以前企业规模与利润总额之间正向反馈的关系变成了负向反馈，企业的规模越大，生产出来的东西越多，可能就越难卖出去，可能就亏损得越多，过去扩张时期形成的产能就变成了无效产能或闲置资产，但留下的债务依然高企。过度负债、过度扩张和过剩产能之间，形成了一种恶性循环。过度扩张主要依靠过度负债，然后过度扩张的后果就是过剩的产能。而现在的问题在于，过剩的产能对应了高额的债务，更突显了企业过度负债问题的严峻。

三是地方政府片面的政策导向助长了企业的投资冲动和盲目建设。地方政府过分关注国内生产总值（GDP）及其背后的产值、税收和就业，而对企业投资有没有效益，有没有利润，地方政府其实是不太关注的。为了吸引投资，地方政府竞相出台优惠政策。笔者在信贷审查中注意到这样一个现象，很多借款企业在论证项目的可行性时，都在反复强调其用地比别人更便宜、税收更优惠、用电更廉价或补贴更多，都在比谁的成本更低，最后就造成了同类项目在各地不断地重复建设，而在技术的进步、升级转型方面没有太多的进展。地方政府仅重视投资数量，不重视投资质量和效益，助长了企业的外延扩张和过度负债。此外，地方政府或通过其控制的平台公司大量举借，进行公益性项目、市政基础设施甚至竞争性项目的建设，直接造成了地方政府沉重的债务负担。

上述三方面因素的共同作用，造成国内企业的债务负担普遍都非常重。然而，不幸的是，经济好的时候，企业要借钱，是因为要扩张；经济不好的时候，企业变着法子还要借钱，是因为还不了钱。当前很多企业都犯上了“债务依赖症”，不仅生产经营严重依赖银行借款，甚至债务危机也是通过增加债务的方式来解决，很多企业（包括部分央企）的负债率仍在上升。

从横向比较的情况来看，家庭、企业、政府三大主体的资产负债表中，中国的家庭和政府的资产负债率都在平均水平以下（中央政府的资产负债率较低，但地方政府的资产负债率较高），不仅远低于发达国家、欧元区和新兴国家的水平，也远低于美国、日本甚至德国的水平，但企业的资产负债率却要远高于上述国家和地区，国内企业的资产负债表的确是全世界最差的。截至 2015 年 9 月末，主要国家和地区的企业、家庭和政府债务与 GDP 比率如图 2-3 所示。

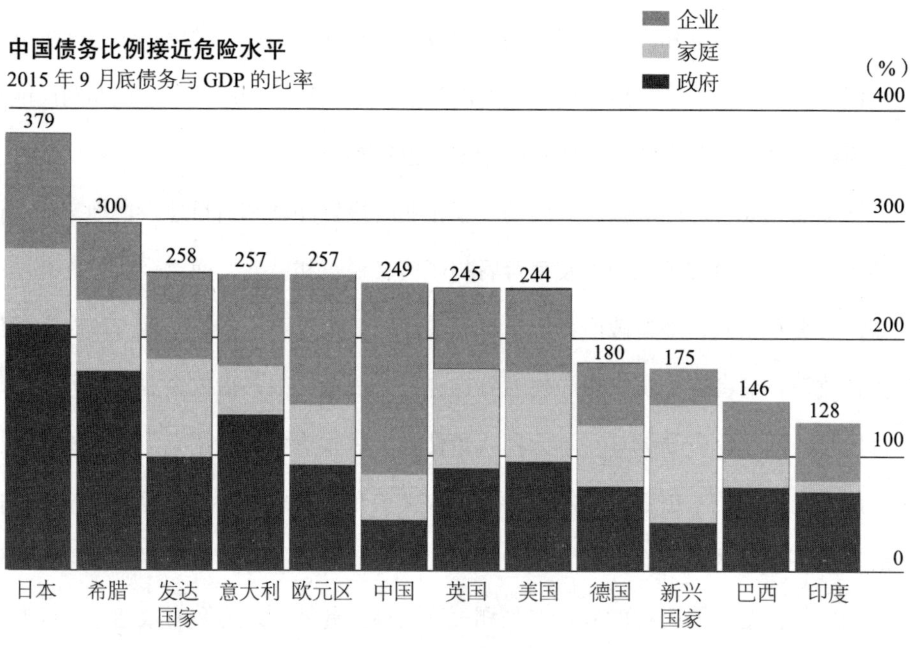

图 2-3 主要国家和地区的企业、家庭和政府债务与 GDP 的比率

资料来源：国际清算银行

过度负债有什么危害

扩张过度、债务过重、产能过剩、利润过薄、杠杆率过高是国内很多企业共同的特点，高杠杆率对企业经营安全、银行经营安全及经济金融安全的威胁很大。

首先是对企业经营安全的影响。债务总量大，财务费用就高，就会相应消耗企业营业利润，削弱企业的盈利能力；同时以前过度负债形成的产能，在经济下行期成为过剩产能，即企业的闲置资产、贬值资产或不良资产，但其对应的却是刚性的、高额的债务。这部分资产既无法创造收入以偿还对应的债务，也无法以自身的变现价值偿还对应的债务，从而对债权人的安全影响很大。企业破产一般有两个触发条件，即债务人不能偿债或资不抵债，债务过重是造成企业破产的最主要原因。当冬天来临的时候，首先过不了冬的，可能就是债务负担很重的企业。过去越激进的企业，现在越艰难，不少企业正在为过去的负债扩张付出代价。

其次是对银行经营安全的影响。债务过重加剧了企业经营的困难，当前债务融资已经进入一个高违约时期。一旦企业无法偿还到期的债务，将直接威胁债权人的经营安全，而银行是全社会最主要的债权人。银行除发放贷款外，还是债券市场（包括公司债务、企业债和债务融资工具等）最主要的投资者，同时银行理财资金也是各种非标债权最主要的投资资金来源，在当前刚性兑付的环境下，银行实际上承担了理财资金隐性兜底的责任。因此，在以间接融资为主的金融体系中，全社会债务融资的违约风险，最终都主要由银行承担。

最后是对经济金融安全的影响。随着企业杠杆率的升高和违约事件的不断爆发，债权人的风险偏好下行，再融资环境恶化，从而导致企业违约加速。每一个企业违约或破产，又马上会将风险传染给一批利益相关方，包括债权人、供应商、担保人以及企业员工，并导致其财务状况恶化和违约倾向增加，银行出于自身安全考虑，可能会对其关联企业、担保圈和供应链上下游企业加速收贷，从而产生连锁反应并引发多米诺骨牌的崩塌，这个过程还可能伴随区域性或行业性的金融风险，信用进一步萎缩，并可能叠加流动性风险，危及实体经济及金融安全。

如何识别企业过度负债

除表 2–1 列举的企业过度负债的部分经验预警值外，以下经验数据和企业财务行为也值得关注，它们也可能是企业过度负债的重要信号。

债务与销售收入不匹配。一般认为，加工制造企业的总付息负债超过上一年度销售收入，或短期付息负债超过上一年度销售收入的一半时，就是严重过度融资的信号。这里还需关注企业是否有即将建成投产的项目，由于建设期的原因，固定资产投资项目的银行借款总是体现在当期，而项目效益总是体现在后期。因此，在评估企业是否过度融资时，还要适当考虑在建项目的预期效益。

企业从很多家金融机构获取融资。一般一家中型企业与两三家金融机构打交道是正常现象，但是部分小企业与四五家银行打交道，部分中型企业与十几家金融机构都有融资关系，就是企业过度融资的重要信号了。部分大型企业不仅打交道的银行众多，而且在打交道的银行中，中小银行、城商行、农信社甚至小贷公司的占比很大，也是过度融资的重要信号。部分企业利用不同金融机构之间的信息不对称，“拆东墙，补西墙”，掩盖经营困难。

从众多影子银行机构获得融资。主要表现形式是企业把资产或收益权包装成银行理财产品、信托计划、基金、证券、保险子公司的资产管理计划等进行融资。该类融资环节多、成本高、融资条件通常比较苛刻，一般是在企业难以从银行等渠道获得低成本融资时，才会使用的融资渠道。因此，如果企业与众多的信托公司、基金、证券、保险子公司打交道，且融资总量中信托计划或资产管理计划的占比很高，那么，此类情形通常是企业资金链条紧张、过度融资的重要表现形式。

部分贸易融资、商品融资、租赁融资（售后回租）、资产证券化、财产收益权信托计划以及私募债等产品，可能涉及企业过度融资。除私募债外，上述产品有一个共同特点，就是从企业资产负债表中“挖”出一块资产特定化后进行融资。但实际上，企业资产负债表中的所有资产，都对应有债务。因此，当企业从资产负债表中“挖”出一块资产进行融资时，这块资产对应的原有债务相应就要由剩余的资产负责偿还，这实际上增加了全体债权人的风险。私募债发行门槛低、信息披露要求低、流动性差、发行成本高，一般是在企业难以增加公募债券发行额度时才会发行。因此，这往往也是一种过度融资的产品。

资产负债表中的隐性付息负债。包括售后回租、带回购条款的股权融资、长期含权中期票据和可续期债券等。如售后回租，体现在资产负债表左侧是固定资产，右侧是长期应付款①，但其本质上是长期付息负债。又如，带回购条款的股权融资，名义上是股，实质上是债。长期含权中期票据和可续期债券虽然均计入权益，表面上降低了企业的资产负债率，但它们本质上仍为债务，最终仍需还本付息。当前金融创新很快，很多时候，债权与股权的边界十分模糊，加上有些企业账务处理不规范，故意将本质上属于长期债务的科目或规定不够明确的科目计入权益。当前，社会上的融资模式和融资渠道越来越多，很多时候银行要搞清楚企业究竟借了多少钱并不是一件容易的事情，对银行提出了很大的挑战。

企业资产大部分已设定抵押。一般的情况下，企业只有对外融资才需要抵押资产，所以当企业大部分资产都已抵押出去的时候，往往显性或隐性的负债就已经很重了，因此，这也是过度负债的重要信号。

企业通过关联关系多头融资。企业为达到对外融资的目的，通过隐性或显性关联关系，在关联企业之间制造或虚构收入和利润，形成多头融资和过度融资。

---

① 售后回租承租人的账务处理为：（1）出售该设备时，借：固定资产清理，借：累计折旧；贷：固定资产；（2）收到设备款时，借：银行存款；贷：固定资产清理，贷：递延收益—未实现售后回租损益；（3）回租设备时，借：固定资产—融资租入固定资产，借：未确认融资费用；贷：长期应付款—应付融资租赁款；（4）分摊未实现售后回租损益时，借：递延收益—未实现售后回租损益，贷：管理费用；（5）每月计提折旧时，借：管理费用；贷：累计折旧；（6）每年支付租金时，借：长期应付款—应付融资租赁款；贷：银行存款。

企业涉及民间借贷。民间借贷是非正规金融，既不进入人民银行征信系统，也不反映在企业资产负债表中，因此银行往往很难核实企业涉及民间融资的总量及融资价格。由于民间融资的成本往往远高于其他方式的融资，因此，经营正常的企业一般很少从民间渠道融资，当一家企业需要从民间渠道融资时，往往意味着资金链很紧，难以偿还存量债务，甚至经营已经很困难了。

一丁集团过度扩张　导致资金链断裂和破产①

一丁集团股份有限公司（以下简称一丁集团）创立于2000年，是一家集设备制造、软件研发、内容提供、产品销售、运营服务为一体的智慧科技运营商，在福州和北京分别设立了管理总部和运营总部。

在2000年初的个人电脑（PC）时代，一丁集团凭借电脑组装业务快速起家，并在2008年获得苹果销售代理权，此后与联想、苹果、三星、英特尔、微软、惠普、国际商业机器公司（IBM）等世界著名厂商建立了合作关系。根据中国连锁经营协会提供的数据，仅2012年一年，一丁集团在全国的门店数量就扩张到391家，同比增长122%，营业额达38亿元；到2013年年底，一丁集团业务网络已覆盖全国22个省，57个城市；2014年，一丁集团以56.2亿元的销售额位列中国连锁企业百强榜第76位，销售额同比增长了17%；2015年，一丁集团转型做线上到线下（O2O）业务，上线了一丁网，旗下包括一丁到家、创客空间、全球购、智能生活4块业务，意图打造国内领先的互联网技术（IT）服务O2O平台。同时，一丁集团还斥巨资在全国十几个城市落地意时码（EAsmart）智能生活馆。按照一丁集团的规划，从2016年起的三年内，O2O业务年销售收入至少要达到100亿元。

然而，这家先后被评为“中国连锁百强企业”“中国软件百强企业”和“2013年中

① 《一丁集团破产：副总撰文警示O2O创业忌盲目烧钱》，新浪科技，http://tech.sina.com.cn/it/2015-12-05/doc-ifxmhqaa9964020.shtml，2015–12–05。

国最具价值成长企业 50 强”的公司，在事先毫无征兆的情况下，于 2015 年 12 月 1 日宣布破产，老板跑路失联。一家曾经被当作成功案例写进教科书的明星企业，在短短三年的时间里便将10余年的积淀消耗殆尽，并轰然倒塌，留下一个令世人唏嘘的结局。

一丁集团破产后，集团副总裁林德志发表了一封公开信，回顾了一丁集团的发展历程，反思了公司走向破产背后的深层原因。主要包括以下三个方面：一是过度负债。“老板这个人，出身草根，几乎是白手起家，从一家 20 平方米的小店，发展为资产 10 亿元，年销售额 56 亿元，最高峰时员工数超过 2 000 人的集团公司，靠的是什么？除了他个人的聪明才智和全体员工的努力外，还有就是今天让他深陷漩涡的银行和厂商。银行说，你生意做得那么好，我给你贷款吧，没事，多贷点儿；厂商说，你生意做得那么好，我给你授信吧，一个亿够不够，给你三个亿吧。就这样，一个靠借贷维持运转的资金链条形成了。于是，企业野心越来越大，流水越做越多，业务越铺越广，然而，传统的电脑手机业务并不赚钱。靠借贷维持的不赚钱的业务越做越大，离死期也就越来越近了。当有一天，哪个环节的货款收不回来，资金链条出现裂痕的时候，你就死定了。这年头，经济大环境不好，都是三角债，无论多小的一家企业倒闭，都会引起多米诺骨牌的崩塌。”二是盲目扩张。“老板个人的盲目扩张，对一些新兴业态的超前布局，或许是（破产）更重要的原因……他的野心太大了，他要改变零售的业态，一口气在全国开了十几家智能生活体验馆，每家投入及亏损额度惊人。在做一丁网的时候，意图打造一个包罗未来物联网社会所有方面的网站，要做中国最大最专业的 IT 技术上门 O2O，提前三年布局，为传说中 2018 年会全面到来的物联网社会做准备。可是一丁网的业务也是烧钱的，一丁网是在为 2018 年布局，然而，它并没有足够的钱坚持到那一天，银行和厂商也不会等到那一天。所以，靠借贷维持运转的一丁集团，其破产的命运是不可避免的。其实我刚到集团工作时曾和老板聊到过这个话题，我说大哥，咱们能不能不要布这么庞大的局，只专心做其中的一块业务好不好？那是百度、阿里巴巴、腾讯（BAT）要干的活儿。后来我知道，他也有苦衷，他根本停不下来，只有大的布局，才能讲出大的故事，才会有银行和厂商继续支持他这个不赚钱、靠借贷维持的体系。”三是高企的成本费用支出。“每年一个多亿的利息，一个不盈利的企业，几百上千号的员工，每天他醒过来的第一件事，就是要考虑今天银行的利息在哪里？明天员工的工资怎么办？后天给厂商的货款能否及时到位？他活得很累，又要强行给自己打鸡血；他知道公司资金链随时可能断裂，还要考虑给新的项目找钱……所有靠烧钱维持运转的O2O企业需要思考的问题都是：究竟是先把规模做大，还是先把盈利问题解决好？潮水退去，终会知道谁在裸泳。”同时，该文还透露，一丁集团老板在跑路之前，也做了三点反思：“第一，永远不要跟银行借钱；第二，永远不要向民间借贷；第三，量力而行”。

上述反思无疑是深刻的。过度扩张、负债扩张，O2O等新兴业态需要不断“烧钱”，同时短期内并不能形成有效的盈利模式，因此，企业就只能借钱支持经营扩张，并通过借更多的债务，去偿还到期债务本息，一旦无法借到更多的钱，资金链就断裂了。从上文可以看到，一丁集团的资金来源主要包括银行融资、供应商融资和民间借贷，虽然无法从公开资料中获得一丁集团的负债数据，但从前文透露每年须支付一亿多元利息来看，粗略估算，其付息债务总额应该超过10亿元，再加上欠供应商的货款，一丁集团可能早已资不抵债。借款利息、2 000多名员工的工资、应缴税款和应付供应商货款，成为一丁集团后期难以承受之重。

金融杠杆是涨时助涨，跌时助跌。一丁集团老板三点反思中，后边两点也许是正确的，特别是民间借贷，除了利率很高以外，其非常规的收贷方式也对企业经营及其他债权人冲击很大。上文也提到：“今天（宣布破产当天）的局面有些失控。民间债权人都听到风声，数十名社会上的小混混强行进入公司，把所有能搬走的东西都搬空了，大到复印机、电视机、电脑，小到椅子、排插，洗劫一空……关于老板跑路这件事，那些民间债权人，一旦知道钱拿不回来的时候，谁能保证他们不做出危害人身安全的举动？”但“永远不要跟银行借钱”，又走向了另一个极端。关键是要量力而行，不能向银行借入超过自己还款能力的债务。

第 7 章　选好了客户就控制了风险的源头

客户是银行经营永恒的主题，没有客户就没有业务，客户是银行的衣食父母，是“上帝”。但是信贷客户与所有购买银行其他产品的客户具有完全不同的性质，借贷关系总是与信用和风险联系在一起的，如果没有选好客户，那么请进来的可能不是上帝，而是魔鬼。

客户是银行微观信用风险产生的源头

银行可以为所有客户提供存款、结算、汇兑、代收付等产品，但并非所有的客户都适合提供融资产品，银行只能为有偿还能力的客户提供融资产品。信贷产品与一般商品最大的不同之处在于，一般商品的交易是一个钱货两清的过程，交易完成后，商品的所有权和使用权转移给消费者，卖家的目的也就实现了，因此，客户自然就是上帝。可是，信贷产品的交易不是一个钱货两清的过程，银行发放贷款以后，资金的使用权虽然转移给了借款人，但整个交易过程才完成了一半，银行的交易目的并未实现，后一半的过程（即贷款还本付息的过程）才刚刚开始，信贷真正的风险也才刚刚开始。只有贷款到期收回来并实现了收益，银行的交易目的才能实现。

客户是银行的交易对手，银行贷款都是针对具体的自然人或法人实体的。在宏观经济周期一定的情况下，只有客户维度上的好坏，才是真正有意义的好坏。客户是第一还款来源的载体，也是行业、区域、产品、债项的具体载体。贷款出风险了，银行只能追索客户，不能追索行业、区域、产品和债项。弱势的客户很难有强势的债项、强势的项目和强势的产品，通常也不是通过交易结构设计或产品设计就能解决风险控制的问题，比如，并不是说银行对客户提供流动资金贷款就有风险，而提供贸易融资就没有风险了。因此，客户风险永远是第一位的。

客户是银行主动选择的，或者说，银行至少有拒绝非目标客户的权利，也就是说，客户准入是银行微观风险控制的第一道关口，其重要性无论如何强调都不过分。如果选择了不合格的客户，银行再怎么做好贷后管理，也难以控制风险。工行易会满董事长曾对客户准入的重要性有一个形象的比喻：客户没选好，就好像捡了个先天性痴呆儿，后天再怎么努力培养，也培养不出天才来。因此，银行选择跟谁打交道非常重要，选好了客户就控制了风险的源头。

客户选择的前提是要了解客户，好的客户经理应该比企业更了解企业。了解客户是银行服务客户的基础，也是有效识别风险和防控风险的前提。了解客户既要看客户过去的经营业绩和信用记录，又要客观判断今后的市场趋势和行业发展趋势，预判客户的发展前景，就像投资家选择投资标的一样，要对客户做出深刻的分析，并看到未来3~5年的前景，而不能仅仅根据历史数据做线性的预期。

银行风险控制的关键是建设强大的前台营销部门

客户选择的首要问题是从众多潜在的客户中识别那些能够偿还贷款的客户，并成功地将其营销回来。前台市场营销部门强大的客户筛选能力和开发能力，是银行控制信贷风险的关键。只有前台营销部门把更多的符合准入门槛的客户和业务拿回来，中台授信审批部门才能有更多的挑选余地。有比较才能分出好坏，如果篮子里的东西太少，就没有选择的余地。给坏客户设置再多的审批条件，还是坏客户。

实际工作中，银行的短期考核目标以及前台市场营销部门营销回来的客户和业务规模，往往会对授信审批部门风险把控的尺度影响很大。比如，银行分支机构为完成年度利润计划，需新增信贷规模 100 亿元，如果前台营销部门仅营销了 110 亿元的业务，授信审批部门就只能在 110 亿元的篮子里挑选客户和业务；但如果前台营销部门营销了 500 亿元的业务，授信审批部门挑选的余地无疑会增加很多。如果篮子里客户的质量欠佳，捡进篮子都是菜，再加上挑选的余地有限，银行的风险控制往往就会面临很大的压力。国内外一些顶尖的投资机构之所以取得成功，其投资对象往往都是百里挑一的。

总之，信贷风险控制的关键是建设强大的前台市场营销部门，银行应该在贷前阶段下大力气做好客户选择及风险控制工作，御风险于资产负债表之前。《黄帝内经》提出，“上医治未病，中医治欲病，下医治已病”，即最高明的医生，是预防疾病的发生，治疗还没有发生的疾病。

如何识别和判断好客户

除传统的财务分析方法之外，信贷实践中有一些简单而行之有效的方法，也可以帮助我们识别和遴选客户，可归纳为“八看”：一是看企业“一把手”或实际控制人。“一把手”的素质决定了企业的素质，领导人的高度决定了企业的高度。一个企业能否良好运作，归根结底是由企业领导人的素质决定的。二是看股东背景。股东背景反映了借款人的出身状况，好股东就是借款人的“好爸爸”。三是看债务轻重。从银行债权人的角度看，债务轻的企业，就是好企业。四是看客户的存货和应收账款。产成品存货和应收账款情况，分别反映了企业产品销售是否顺畅以及货款回笼是否正常，产成品存货和应收账款很轻的企业，就是好企业。五是看客户上下游交易对手对其的态度。企业总是生活在与上下游客户打交道的链条中，因此，企业的上游供应商、下游采购商如何看它，也构成了银行评价客户好坏的一个独特视角。如果一个企业买别人的东西不用马上付钱，然后东西还未卖给别人，就能收到了一部分预付款，这就说明企业在上下游交易链条中处于强势地位，对上下游客户具备很强的谈判能力，从银行的角度看就是好企业。这种情形表现在企业资产负债表上，就是企业的应付账款和预收账款余额较大，低成本地占用了上下游客户的资金。六是看银行同业对客户的态度。要关注银行同业对客户的融资政策、融资条件及融资总量的变化，特别是要关注主办银行的态度。比如，年初的时候，建行对某客户的贷款余额是3亿元，信用放款，执行基准利率；但到年中的时候，该行的贷款余额下降为1亿元，贷款方式变为抵押贷款，利率变为基准利率上浮10%，这就非常清晰地体现了建行对该客户的政策和态度。所以，银行在对待在多家金融机构都有融资的客户时，要时刻盯着同业的动向，然后制定自己的策略。否则，一有风吹草动，他行先收贷了，或者提前把企业的财产做了抵押，自己就会非常被动。七是看资本市场投资者对客户的态度。当客户为上市公司时，要关注客户在资本市场上的表现，从股票价格的波动及其与大盘的偏离情况，看投资者对客户的认可程度。另外，上市公司来自各方面的监督较多，信息比较透明，也可从公开的媒体、券商的分析报告和投资者的评论等多个维度，考察客户的好坏。八是看客户是否“干净”。关注客户是否涉及民间借贷、过度担保、抽逃资金、虚假交易、不良信用记录以及媒体负面报道等。一般认为，一个企业如果没有对外担保、资产没有对外抵押、没有民间借贷、没有不良记录，就是很“干净”的企业。

银行对下列客户要更加谨慎：一是新企业。新建企业没有信用记录，也没有经过市场的检验。国外银行对打交道不满三年的客户，通常是不给予融资的。二是新进入陌生领域的企业。隔行如隔山，企业进入一个自己从未涉足过的行业，失败的概率很高。三是短期内发生大幅变化的企业。例如，短期内企业的货币资金大幅下降、应收账款和存货大幅增加、银行借款大幅增加等，上述短期大幅变化的背后，往往是企业在某些地方或某个环节出了问题，通常是企业出现潜在风险的标志。四是融资已经很重的企业。企业的融资越重，不能还款的概率越大。当企业的融资总量超过了其偿债能力，就不能再对其提供融资了。五是前期摊子铺得很大的企业。这种情形反映在企业的资产负债表上，就是在建项目很多，在建工程余额很大。当前此类企业存在很大的风险，因为所有的在建工程，都是在前些年经济高涨的时候做的决策，而现在的市场环境已经发生了非常巨大的变化，这些半拉子工程往往继续做也不是，不做也不是。不做，前期投入就变成了沉没成本；硬着头皮继续做下去，这些在建工程后续还要投入，投入的钱从哪里来，面临很大的不确定性。即使能够借到钱，除了进一步增加企业的债务负担外，项目建成后的效益也可能大打折扣。所以说，前期摊子铺得很大的企业，当前普遍都面临很大的财务风险。

潜在风险客户当作优质客户扩展　险酿风险事件

2014 年 6 月，A 银行某分行在报送某矿业集团整体授信方案中，申请核定该集团下属物流公司（以下简称物流公司）最高授信额度 8 亿元，较该公司融资余额增加了 4 亿元。A 银行授信审批部门在审查该笔授信时注意到以下几个问题。

1. 物流公司的财务杠杆过高，银行融资绝大部分被上下游企业占用。物流公司 2013 年末的资产负债率高达 92%，负债总额中绝大部分为银行融资。该公司银行融资余额 180 亿元，其中短期借款 60 亿元，应付票据 120 亿元（大部分为银票）；同期预付账款和应收票据（绝大部分为商票）合计 155 亿元；货币资金 50 亿元，主要为银票保证金。可见，该公司通过银票和短期借款等方式取得银行融资，以预付账款和应收票据的方式被其他企业占用，实际上在贸易链条中已成为集团融资平台的角色，信用风险较大。

2. 物流公司的上下游主要客户均为贸易公司，且个别客户同时为买方及卖方，贸易背景的真实性存疑。该公司的供应商主要集中在 5 个客户，且全部为贸易公司，该公司 60% 的预付款都付给了上述 5 家企业，同时前五大下游客户亦为贸易公司，因上述客户的销售收入占全部销售收入约 40%，且个别客户同时为该公司重要的上下游交易对手，所以贸易背景的真实性存在较大疑问。

3. 物流公司过度融资，且债务结构不合理。该公司2013年末的融资余额达180亿元，且全部为一年内到期的短期融资，2013年度全年销售收入为330亿元，企业销售收入与债务规模不匹配，偿债能力不足。

总体来看，该公司与贸易公司，而非实业体性的企业，进行了大宗商品交易，交易背景真实性存在较大疑问，银行融资被大量用于支付预付款，或被下游企业占用，债权质量无保障，该公司存在较高的潜在风险。据此，A银行授信审批部门核定物流公司零授信，并要求分行对该公司的存量融资到期收回，实现安全有序退出。此后，虽然分行对总行核定零授信有不同意见（仍相信物流公司的国有背景及“大而不倒”），但不得不按总行要求先后收回了全部融资。3个月后，物流公司债务危机爆发，涉及债务总额约180亿元。同时该公司前任和现任董事长、总会计师涉嫌滥用职权、严重失职被公安机关刑事拘留。A银行因及时收回融资，避免了损失。

客户选择不当　贷款发放半年便违约

2013年9月，A银行呼和浩特分行为鄂尔多斯某商贸公司办理了4亿元的经营性物业支持贷款，特定资产为该公司名下某百货商场一层和3~5层，贷款用途为该百货商场的经营周转、物资储备、装修及置换他行贷款，期限为5年，利率为人民银行规定的对应期限贷款基准利率上浮10%，抵押物为上述特定资产，抵押率为60%，按年等额还款，每半年还款一次。该笔贷款在仅正常还款一期后（归还4 000万元）便出现了违约。

本笔贷款在客户选择等方面存在以下明显的问题：

首先，当地房地产市场已发生巨大变化，但当地分行对市场变化及眼前的风险不够敏感。从2011年起，鄂尔多斯的房地产交易量明显下滑，多家媒体开始报道鄂尔多斯康巴什“鬼城”的新闻。2012~2013年，鄂尔多斯的房地产销售面积不足

2011年的一半，房价暴跌。2011年初，鄂尔多斯房价平均约为8 000元/平方米，但2013年9月办理本笔业务时，房价下跌至不到4 500元/平方米。

第二，当前电商和网购对传统商业造成了巨大的冲击，当地分行对此缺乏必要的前瞻性。该商场一层为农副产品批发，2~7层分别为日用百货、土产五金、服装鞋帽、民族用品、家居超市和餐饮美食等，借款人对该商场采取“自营+租赁”的经营模式，资金回收较慢。同时，受区域经济恶化、电商网购冲击、部分租户退租以及租金价格下调等多方面因素影响，该公司2014年前三季度收入同比下降25%以上，但尽职调查和审查对此均未引起足够的重视。

第三，A银行贷款部分被用于置换他行贷款，用途明显失当。A银行贷款用途过于庞杂，且未约定各部分用途的金额，最终导致其中的2.5亿元用于置换他行贷款，存在为他行贷款解套的嫌疑。

第四，企业违约时，A银行同业占比明显过高。截至2014年9月末，借款人融资余额为10.26亿元，其中A银行贷款7.7亿元，同业占比从一年前的36%上升到75%；而2013年9月以后，其他各行相继退出3.9亿元。

第 8 章　开工率、产销率和货款回收率是反映企业生产经营状况的极简指标

信贷实践中，该如何透过纷繁复杂的现象尽快抓住客户生产经营的实质，从而观察和判断客户的生产经营是否正常呢？开工率、产销率和货款回收率（以下简称“三率”）可能是一个比较好的视角，“三率”环环相扣，是判断企业生产经营是否正常的简单实用的好指标。

开工率（Capacity utilization rate），也叫产能利用率或设备利用率，指企业生产能力发挥的程度，一般用实际产出与生产能力（潜在产出）之间的比率表示，该指标与宏观经济周期有很强的正相关性。开工率表明了企业的固定资产与原材料存货配合产出产成品的能力，开工率直接关系到企业生产成本的高低。企业的开工率高，则单位产品分摊的固定成本就相对较低；开工率低，则更少的产品要负担同样的固定成本，单位产品分摊的固定成本就高。企业开工率低或产能利用率低是产能过剩在微观上的主要表现形式，对企业而言，闲置的产能（未利用的产能）就是过剩的产能，即无效的资产，这部分资产无法对利润表贡献收入，只会贡献成本和费用。信贷调查和审查人员要了解核实客户的产能利用率情况，并与历史、同业和企业正常的水平进行对比，判断客户的生产是否正常，与竞争对手有多大的差距，并分析造成这种差距的原因。考虑到设备检修等因素，一般认为，85%~90% 左右的产能利用率为设备的正常状况；产能利用率超过 95% 以上，代表设备使用率接近全部；反之，如果产能利用率较长时间在 75% 以下，则表示设备利用不足，而低于 70% 的产能利用率则是“红灯值”，将造成很大程度的资源浪费，并容易引发企业之间恶性压

价竞争。截至 2015 年 7 月末，我国的粗钢、电解铝、平板玻璃和造船业的产能利用率分别为 72%、72%、68% 和 50% 左右，2015 年底，我国汽车、水泥和化肥行业的整体产能利用率分别为 68%、65% 和 55% 左右。

产销率（Proportion of products sold），是指在一定时间内已销售出去的产品数量与已生产的产品数量的比值，它反映了企业产品生产实现销售的程度，这一比率越高，说明企业的产销越顺畅，产品越符合市场和消费者需要。产销率将企业产品的生产与销售有机衔接起来，将企业的资产负债表与利润表有机联系起来，生动地反映了产成品存货变成收入的能力。不同行业产销率的正常范围值有所差别，但一般不应低于 90%，否则就会出现比较严重的存货积压问题。信贷调查和审查人员要认真了解和核实客户的产销率情况，并与历史、同业和企业正常的水平做对比，判断客户的产销情况是否正常，同时还要延伸了解和核实客户以下三个方面的情况：一是产销状况与财务数据是否匹配。产品只有销售出去才能形成现实的还款来源，因此信贷调查和审查人员要认真核实近期客户的产量、销量、成本、价格及其变化情况，并将有关数据与财务报表、销售收入进行对比，看其相互之间是否一致。二是订单情况。了解客户近年取得的订单情况、目前在手订单情况和预计可取得订单情况，尽可能了解订单涉及的数量、价格、结算方式和付款条件，并与历史情况进行对比，大致判断客户资金需求情况及短期偿债能力。三是目标市场及主要交易对手情况。了解客户销售渠道、主要产品目标市场及其份额情况，尽可能掌握客户的主要交易对手、双方合作的稳定性、历史交易及履约记录等。

货款回收率（Loan recovery rate），是指一定时间内企业回收的货款金额与总销售金额之间的比例，它是反映企业销售货款回笼情况的一项重要指标。企业产品实现销售但未收回现金的部分，则形成企业的应收账款。企业销售货款如不能及时回笼，就会造成资金短缺，加剧企业资金链紧张的状况。企业的货款主要是通过银行进行归集和回笼的，因此，对银行而言，货款归行率是企业货款回收率的一个较好的替代指标。货款归行率是指客户通过本行回笼的货款占其全部货款回笼的比例，该指标是衡量客户在本行结算量和业务合作关系紧密程度的指标之一。贷款最终是靠现金进行清偿的，银行如果控制不了客户现金流，就控制不了现实的还款来源。因此，只有回笼到本行的货款，才能形成银行看得见摸得着的还款来源，银行要求客户提高货款在本行的回笼率，既是提高收益的要求，也是控制风险的要求。信贷调查和审查要重点关注以下三个问题：首先，要了解客户总体销售货款的回笼情况，并与财务报表反映的客户销售收入、应收账款和存货及其变化情况做对比，大致判断客户产销及货款回笼情况是否正常。其次，要了解客户的销售货款回笼在各家银行的分布状况。客户在各家银行回笼货款与办理资金结算的情况，反映了客户与各行关系的紧密程度以及对各行的贡献状况，也是客户回馈银行的主要形式。信贷调查和审查要大致了解客户货款回笼、资金结算与各家银行投入资源（包括贷款）的状况，判断客户在各家银行的风险和收益是否存在错配的情况。再次，要了解客户销售货款归集本行的情况。银行要通过观察客户销售货款回笼本行的情况及其稳定性、客户账户资金的余额及存贷比等指标，一方面大致推测客户经营情况是否正常，另一方面分析客户回笼在本行的货款与本行对客户的融资余额是否匹配。最后，保理等贸易融资业务应严格执行应收账款回笼专户管理规定，认真核实应收账款与销售回款之间的对应关系，融资对应的货款回笼后要及时扣收。

客户的开工率、产销率和货款回收率等“三率”，分别反映了客户生产、销售和货款回笼的情况，“三率”环环相扣、层层递进，是判断客户生产经营是否正常的简单实用的好指标。

经济周期性变化对企业“三率”的影响

A公司是一家集铝土矿、氧化铝、电解铝、铝加工及碳素制品生产为一体的综合性大型铝业公司。截至2015年末，该公司具备年产40万吨氧化铝（2014年底建成）、60万吨电解铝及铝板带的产能。2010年，该公司的产能利用率为96%，产销率约 98%，货款回收率约为 96%，随着 4 万亿刺激政策的实施及大规模基础设施建设的启动，该公司产品供不应求，经营情况和财务状况良好，同时该公司启动了年产 80 万吨氧化铝项目建设，一期建设规模为 40 万吨，项目总投资 17 亿元，资本金 6.2 亿元，资本金比例 36%，由 A 公司自筹解决，申请银行贷款 10.8 亿元，自此，A 公司开始为建设该项目大幅举债。2013 年，随着国内电解铝产能过剩加剧，该公司开工率下降，应收账款和存货大幅增加，全年电解铝产能利用率约为 85%，产销率约 85%，货款回收率约为 86%；2015 年，A 公司开工率进一步下降到 75% 左右，产品销售困难，货款积欠严重，产销率进一步下降到约 78%，货款回收率约为 73%。从回笼 B 银行的货款情况看，2015 年 A 公司货款归行率同比下降了约 40%，企业资金链日趋紧张，同时，前期建设的氧化铝项目由于铝土矿的品位较低，冶炼成本居高不下，项目未能产生预期效益，再加上电解铝行业因产能严重过剩造成行业性亏损，A 公司债务高企，成本收入倒挂，亏损严重。2016 年初，A 公司开始出现债务违约。

客户因部分生产线列入关停计划　造成产能利用率大幅下降

C 公司 2006 年和 2011 年分别建成一条日产 1 200 吨熟料水泥生产线和一条日产 4 500 吨熟料新型干法水泥生产线及余热发电项目，并分别向银行申请了 1.3 亿元和 3.5 亿元贷款。近年来，由于水泥行业产能过剩日益严重，加上 C 公司 2006 年建成的日产 1 200 吨熟料水泥生产线污染比较严重，屡被环保部门处罚，同时，该条生产线被列入工信部 2014 年落后产能关停计划，C 公司 2014 年产能利用率下降约 70%。该条生产线关停后，C 公司大幅计提了资产减值损失，造成当年大幅亏损，同时原由两条生产线承担的债务，现仅由剩下的一条生产线承担，企业的财务负担加重，偿债压力进一步增加。

第 9 章　库存和应收账款高企是企业财务恶化的重要征兆

存货和应收账款是企业最重要的流动资产，也是短期融资最重要的还款来源。产成品存货主要涉及企业生产出来的产品能不能卖得出去，应收账款主要涉及产品卖出去后钱能不能收回来，两者相互关联。企业经营情况和财务状况恶化，一般会率先从这两个科目中得到反映。在当前经济下行期，库存和应收账款大幅增加，已成为导致企业财务状况恶化的“毒瘤”，对制造业和批发零售行业的影响尤其深刻。

存货（Inventory）是指企业在生产经营过程中为销售或耗用而储备的各种资产，包括原材料、半成品、在产品、产成品、商品，以及各种燃料、包装物、低值易耗品等。企业持有存货的最终目的是为了出售，这是存货区别于企业固定资产等非流动资产的最基本的特征。首先，存货在企业整体生产经营链条中处于非常重要的地位，企业的生产管理、上下游关系管理和收付款管理，是以存货为核心进行的。存货的三种形式连接了企业的供产销三个链条，即原材料采购（上游供应商）—在产品（企业生产）—产成品销售（下游采购商），围绕以存货为核心的企业供产销链条上的物流、资金流和信息流动，清晰地展现了企业生产经营的整个图景。其次，银行贷款与存货的各种形态之间存在密切的转换关系。银行的流动资金贷款和固定资产贷款，分别是产成品存货中变动成本和固定成本的重要组成部分。银行流动资金贷款通过材料采购环节变为原材料存货，原材料存货通过企业的生产加工环节变为在产品存货和产成品存货，同时产成品存货中还包含了固定资产折旧和无形资产摊销（即固定资产贷款的转化形式），产成品存货能否通过销售环节再变为收入，涉及“惊险的一跃”。前两个环节（采购环节和生产环节）涉及资产负债表不同科目之间的转换，最后一个环节（销售环节）涉及资产负债表和利润表科目之间的转换，即“物变钱”的过程，是企业生产经营最核心的环节。如果企业生产的东西卖不出去，存货无法变为收入，银行的钱就收不回来。再次，围绕存货的收付款管理反映了企业的竞争力。围绕存货的付款管理主要与采购相关，涉及应付账款、应付票据、预付账款三个科目。如果年末比年初应付款项增多，预付账款减少，表明企业占用了上游企业的资金；围绕存货的收款管理主要与产品销售有关，涉及应收账款、应收票据、预收账款三个科目。如果年末比年初应收款项减少，预收账款增加，表明企业占用了下游企业的资金。通俗地说，如果企业买东西不用马上给线，东西卖了马上就能收到钱，甚至东西还没有卖出去，就先收到了预付款，是企业谈判地位高，竞争力强的重要表现。

存货高企对企业财务状况的影响是巨大的。存货风险包括：存货贬值的风险，包括原材料贬值和产成品贬值，都会造成企业损失；存货过时的风险，当产品的适用性、品质、功能、款式等落后于现实需求时，企业将不可避免地面临产品销不出去的危险；存货自然损耗风险，如温度、湿度、光照等自然因素变化对存货外观、性能、质量产生的不利影响，对一些容易和自然环境发生化学反应的商品及鲜活商品而言，自然损耗风险可能会超过价值贬值风险。存货高企的直接原因可能是企业生产部门对产量、销售部门对市场需求预测的不准确性，背后更深层的原因可能是企业经营管理甚至企业战略面临危机。银行通过分析企业财务报表可以大致了解存货的总量和结构，但很难核实存货的库存时间、质量及变现价值，因而也就很难估计存货对资产质量的影响。

应收账款（Receivables）是指企业因赊销商品、提供劳务等业务而形成的商业债权，应收账款是伴随企业销售行为的发生而形成的一项债权，与销售收入的确认同步。赊销实际上是向客户提供产品和在一定时期内提供资金两项交易，企业通过赊销提供商业信用，一方面，可以增加销售量，提高市场份额；另一方面，可以把存货卖掉，将实物转化为债权，在实现销售收入的同时，降低存货的管理成本。但是应收账款的弊端也是显而易见的，主要包括：（1）夸大了企业的经营成果。在权责发生制下，所有的应收账款都已经表现为收入了。如果后期应收账款收不回来，则收不回来的部分实际上应等额扣减利润。换句话说，如果企业的应收账款余额大于当年利润，则企业是否真正能实现盈利，就完全取决于应收账款能否收得回来。（2）容易造成企业资产不实。应收账款的质量非常关键，如果企业应收账款收不回来，则相当于东西白送给别人，其效果相当于银行贷款发放后收不回来，即贷款本金的损失。可见，应收账款的质量对企业财务状况、偿债能力和债权人债权安全的影响还是很大的。（3）加速了企业的现金流出。赊销虚增了账面上的销售收入和利润，但应收账款对应的销售收入并没有现金流入，相反，因销售收入和利润增加带来的增值税、所得税增加和利润分配，却带来了实实在在的现金流出，同时，应收账款的管理成本、回收成本都会加速企业现金流出。此外，由于交易对手缺乏支付能力，应收账款形成坏账，导致企业商业信用链条断裂，是企业丧失持续经营能力及债务违约的重要原因。

企业持有过多的存货和应收账款，既有成本，也有风险。高企的存货和应收账款对企业财务状况的共同影响还包括：（1）延长了企业的营业周期。营业周期是存货周转天数和应收账款周转天数之和，存货和应收账款高企，延长了营业周期，降低了资金周转效率。（2）加剧了企业资金紧张的状况。存货和应收账款是银行流动资金贷款的主要转化形式，高企的存货和应收账款占用了企业大量的资金，是造成企业流动资金紧张，甚至资金链断裂的重要原因。（3）增加了企业的成本。存货过高增加了库存管理成本、存储成本和机会成本，同时产成品存货如果销售不出去可能会过期、变质或贬值，也就是说，存货越卖不出去，就越有可能变为垃圾。事实上，企业适时清理长期滞销存货，通过折价变现可能比永远卖不出去更为明智；此外，持有应收账款与持有现金相比，增加的成本包括管理成本、机会成本和坏账成本，特别是存货和应收账款的资金占用，都还涉及资金的时间价值问题。（4）高企的存货和应收账款还可能成为企业粉饰财务的重要工具。如期末存货计价过高，将导致虚增资产、销售存货结转成本偏低和虚增的利润；关联销售产生的应收账款，虚增了收入和利润；存货减值准备和坏账准备计提不足，都将导致利润虚增。（5）成为企业不良资产的主要区域。由于会计估计及会计政策等因素，应收账款和存货可能成为企业最大的潜在不良资产区域，即收不回来的应收账款还表现为收入，卖不出去的存货还表现为资产。

除关注存货和应收账款的质量外，信贷调查和审查还应关注存货和应收账款的异常变动情况。比如，短时间内存货和应收账款大幅增长；销售收入负增长，应收账款、存货正增长；应收账款、存货增长率大大高于销售收入增长率；销售成本的增长率远高于销售收入的增长率等，通常都是企业的市场情况及财务状况出现问题的重要征兆。

四川长虹对 APEX 公司的应收账款危机①

四川长虹电器股份有限公司（以下简称四川长虹）创始于 1958 年，前身国营长虹机器厂是我国“一五”期间的 156 项重点工程之一，1988 年进行股份制改革，1994 年 3 月在上交所上市，是我国彩电行业的龙头企业。

2001 年，四川长虹开始与美国大型在线交易商 APEX 公司发生业务往来，当年只有赊账没有回款，年末形成应收账款 4 184 万美元，折合人民币 3.47 亿元。2002 年，是双方业务合作的高峰期，四川长虹对 APEX 公司销售 6.1 亿美元，但回款仅 1.9 亿美元，形成了 4.63 亿美元的应收账款，折合人民币 38.29 亿元。同年，四川长虹跟 APEX 公司的交易占其全年彩电销售的 54%，占当年海外销售的 91.41%。2003 年，销售略降，回款增加，当年四川长虹又销售给 APEX 公司 4.24 亿美元的货物，回款 3.50 亿

① 《四川长虹的应收账款危机案例》，豆丁网，http://www.docin.com/p-775889435.html，2014–03–10；《四川长虹巨额海外坏账始末》，论文网，http://www.xzbu.com/3/view-1345530.htm，2012–04–08。

美元，但应收账款余额已增至5.37亿美元，折合人民币44.51亿元，与APEX公司的交易占其全年彩电销售的33%，占其当年海外销售的70%。2004年，四川长虹基本上结束了与APEX公司的生意，仅向其销售3 559万美元，同时加大回款力度，回款1.09亿美元。截至2004年末，四川长虹对APEX公司的应收账款余额达4.64亿美元（折合人民币38.37亿元），占其历年对APEX公司销售额的42%，当年四川长虹计提了3.1亿美元的坏账准备，还计提了10.13亿元的存货跌价准备，当年亏损36.72亿元。

表2–2　四川长虹对APEX公司销售及回款情况　（单位：美元）

时间	销售金额	回款金额	应收账款年末余额
2001年度	41 842 483.00	0	41 842 483.00
2002年度	610 949 126.11	190 074 801.70	462 716 807.41
2003年度	424 424 014.62	349 896 993.47	537 243 828.56
2004年度	35 599 676.81	109 028 527.44	463 814 980.60
合计	1 112 815 300.54	649 000 322.61	463 814 980.60

资料来源：根据《四川长虹巨额海外坏账始末》整理，论文网，http://www.xzbu.com/3/view-1345530.htm，2012–04–08

表2–3　四川长虹2001~2005年3月财务简表　（单位：亿元）

项目	时间				
	2001年末	2002年末	2003年末	2004年末	2005年3月末
货币资金	16.46	10.05	11.22	20.65	11.17
应收票据	11.04	11.81	25.22	6.75	11.95
应收账款净值	28.81	42.23	49.85	21.8	27.75
坏账准备	N/A	N/A	0.94	26.05	N/A
其他应收款	14.71	3.87	2.51	2.82	3.48
存货	59.43	74.71	70.05	60.13	48.38
短期投资	10.74	11.36	9.59	3.72	2.9
流动资产	142.47	152.59	175.37	119.11	113.25

（续表）

项目	时间				
	2001 年末	2002 年末	2003 年末	2004 年末	2005 年 3 月末
固定资产净值	23.8	25.26	29.55	28.9	27.71
在建工程	3.84	2.74	3.8	2.21	2.39
无形资产	4.51	4.52	4.42	4.34	4.34
资产总额	176.38	186.7	213.64	156.49	148.91
应付票据	24.36	23.55	28.54	14.85	11.91
应付账款	20.64	20.74	21.62	16.44	19.31
短期借款	0.85	16.21	27.06	26.71	14.85
长期借款	0	0	0.7	0.7	0.7
负债总额	48.85	57.34	81.75	60.64	51.28
所有者权益	127.53	129.36	131.89	95.85	97.63
资产负债率	27.7%	30.7%	38.3%	38.8%	34.4%
营业收入	95.15	125.86	141.33	115.39	40.21
利润总额	1.12	2.07	3.03	–36.72	2.1
经营现金净流量	13.74	–29.73	–7.44	7.61	1.47

资料来源：根据四川长虹 2001~2005 年财务报表整理，凤凰网财经，http://app.finance.ifeng.com

美国 APEX 公司成立于 1997 年，创办人为美籍华人季龙粉，是一家代理中国家电产品出口的公司，即将中国的低价家电推向美国的大型连锁超市，如沃尔玛等。从2001年开始，四川长虹将其彩电源源不断地发往APEX公司，然而产品是出去了，货款却没收到。这位被美国《时代》杂志评为 2002 年全球最具影响力的企业家，总是以质量问题或货未收到为借口，拒付或拖欠长虹贷款。2004 年 12 月 15 日，四川长虹将 APEX 公司起诉至美国洛杉矶高等法院。2005 年 9 月，四川长虹董事会公告显示，在对 APEX 公司 4.675 亿美元的欠款中，四川长虹可能收回的欠款只有 1.5 亿美元，这意味着还有 3.175 亿美元（近 26 亿元人民币）的欠款面临无法收回的境地，这一数字高于 1995~2004 年 10 年间四川长虹的净利润之和。

在四川长虹与APEX公司前后4年的交易中，累计对其销售11.12亿美元，截至2004年末的应收账款余额达4.64亿美元，占其历年对APEX公司销售额的42%。即使按四川长虹最终公告口径约3.175亿美元欠款无法收回计算，也意味着有约30%的产品白送给了APEX公司。2001~2004年期间，四川长虹应收账款和存货年末合计余额，一直接近于年度销售收入，在四川长虹与APEX公司双方合作高峰的2002~2003年，四川长虹当年经营活动产生的现金净流量分别为–29.73亿元和–7.44亿元，进一步加剧了四川长虹资金链紧张的状况。总之，高企的应收账款全面恶化了四川长虹的财务状况，坏账损失成为四川长虹难以承受之重，并将过去10年的积累付诸东流。

综观四川长虹应收账款危机产生的原因，主要包括以下几个方面：首先，国际化经验不足，但在存货高企的压力下又急于求成。当时，四川长虹刚刚涉足国际市场，既无国际化经营的经验，也缺乏自己掌控的国际销售渠道，只好借助第三方将自己的产品打入发达国家的主流销售渠道。此外，国内彩电市场竞争激烈，四川长虹的库存量太大（即使后来采取了赊销政策，其2001~2004年年末的存货余额仍占销售收入的62%~50%）。为了尽快降低库存，解决资金周转困难，四川长虹采取了比较激进的赊销政策吸引国际市场买方，而国外不法分子正是抓住其急于求成的心态和弱点对其行骗。其次，对单一交易对手的赊销额度过大，但又对赊销对象的信用调查不足。在大规模进入美国市场前，虽然四川长虹曾派公司高管前往美国，做过为时不短的市场考察和调研，但他们在考察结束后，就把美国市场的销售业务全部交给了APEX公司，对APEX公司的依赖过大。此后，在种种迹象表明APEX公司恶意拖欠货款，且2003年3月5日《深圳商报》发表了题为“传四川长虹在美国遭巨额诈骗”的文章，国内媒体及投资人开始质疑其赊销模式的情况下，四川长虹还在继续采用先发货后收款的方式对APEX公司进行销售，导致应收账款越积越多。再次，有关合同设计漏洞较多，未能起到有效控制风险的作用。四川长虹与APEX公司签订的合同非常简单，难以厘清双方权利、义务和潜在风险的分担。此外，虽然在四川长虹与 APEX 公司的交易中，大部分采用了国际贸易中比较通用的保理业务来保障其对应收账款的回收，但四川长虹与 APEX 公司和银行签署的三方协议并没有让该银行承担应收账款的无追索赔付责任，保理商仅仅是对应收账款的管理而不是购买负责，因此未能起到降低风险的作用。

深康佳清理存货和应收账款形成巨亏　但股价不跌反升①

深圳康佳集团股份有限公司（股票代码 000016，以下简称深康佳）是一家生产电视机、数字移动电话、液晶显示器以及电冰箱、空调、洗衣机等电子及通讯产品的制造企业，1998 年，深康佳的彩电销售额首次超过四川长虹，一举成为彩电业的霸主。然而 2001 年，却出现了自 1992 年上市以来的首次亏损，净利润 –6.99 亿元，每股收益为 –1.163 元。2002 年 4 月 11 日，深康佳公布上年年报巨亏，市场一片哗然，当日大盘大跌，一度诱发市场对绩优股的恐慌。

深康佳 1999~2001 年年报及 2002 年一季度季报如表 2–4 所示。

表 2–4　深康佳 1999~2002 年 3 月财务简表　（单位：元）

项目	时间			
	2002 年 3 月末	2001 年末	2000 年末	1999 年末
货币资金	844 938 236	994 857 102	1 426 065 153	1 814 404 875
应账票据	1 162 955 158	769 525 174	742 644 043	281 554 606
应收账款净额	336 709 326	530 069 585	1 042 717 266	1 434 588 845
存货（净额）	2 399 821 452	2 825 931 895	4 939 615 742	4 694 673 385
流动资产合计	5 036 327 717	5 382 882 876	8 318 575 288	8 315 579 513
资产合计	7 071 306 984	7 211 736 823	10 063 013 807	9 769 410 622
短期借款	505 000 000	769 000 000	1 140 718 635	841 575 358

①《深康佳：巨亏与扭亏因何就在一瞬间》，搜狐财经，http://business.sohu.com/02/46/article200654602.shtml，2002–04–29。

（续表）

项目	时间			
	2002 年 3 月末	2001 年末	2000 年末	1999 年末
应付票据	1 583 905 112	1 579 358 039	2 763 404 444	2 639 763 647
应付账款	1 006 007 592	849 249 621	1 158 214 741	1 234 167 740
流动负债合计	3 748 147 789	3 968 117 258	6 099 108 008	5 620 350 435
长期借款	60 000 000	55 127 117	77 881 614	448 493 150
对外融资总额	2 148 905 112	2 403 485 156	3 982 004 693	3 929 832 155
负债合计	3 845 213 180	4 057 334 224	6 189 207 505	6 075 701 959
所有者权益合计	2 912 043 222	2 893 912 961	3 873 806 302	3 475 067 642
营业收入	2 231 718 909	6 748 122 042	9 016 554 733	10 127 098 593
营业利润	31 376 369	–727 461 888	253 689 605	602 453 510
利润总额	16 002 052	–699 791 454	224 883 253	497 527 793
经营活动产生的现金流量净额	226 661 016	723 225 729	–5 566 368	383 913 845
资产负债率	54.4%	56.3%	61.5%	62.2%
流动比率	134.4%	135.7%	136.4%	148.0%
营业利润率	1.4%	–10.8%	2.8%	5.9%
净资产收益率	0.5%	–24.2%	5.8%	14.3%
总资产利润率	0.2%	–9.7%	2.2%	5.1%
经营活动产生的现金流量净额 / 营业收入	10.2%	10.7%	–0.1%	3.8%

数据来源：根据深康佳 1999~2002 年财务报表整理，凤凰网财经，http://app.finance.ifeng.com

从上表可见，在 2001 年之前的两年，深康佳的经营业绩一直不错，净利润分别为 2.24 亿元和 4.98 亿元，但存货和应收账款高企，存货分别为 49.4 亿元和 46.9 亿元，应收账款分别为 10.43 亿元和 14.35 亿元。2001 年，深康佳集中清理了滞销的存货和购货方欠款，将此前卖不出去的 14 英寸黑白电视机等产品全部销往农村市场，存货净额下降 43%，累计清理电视机及其他库存产品达到 150 万台，仅此项跌价损失就占全年亏损总额的 56%。虽然企业将库存商品以低于成本的价格出售，但收回来的是现金。同时加大收款力度，应收账款净额比上年末下降 45%，当年深康佳经营活动产生的现金流量净额为 7.23 亿元，为近几年最好水平。因此，在该公司复牌后，市场恢复理性，在小幅低开后随即放量盘升，两个交易日累计涨幅超过 20%。深康佳在集中清理存货和应收账款后，盘实了资产，很快实现了扭亏为盈，2002 年一季度实现净利润 1 600 万元。

对银行债权人来说，除了关注客户的盈利指标外，还应关注客户现金流状况及资产的流动性，对亏损的企业，还要关注造成亏损的原因。就本案例而言，亏损的主要原因是企业清理库存和应收账款，核销不良资产，这些问题其实一直存在，并造成账实不符。深康佳在及时清理了不良资产后，避免了滞销存货的进一步贬值，以及交易对手的长期拖欠，收回了现金，并大幅偿还了银行融资，银行融资余额比上年末下降了 40%，企业的财务指标进一步优化，资产负债率下降，存货和应收账款大幅下降，流动性并没有受到破坏，现金流越来越好，并为企业今后的发展夯实了资产基础，总体来看，这种亏损是良性的亏损，也未侵蚀企业的偿债能力。

第10章　品质是企业信用的基石

企业的资信情况及信用记录，是银行信贷调查和审查的重要内容。传统的信用分析方法，无论是“3C分析法”“5C分析法”“5P分析法”，还是中小企业“三品三表”的分析方法[①]，均十分注重及强调客户的品质。客户的品质主要是指其履行还款承诺的主观意愿和可能性，它是反映客户信誉度的重要标志。

良好的信用是企业的一项重要无形资产，也是债务偿还的重要保障。品质是客户信用的基石，如果客户的品质和诚信有问题，并通过包装、粉饰、伪造，甚至欺骗等非正常的方式获得了银行贷款，将对银行债权安全构成重大威胁。在当前经济下行时期，企业违约跑路事件层出不穷，信贷欺诈事件时有发生，之前经济上行时期被掩盖的企业品质方面的瑕疵更加暴露无遗，企业失信给银行经营带来了巨大的压力。企业的不良品质包括身份欺诈、行为欺诈、财务欺诈、合同违约、制假造假、隐瞒重大负面信息以及违法违规行为等。由于银企之间的信息不对称，银行信贷调查和审查稍有不慎，就很容易导致逆向选择和道德风险。经济下行期更是企业信用事件高发频发时期，银行应更加重视客户的品质、信用状况和信用记录，加强对借款人资信状况的审核，通过自身渠道、第三方渠道及运用内外部大数据等途径，深入调查了解借款人的品质、信用状况、信用记录和还款意愿等。

---

① “3C”指客户的品格（Character）、能力（Capacity）和资本（Capital）三要素，“5C”是在“3C”的基础上增加担保品（Collateral）和环境状况（Condition）要素；“5P”指借款人个人因素（Personal factor）、资金用途因素（Purpose factor）、还款来源因素（Payment factor）、债权保障因素（Protection factor）和借款人展望因素（Perspective factor）；“三品”指产品、押品和人品，“三表”指电表、水表和纳税申报表。

对公客户方面，信贷调查和审查要重点核实客户以下 6 个方面信息：（1）银行信用。了解客户的合作银行等金融机构情况以及双方合作的信用记录，核实借款人在金融机构的借款和资金结算等方面有无不良记录。（2）商业信用。核实借款人与上下游客户在原料采购、产品销售和资金收付中是否恪守承诺，有无发生恶意拖欠货款、产品品质或安全存在重大瑕疵、交货标准或交货时间出现重大纠纷等情况。（3）财务信用。核实借款人的财务管理是否规范，财务报表是否真实可信，有无发生财务造假事件。（4）纳税信用。核实企业是否按时缴纳税款，有无偷税、漏税等不良记录。（5）社会信用。如企业在环保、用地、安全生产等方面是否存在违规违法行为，是否存在民事赔偿执行记录，有无其他违法犯罪记录。（6）客户实际控制人信用。了解客户实际控制人的品行、口碑、有无不良嗜好及不良信用记录等。银行应努力构建通畅、有效、稳定的外部信息数据供给渠道，并通过内外部数据的交互，强化对客户信息流、资金流和物流等全面的监控与校验。

除外部渠道的信息来源外，银企交易形成的“硬数据”，具有更加丰富的内涵。银行要更加注意进行挖掘和利用：（1）客户评级授信情况。银行要尽可能了解借款人在本行和他行的评级、授信以及剩余可用授信空间情况，关注借款人在各行的信用记录情况。（2）客户对外融资情况。借款人存量融资情况隐含着丰富的信息，要尽可能了解借款人在各家银行存量贷款的余额、品种、期限以及取得贷款的条件。借款人存量贷款的期限、利率和担保条件等是银行确定新增贷款条件的重要参考因素；要关注借款人的其他融资渠道和各类付息债务情况，如公司债、企业债、短期融资券、中期票据、私募债、信托融资及民间借贷等，关注各金融机构对借款人的融资政策、融资条件、融资余额及其变化情况；在综合权衡借款人财务情况及对外融资结构的基础上，分析判断本行对借款人的融资余额、融资结构、融资条件及同业占比等是否合适。（3）客户对外担保和抵押的情况。要认真核实借款人对外担保余额、被担保人财务情况及被担保贷款的质量分类，分析判断借款人需要履行担保责任的可能性；核实借款人资产对外抵押的情况，以及剩余可供抵押资产的空间，结合前述情况，分析判断企业面临的融资环境。（4）客户的账户行为。了解借款人在各家银行开立账户及账户行为情况，了解借款人在本行开立的是基本账户还是一般账户。简单地说，基本账户和一般账户的主要区别在于后者不能办理现金支取及代发工资，因此，一般账户在带动个人金融等派生业务及在风险管理方面的意义不如基本账户。一个企业只能开立一个基本账户，但根据业务需要可以开立很多一般账户，银行应积极竞争客户在本行开立基本账户。（5）客户的资金回笼和资金结算情况。要认真分析客户在本行的销售归行额、销售归行率、平均存贷比等销售归集指标，核实客户在本行回笼的销售收入与本行贷款占比是否大致匹配，"裸贷"既影响银行收益，又增大了银行风险，因此银行要特别关注信贷客户在本行回笼销售收入的情况，并通过与财务报表反映的销售收入进行对比分析和交叉验证，大致判断客户销售收入的真实性及本行融资额度的合理性，特别是对于小企业贷款和贸易融资，银行贷款额度要尽可能与借款人回笼在本行的销售收入挂钩，避免过度融资。

个人客户方面，信贷调查和审查可通过查询央行征信中心提供的个人信用报告，或通过与社会商业征信机构合作，核实借款人的信用情况[①]。要重点关注以下5个方面信息：（1）个人身份信息。核实借款人的姓名、身份证号码、性别、年龄、工作单位、联系地址等基本身份信息，防范身份欺诈风险。（2）银行信用。核实借款人以往的负债历史情况，其中贷款应关注贷款银行、贷款种类、贷款金额、贷款期限、过去24个月的还款记录情况，信用卡应关注发卡银行、授信额度、额度使用情况、实际还款记录、过去24个月的还款记录等。银行可从这些信息中分析借款人的行为方式和消费偏好，并通过消费者以往的信用记录，判断其未来还款意愿。（3）非银行信用。核实借款人通信、水、电、煤气等缴费情况及有无欠费等。（4）纳税信用。核实借款人是否按时缴纳税款，有无偷、漏税等不良记录。（5）社会信用。可通过

① 2015年1月，人民银行印发《关于做好个人征信业务准备工作的通知》，要求芝麻信用管理有限公司、腾讯征信有限公司、深圳前海征信中心股份有限公司、鹏元征信有限公司、中诚信征信有限公司、中智诚征信有限公司、拉卡拉信用管理有限公司、北京道华征信有限公司等8家机构做好个人征信业务的准备工作，准备时间为6个月，意味着上述8家机构或将成为我国首批商业征信机构。

全国各级法院被执行人信息查询系统，查询借款人是否进入全国“老赖”黑名单，或利用网络等渠道查询借款人是否有负面信息，并核实其真实性。

企无信不立，人品即信用。《论语 · 为政》中说：“人而无信，不知其可也。大车无輗，小车无軏，其何以行之哉？”意思是说：一个人不讲信用，是绝对不可以的。就好像大车没有輗，小车没有軏一样，它靠什么行走呢？宋晁说之也说：“不信不立，不诚不行”，即一个人不讲信用，在社会上是不能立足的，一个人不讲诚信，也是走不远的。个人如是，企业亦如是。

授信审查识别问题客户　避免了贷款损失

2013 年 7 月，A 银行受理了某置业公司 20 亿元财产收益权业务，期限 3 年，对应的基础资产为置业公司名下某商业广场约 20 万平方米的商业物业。A 银行授信审批部门的风险经理在审查该笔业务时，从客户提交的资料、调查报告及信贷管理系统反映的信息中，均未发现置业公司存在异常情况，但当风险经理对其关联关系及关联企业名单进行逐一排查时发现，置业公司的实际控制人甲某控股的另一家公司，曾在 2005 年有大额不良贷款记录，同时互联网论坛上的部分负面信息也引起了风险经理的警觉，即置业公司的实际控制人甲某曾使用假名，有至少两个身份证，个人背景及社会关系复杂。在了解到上述情况后，A 银行授信审批部门随即与甲某籍贯所在地分行取得联系，核实清楚了其名下另一家公司逃废银行债务的情况，并最终确认了甲某的真实身份，据此，A 银行果断地否决了该笔业务。此后，甲某利用 A 银行各分行间信息不对称的状况，又先后以同一标的向 A 银行其他两家分行申请融资，但最终均被 A 银行授信审批部门否决。2014 年底，甲某因牵涉复杂的政商关系及腐败案件被司法机关要求协助调查，其名下的资产、股权及账户遭到法院查封或冻结（包括原拟作为抵押物的某商业广场物业）。A 银行因未介入甲某及置业公司的融资业务，规避了有关风险。

第三部分　用途与交易背景篇

贷款的使用一定会形成与之对应的资产，而资产创造的收入或资产本身变现是贷款的主要还款来源。贷款用途与合规性相关、与真实性相关、与合理性相关、与还款来源相关。用途欺诈是不良贷款反复发生的重要根源。

本部分着重讨论了贷款用途管理要关注的主要内容、当前信贷防假反假形势、企业民间借贷对银行信贷的危害，以及关联交易对银行信贷的影响等热点问题。

第 11 章　用途欺诈是贷款反复发生风险的重要根源

贷款用途是指借贷双方约定的贷款资金使用的具体方面和范围。“三法一指引”[①]规定，借贷双方应约定明确、合法的贷款用途。贷款用途跟合规性相关、跟真实性相关、跟还款来源及风险相关。当前银行信贷资金是全社会最便宜的资金来源之一，不少企业从银行借款后，改变了贷款资金的约定用途，将贷款用于不符合监管规定的用途或挪作他用，特别是将贷款资金用于房地产投资、股票投资、商品投资、放高利贷及类金融化操作等高风险领域的情况比较普遍，一旦投资失败，风险会很快传导给银行。用途欺诈是贷款反复发生风险的重要根源。

我国金融监管特别强调贷款用途管理，强调贷款要用于支持实体经济发展，特别是在当前分业经营、分业监管的框架下，银行、证券和保险之间要建立防火墙，为此，必然要对贷款用途进行严格管理。银监会“三法一指引”将贷款用途管理以监管法规的形式明确下来，如《流动资金贷款管理暂行办法》(以下简称《办法》)共包括 8 章 42 条，其中涉及用途管理的条款就有 9 条，《办法》有关受托支付的规定和流动资金贷款额度的测算公式，主要都是为用途管理配套的。银行贷款必须用于符合监管规定的用途，违规放贷既会造成信用风险，也可能带来法律风险和声誉风险。因此，贷款用途管理既与监管要求相关，也与贷款安全性相关。银行在贷前要重点关注用途的合规性、真实性、合理性以及贷款使用能否形成有效的资产，贷后要监督检查借款人是否按合同约定使用贷款。

---

① “三法”是指:《固定资产贷款管理暂行办法》《流动资金贷款管理暂行办法》和《个人贷款管理暂行办法》三个管理暂行办法，“一指引”是指:《项目融资业务指引》。

贷款用途必须合规。贷款用途要符合法律、法规和有关监管规定，常见的不合规的贷款用途包括：（1）为没有真实交易背景的虚假贸易提供贸易融资或签发银行承兑汇票；（2）流动资金贷款用于固定资产投资项目和房地产项目，或超过监管部门规定的测算值发放流动资金贷款，且无合乎监管规定的解释；（3）对环评、用地、安评、核准或备案等审批手续不全的固定资产投资项目提供贷款，对“四证”不全的房地产项目发放开发贷款；（4）对资本金比例未达到国家规定的固定资产投资项目提供贷款；（5）对主要产能已纳入国家淘汰类产业目录的企业提供贷款；（6）银行贷款流入证券市场、期货市场或用于股本权益性投资（并购贷款除外）；（7）企业或个人从银行贷款后用于放高利贷或进行类金融化操作；（8）银行贷款用于国家禁止生产、经营的领域，如毒品的生产交易等。

贷款用途必须明确。银行不允许发放无明确用途或用途不清的贷款，银监会“三法一指引”规定：“贷款人应与借款人约定明确、合法的贷款用途，并按照约定，检查、监督贷款的使用情况”。用途明确包括以下三层含义：一是贷款用途应由借贷双方事先约定，并在借款合同中予以书面明确；二是借款人只能按约定用途使用贷款，不能挪作他用；三是贷款用途易于监测和检查。银行等金融机构有责任告知并监督客户按约定用途使用贷款，如果银行在后期检查中发现客户借款的实际用途与约定用途不符，有权停止对该客户发放剩余贷款，并要求提前偿还全部贷款本息。为了保证借款人按约定用途使用贷款，“三法一指引”要求尽可能使用贷款人受托支付方式，直接将贷款资金支付给交易对手。当前银行的一些非传统信贷业务，如债务融资工具承销与投资业务、非标理财投资业务等用途不明确的问题比较突出，集团母公司发债通常选择笼统地将融资用途写为补充子公司流动资金、偿还存量贷款和用于项目建设，并未明确具体用款主体和用款额度。由于融资用途很笼统，使得业务审查时很难判断用途的真实性和合理性，更难以将用途对应到具体的还款来源，也就难以判断用款企业是否具备还款能力。

贷款用途必须真实。我国金融监管特别强调贷款要用于企业实际生产经营需要，贷款是真实交易的派生需求，须有真实交易背景。信贷调查和审查要特别关注以下几个问题：（1）交易背景是否真实。在当前经济下行的背景下，更要加强对交易背景真实性的审查，严防企业利用虚假合同、虚假发票、虚假订单、虚假交易单据、虚假交易账户等手段虚构交易，防范金融欺诈风险。（2）贷款用途是否合理。用途不合理的背后通常是交易不真实。要特别关注客户提供的合同为突发性大额交易合同，或交易价格明显偏离市场价格，或交易数量明显大于企业实际生产经营需要，或供应商为新增的重要交易对手，或客户提供的经营及交易数据明显不符合常理等情形。（3）关联交易是否公允。有些集团企业或民营企业的关联关系盘根错节，且部分具有很强的隐蔽性，企业利用关联交易套取银行资金的情况时有发生。银行要重点核实关联定价是否公允、货物是否交付买方、资金是否回笼卖方，即是否动账、动钱、动货。（4）贷款实际用途与表面用途是否一致。即仅从表面上看，贷款用途是明确的、合规的，但企业贷款的实际用途可能与表面用途不一致。如部分优质企业“制造”融资需求和贷款用途，贷款用途表面上没有瑕疵，但实际上，其在获得贷款后可能会将融资用于其他用途，或转借给财务状况较差的关联企业使用；又如，固定资产贷款中，部分企业会通过人为做大项目总投资的方式套取银行信用，从而减少自筹资金；或通过关联企业融资，为本项目筹集资本金；再如，企业申请银行贷款的用途表面上是用于置换股东贷款，但实际上是股东套现，甚至股东贷款可能都是虚构出来的。

贷款用途往往还与还款来源相关。贷款的使用实际上是“钱变物”的过程，一定会形成对应的资产，而资产创造的收入或资产本身的变现就是贷款的主要还款来源，因此，客户在使用银行贷款时有没有形成高质量的资产就非常重要。比如，客户借钱用于购买生产设备，但因为近年来市场变化很快，企业设备完成安装后，如果无法开工，就形成了闲置资产，对应的贷款也就无法偿还；又如，2011 年前后，很多钢贸企业的融资用途名义上是购买钢材，但实际上被挪用至民间借贷、炒房、炒商品、炒期货等高风险领域进行投机，银行贷款对应的资产就是客户的其他应收款、投资性房地产和金融衍生工具，当企业借出的高利贷收不回来、房价大幅下跌或大宗商品价格大幅下跌，企业的上述资产就成为不良资产，对应的贷款也就收不回来了；再如，很多集团企业的母公司利用短期发债资金或短期银行借款，进行对外股权投资或兼并收购，短期资金来源对应了股权投资等长期资产，负债期限与资产回收期限严重不匹配，一旦短期融资到期后无法续贷或企业不能继续发债，企业就可能因流动性问题造成短期债务无法偿还。由于贷款用途通常与还款来源直接相关，信贷调查和审查关注贷款将形成客户什么样的资产，就显得更加重要。

贷后检查的重点是企业有无挪用资金。借款合同中明确约定了贷款用途和支付方式，银行应按约定的支付方式发放贷款，采用银行受托支付的，银行应根据合同约定的贷款用途，审核借款人支付申请中所列的支付对象、支付金额等信息是否与相应的商务合同、发票、单据等证明材料相符，审核同意后，银行应将贷款资金通过借款人账户支付给借款人交易对手，同时还要关注是否存在受托支付贷款资金回流至借款人或其关联企业账户的情况；采用自主支付的，银行应监督检查借款人是否按约定用途使用贷款，有无挪用资金的行为。银行还应通过账户监控、资金汇划、实地调查、关联人访谈等方式加强贷款用途监管。一旦发现借款人未按约定用途使用贷款，或未按约定方式进行贷款资金支付，应要求借款人承担相应的违约责任。信贷实务中，银行贷款的实际用途与借款合同约定用途一致非常重要，如果有证据显示贷款实际用途与合同约定用途有异，保证人就可主张担保无效。

用途欺诈是当前信贷欺诈最主要的领域之一，贷款用途的合规性及真实性检查，也是银行历次内外部监督检查的最主要内容之一。银行加强用途审核，既是监管合规性的要求，更是防范信用风险的要求。贷款用途管理的要旨是“桥归桥，路归路，打酱油的钱不能用于买醋”，同时贷款用途要有利于企业形成优良的资产，或提升资产创造现金的能力。

客户以贷款资金作为银票保证金　放大杠杆并发生违约

A 银行 2012 年 3 月与某贸易公司建立信贷关系，并于 3 月 20 日对其发放了 400 万元流动资金贷款，同年 7 月形成不良。经事后调阅该公司的资金流向发现，在 A 银行贷款发放当日，借款人以货款名义将贷款资金支付至某服饰公司账户，其中 300 万元当日转入关联企业账户，3 月 23 日又转入实际控制人甲某的个人账户，3 月 25 日又回流到借款人账户作为银票保证金，并于 4 月 2 日在 B 银行开立 900 万元银票。该笔贷款资金与合同约定严重不符，实际控制人利用关联企业套取贷款资金后用作银票保证金，进一步放大了风险。当前，很多客户出现风险都与资金用途虚假失实有关，包括贷款资金发放后违规回流、划转他行同户账名、转入个人账户、流向小额贷款公司、房地产企业、担保公司等，用于民间融资、高利贷或进行类金融化操作“以钱生钱”，或投入房地产、大宗商品或证券等高风险领域，一旦市场大幅波动，客户违约风险最终就要由银行承担。

违规钢铁项目造成重大环境污染事件被迫停产

2008 年，某镍业公司为实施年产 92 万吨镍合金项目向 A 银行申请 5 亿元项目贷款。该项目环评报告由所在省环保厅审批通过，省发改委核准了该项目。根据项目有关审批文件，该项目采用进口低品位的红土镍矿冶炼镍合金，其中镍 25 合金 12 万吨 / 年，镍 5 合金 80 万吨 / 年，是所在省的重点建设项目。该项目总投资 45 亿元，此前 B 银行已为该项目提供 8 亿元的授信额度，且双方签署了全面战略合作伙伴协议。但 A 银行授信审批部门在审查该项目贷款时注意到，借款人拥有集烧结、炼铁、炼钢、轧钢、固溶、冷轧于一体的完整的钢铁工艺流程，实际上是借镍合金项目之名实施的不锈钢项目，借款人试图以镍合金项目规避钢铁项目的核准权限。根据当时适用的有关环评审批及项目核准的规定，年产5万吨以上的有色金属冶炼项目或总投资1亿元及以上的有色金属项目，以及年产35万吨及以上的特殊钢材项目，由原国家环保总局负责审批项目环评文件；新增生产能力的炼铁、炼钢、轧钢项目一律由国务院投资主管部门核准，因此，该项目的环评报告应由原国家环保总局审批，并应由国家发改委进行项目核准，省级环保部门和投资主管部门审批该项目属越权审批。同时，国家明确规定，新建钢铁项目冶炼高炉容量须在1 000立方米以上，但该项目的冶炼高炉容量仅500立方米，属明显违规项目。为此，A银行否决了该项目。该项目投产后，一吨镍合金都没生产，而是利用镍合金热态母液生产不锈钢。同时，该项目因冶炼低品位的红土镍矿，造成当地海域的严重污染，成为区域生态的一颗“毒瘤”，并引发环境群体性事件，2010年8月，国内媒体大量曝光了上述事件，项目被迫停产。

企业通过银行借款抽回股东投入的资金

2015年6月，某玻璃公司向A银行申请3亿元贷款，期限5年，利率为人民银行规定的对应期限贷款基准利率上浮20%，用于置换新建玻璃生产线项目一期建设资金2.05亿元（其中股东贷款1.5亿元、他行贷款5 500万元）及补充企业流动资金9 500万元，以借款人所持有的土地和厂房作为抵押，追加借款人股东某玻璃集团公司担保。

借款人拟分三期建设4条低辐射（LOW-E）玻璃生产线和2条浮法玻璃生产线，总投资27亿元。其中一期工程为年产1 100万重量箱优质浮法玻璃，项目总投资8.7亿元（含二期、三期土地和部分公用工程投资0.9亿元），固定资产投资部分8.2亿元，其中资本金2亿元，股东借款1.5亿元，银行借款4.5亿元；流动资金投资部分为5 000万元。截至2015年5月末，一期工程两条生产线已投产，二期、三期工程暂无开工计划。

截至 2015 年 5 月末，借款人资产总额 8.46 亿元，负债总额 5.35 亿元，所有者权益 3.5 亿元，资产负债率 63%。主要科目的内容为：货币资金 1.63 亿元（其中约 1 亿元为 E 银行开票保证金存款），预付账款 1.2 亿元（全部为预付工程款，包括定金和待结算货款）、存货 3 500 万元（主要为原材料存货），固定资产 2.75 亿元，在建工程 8 000 万元（为项目配套的余热发电、职工公寓楼和食堂），无形资产 1.6 亿元（为土地出让金），短期借款 1.95 亿元（其中 B 银行 5 500 万元，C 银行 1.4 亿元），应付票据 2.4 亿元（全部为 E 银行开具的承兑汇票），应付账款 2 400 万元，实收资本 2 亿元，资本公积 1.55 亿元。2015 年 1~5 月实现销售收入 11 900 万元（第二条生产线在 4 月末投产），利润 600 万元。预计全年实现销售收入约 3.5 亿元，利润约 1 500 万元。

A 银行在信贷审查中注意到，本项目已基本建成投产，通过分析项目总投资构成与报表之间的勾稽关系，可知借款人与固定资产投资相关的支出约 6.35 亿元（较计划总投资 8.2 亿元节省 1.55 亿元），项目实际资金来源为：股东投入资本金 2 亿元，银行融资 4.35 亿元。事实上并无股东贷款用于项目建设，此外，B 银行 5 500 万元贷款为刚发放的 5 年期项目贷款，以 A 银行贷款置换该笔贷款并不合常理，以长期借款补充企业营运资金也并不合适。审查认为，本笔贷款的真实用途很可能为：股东拟抽回已用于项目建设的资本金 1.5 亿元，并为急于退出的 B 银行 5 500 万元贷款解套，同时考虑到 E 银行 2.4 亿元银票资金已被借款人以短贷长用的方式用于项目建设，A 银行剩余 9 500 万元贷款很可能被用于置换上述银票资金。总之，借款人存在做大项目总投资套取银行信用的行为，借款人本次申请贷款的用途表面合理，但潜藏着巨大的风险。本次置换完成后，借款人实际投入本项目的资本金仅 5 000 万元，其余均为银行融资，资本金比例仅 9.5% 左右，债权银行存在较大的风险，且各行贷款份额重新分配后，A 银行贷款占比较高，贷款风险较大。综合权衡，A 银行审定否决了该项目。

第 12 章　识假辨假才能防假反假

我国经济生活中制假造假的情况比较普遍，表现在金融领域就是，企业造假引发的信贷欺诈事件时有发生。当前经济下行时期，不少企业经营困难，为获得银行融资，制假造假的动力很强，而且几乎没有什么材料是外部不法分子做不出来的。当前银行信贷营销及审查审批中，防假反假的任务艰巨。

企业造假的主要形式

借款用途造假。指企业通过虚构交易等手段，编造形式上“合理化”的资金用途，隐瞒资金的实际用途，套取银行信贷资金。常见的借款用途造假包括：将流动资金贷款用于项目建设；名为经营周转，实为偿还旧债；将银行借款用于长期股权投资；挪用银行借款用于监管禁止的用途，如用于股票二级市场投资；利用自身信用为关联方或其他第三方融资；以银行借款置换虚构的存量债务或股东借款等。

交易背景及凭证造假。借款人利用虚假贸易背景及虚假凭证套取或骗取银行贷款，普遍存在于贸易融资、商品融资、供应链融资及流动资金贷款中，主要表现方式为虚假合同、假发票（或套开发票）、假提单、假银行流水、假收货证明、假应收账款确认书，主要操作手法通常是利用复杂而隐蔽的关联关系，通过多个交易对手相互买卖货物形成贸易圈，或通过关联购销制造虚假交易，在这个过程中，购货方在银行开立银票和信用证，上游供货商通过向银行提交虚假合同、虚假发票申请办理银票贴现或国内信用证议付套取银行融资等；更恶劣的是销货方通过套开增值税发票，伪造与购货方的购销合同，伪造购货方的合同专用章、财务专用章、收货证明和虚假应收账款确认书等虚假材料，向银行申请以购货方为交易对手的保理融资等；此外，假流水也是企业粉饰销售收入的惯用手段，主要有两种形式：一是制造假的银行对账单或篡改真实的银行对账单，二是通过关联方或自身不同账户间的资金往来制造虚假的非销售收入流水。当前，交易背景、凭证和银行流水造假的手段越来越多样，手法越来越隐蔽，给银行的贸易融资类业务带来很大的挑战。

财务粉饰及造假。当前财务报表还是银行全面了解公司客户经营情况的最便捷的途径，也是银行信贷决策的主要依据之一，因此几乎所有的信贷欺诈都离不开财务粉饰及造假。企业财务粉饰及造假的主要目标是利润表，主要手法是多计收入和少计成本费用，从而虚增利润。多计收入的主要手法是通过虚假交易虚构销售收入、通过关联交易制造虚假销售收入或通过贸易业务虚增销售收入等；少计成本费用的主要手法是少结转成本、少计提折旧、少提减值准备、已经发生的当期支出暂不入账及费用资本化等；除上述方法外，虚增利润的方法还包括已形成损失的资产长期挂账、制造非经常性损益等。企业要粉饰利润表通常需要资产负债表的配合，少计成本费用以使资产最大化，相应也就降低了资产负债率。当然，更恶劣的财务造假是完全脱离企业的现实经营情况，为达到欺诈目的随意编造财务报表。

担保和抵质押造假。担保造假主要包括伪造保证人信息，提供虚假的保证人财务报表，误导银行对保证人保证能力的评价等。抵质押造假的主要表现形式为：借款人伙同中介评估机构恶意抬高押品评估价值，隐瞒押品实物或权属瑕疵，重复抵质押，借款人私自提取质物（后两者多见于商品融资）等。

伪造贷款基础资料及要件。批文、权证、身份及资质证明等文件是贷款审批的要件，是识别身份、证明贷款合规性和控制贷款风险的重要材料。部分并不具备条件的企业，通过伪造贷款基础资料及要件等方式，向银行提供假证照（如假营业执照、身份证明、工作证明、收入证明等）、假决议、假签名、假印鉴（如冒充有权人在董事会决议、授权书、借款合同、担保合同等法律文书上签字、盖章等）、假资质（如建筑施工企业的假工程施工总承包资质、勘察设计企业的假工程设计资质、房地产企业的假开发资质）、假批文（如伪造项目审批、核准、备案文件，伪造环评、用地和安全生产审批文件）、假权证（如伪造房地产开发项目“四证”，即国有土地使用证、建设用地规划许可证、建设工程规划许可证和建设工程开工许可证）等，以满足银行贷款形式上的要求，并套取银行资金。

企业造假的原因及危害

信贷造假主要涉及企业舞弊行为，目的是套取银行融资，企业舞弊行为的理论基础是存在信息不对称。信息不对称通常会导致事前的逆向选择和事后的道德风险，即事前的“劣币驱逐良币”效应，银行可能选择因作假而外表更光鲜的借款人，或事后借款人利用信息优势，改变贷款用途、做假账或转移利润，损害债权人利益。

当前企业制假造假比较普遍，与信息不对称密切相关。从银行信贷实践看，一方面，银企之间普遍存在信息不对称。借款人为取得贷款倾向于向银行提供对自己有利的信息，甚至为达到贷款目的隐瞒真实情况、提供虚假信息，或在取得贷款资金后挪用至高风险项目；另一方面，金融机构之间也存在信息不对称。目前企业的融资渠道众多，从信托、券商、基金、保险、小贷公司、民间融资等渠道取得的融资，并未反映到央行征信系统中，单个银行往往很难摸清企业融资总量的真实情况；金融机构之间的客户融资情况、信用记录及造假“黑名单”信息共享不充分，个别不法企业骗完这家骗那家；各行结算系统不能互联互通、资金流向的追踪路径不通畅，很难查实企业资金的来龙去脉等。上述信息不对称为借款人有选择性地提供有利信息、隐瞒不利信息、编造虚假业务背景、擅自改变融资用途提供了可能，也为企业从不同渠道重复融资提供了条件。

当前企业制假造假比较普遍，还与企业经营情况普遍恶化有关。经济下行时期，不少企业经营业绩大幅下滑，凭自身经营情况和财务状况难以获得银行融资，进而通过虚假贸易背景、虚假凭证以及财务造假等手段，套取银行贷款，维持企业经营。此外，部分企业在经济上行期过度扩张、盲目投资、过度负债，由于市场变化，前期经营留下巨大窟窿，为掩盖窟窿，部分企业铤而走险，通过制假造假的方式借新债偿旧债，以求苟延残喘。

当前企业制假造假比较普遍，有时也与银行自身的问题有关。银行的政策、制度、办法不接地气，或基层员工在执行过程中过于生搬硬套，造成部分企业如果不造假就不能满足银行政策制度、办法要求，不对材料进行包装粉饰，就难以通过银行内部审批的地步。

企业通过制假造假套取银行融资的行为属信贷欺诈，即企业以使银行发生错误认识并做出有利于自己的信贷决策为目的的故意行为。制假造假的企业均因不符合贷款条件或不具备偿还能力，不能通过正常途径获得贷款。如果银行前期不能有效识别企业制假造假行为，一旦银行发放贷款，将面临很高的偿债风险，而且所有的风控手段在假的面前都是无效的，所以假的东西最可怕。如何有效地防假反假，是摆在当前银行信贷经营面前的重大课题。

如何防假反假

常识分析法。常识是一个正常成年人所应该具备的基本知识，信贷防假反假首先应回归常识。常识说起来大家都知道，但在经济生活中违背常识的现象比比皆是，防假反假首先要回归常识。如在蓝田股份造假事件中，其对外宣称每亩鱼塘的产值可达 3 万元，而处于临近区域的另一家上市公司，每亩产值不足 1 000 元；该公司 2000 年主营业务收入 184 亿元，而应收账款仅有 857 万元，均有违常理常识。又如，在银广夏造假事件中，该公司对外宣称需一次性购买上千吨桂皮、生姜等原材料，照此计算，即便整个厂区都用作仓库，也存放不下上述原材料。

逻辑分析法。逻辑思维是人们理解、分析、判断、推理、论证的抽象思维过程，常用的逻辑分析方法包括比较、分析、综合、推理等。信贷调查和审查要从企业的融资额度与生产能力、采购规模、产品出货量、销售收入以及纳税申报等方面的数据之间是否匹配，审慎判断借款的合理性。如某借款人向银行申请贷款一次性购入木材 2 000 吨、螺纹钢 5 000 吨，但信贷审查发现，借款人即使满负荷生产时，年仅需消耗木材 800 吨、螺纹钢 3 000 吨，企业采购需求与产销数据严重不匹配，采购合同造假的可能性较大；又如，在云南绿大地造假案中，媒体和证监会通过对比该公司近三年的销售情况发现，该公司前五大客户几乎未发生变化、经营范围完全相同，且在绿大地上市后又相继注销，均不符合一般的业务逻辑，进一步调查发现，该公司通过私刻假公章伪造销售合同、以老客户的名义虚构销售合同、注册大量能实际控制的第三方公司虚构销售合同等方式，在上市前后累计虚增销售收入 5.47 亿元。

行为分析法。一般而言，企业异常行为的背后必有故事。银行客户经理要善于观察企业实际控制人及高管层有无异常行为，要有敏锐的观察能力和分析能力，能够从蛛丝马迹中见微知著，发现实质问题。常见的企业异常行为包括：企业关键人员不好联系、避而不见或见面后言辞闪烁；以各种理由搪塞银行检查企业开工率、存货和抵押物；不愿提供报表明细、交易流水、纳税情况、水电费；员工精神面貌差，抱怨多，对企业及其实际控制人评价不佳；企业高管或重要岗位人员频繁离职等，都是典型的行为异常信号。如万福生科造假案中，企业上市仅一年多就先后有 6 位高管离职，高管频繁更迭，实际上就是需引起重视的一个异常信号。

对多渠道来源的信息交叉验证。银行可通过将客户提供的信息资料与从其他渠道获得的信息资料进行比对和交叉验证，提升识假辨假的能力。如：（1）查询人民银行征信系统，可以核实借款人未结清及已结清的贷款明细、对外担保明细、信用状况及信用记录情况等；（2）查询全国企业信用信息公示系统，可核实企业基本信息、股东信息、动产抵押登记信息、股权出质登记信息、行政处罚信息、经营异常信息、严重违法信息、抽查检查信息等；（3）查询全国法院被执行人信息查询系统，可核实借款人及法定代表人失信被执行记录情况；（4）登录证监会指定的信息披露网站，如巨潮资讯网等，可了解上市公司近期的重大事项、经营及财务信息；（5）登录政府相关部门公示信息系统，可以核实项目审批、核准、备案手续的合规性；（6）登录环保部门网站，可以核实客户排污许可证信息、是否存在环保处罚信息以及项目环评审批手续等方面的情况；（7）登录海关信息网，可了解与进出口企业、通关、货物与交易的相关信息；（8）通过当地国土资源部门、房管局、工商局、中国证券登记结算有限责任公司等渠道，可查询土地、房产、动产、非上市公司股权及上市公司股票抵质押登记信息；（9）通过登录当地国税局网站或要求购货方提供发票"认证结果通知书"等方式，可验证增值税发票的真伪；（10）通过国际海事局、承运人官方网站、第三方船运信息平台、电子口岸网站等渠道，可核验报关单、提单、运单、进出境备案清单等单据的真伪，确保贸易项下提交单据与实际贸易情况相符，信息流与物流一致。

开发依托大数据的风险控制模型。企业及其员工在银行办理各项业务的过程中，在银行留下了大量的信息，如货款回笼、存款沉淀、资金结算、账户往来、代发工资、代理支付水费、电费、税款以及借款人的财务信息、贷款信息、担保信息以及部分上下游交易对手的信息等，银行利用大数据平台、数据挖掘技术和计量方法等方法手段，可开发风险预警模型，用于识假辨假和防假反假。如工商银行组建了信贷监督中心，从行内数据仓库（EDW）提取客户及相关交易数据，结合从外部渠道获得的信息，建立了一系列风险预警模型，用于识别关联关系、资金结算异常、资金挪用、虚假交易等，在对全部融资客户进行风险监控的同时，还可发现目标客户，支持前台部门精准营销等。

企业伪造增值税发票　骗取银行贷款

A公司和B公司分别主营地质钻机配件和铁合金制品的生产和销售，C、D、E、F等4家企业为上述两家公司的关联企业，也是其上游供应商（以上6家企业简称R系）。R系实际控制人通过6家关联企业虚构贸易背景，由A公司和B公司在银行开立银票和信用证，再由其余4家企业通过向银行提交虚假合同、虚假发票，申请办理银票贴现或国内信用证议付套取银行融资。其骗贷方式为：

伪造增值税发票。利用税务局为企业安装的开票软件开出小额发票后，将已开出的发票号、销货单位名称及纳税人识别号等信息提供给社会上的不法机构，伪造虚假发票。

每笔业务仅提供一张发票，且发票金额较大。如D公司向银行申请办理国内信用证议付2 000万元，其向银行提供的单张增值税发票金额即为2 000万元，还有部分发票在开立之后即被借款人作废。

发票金额与企业最高开票限额不符。根据有关税收法规规定，只有上年度应税销售额不低于1亿元的商贸企业，才能开立百万元版的增值税发票；年增值税应税销售额不低于10亿元，才能开立超过1 000万元的增值税发票。E公司和F公司均为新成立企业，销售额小，不符合开立百万元版发票的条件，但均向银行提供了单张超百万元的发票。

银行在对A公司和B公司的融资申请进行调查和审查时，也发现存在下列异常情况：

企业融资需求不合理。B公司融资时尚处于投产期，仅一条生产线投产，每吨产品对焦炭的消耗量为2%，硅石少量。按项目满负荷生产年产3万吨计算，需消耗的焦炭为600公斤。但该企业向银行申请融资购入的焦炭量高达2.5万吨，硅石2.2万吨，采购量与实际消耗量存在很大出入，企业融资需求不合理。

纳税申报数额与主营业务收入不匹配。B 公司向银行提交的财务报表显示，其 2015 年主营业务收入为 1.85 亿元，但经向税务部门核实，其年度实际纳税收入申报额度仅为 45 万元，纳税申报数据与主营业务收入存在很大差异，企业存在明显造假迹象。

企业间存在隐性关联。在 6 家企业中，通过出资人关联可以核实 A 公司和 C 公司存在显性关联；而 B、D、E、F 公司除人员关联外，还存在业务和资金往来等隐性关联。例如，A 公司的通讯地址与 C 公司的注册地址相同，实际控制人的主要房产地址与 D 公司注册地址相同等，这是明显的隐性关联信号。

企业资金流存在异常。A 公司向银行反馈称，其 70%~80% 的产品销售给了中石油和中石化的下属企业，但通过对当年 A 公司在银行账户的回笼款监测情况看，来自中石油及中石化下属企业的回款仅占比不到 5%，超过 95% 的款项均来自关联企业，可以判断企业存在通过关联企业虚构销售回款的情况。

万福生科财务造假欺诈上市案[①]

万福生科（湖南）农业开发股份有限公司 (以下简称万福生科，股票代码 300268) 成立于 2003 年，2009 年完成股份制改造，2011 年 9 月，万福生科在深交所创业板上市，共发行 1 700 万股，募集资金 4.25 亿元。2012 年 8 月，湖南证监局在对万福生科的例行检查中偶然发现万福生科有三套账本，即税务账、银行账及一套供管理层查看的反映其实际收支的业务往来账，并对其大额预付账款产生怀疑，随着调查的深入，还发现了更多的问题。9 月 19 日，万福生科被证监会勒令停牌接受立案调查。2013 年 5 月，证监会公布处罚决定，该公司董事长及 21 名高管层被罚款，其中董事长龚永福被处 30 万元罚款；保荐券商平安证券被处 7 665 万元罚款、暂停

① 《万福生科涉嫌欺诈上市　四年半虚增收入 9.28 亿》，新浪财经，http://finance.sina.com.cn/stock/s/20130305/073814719160.shtml，2013–03–05。

其三个月保荐机构资格并设立3亿元专项基金赔偿投资者损失，审计机构中磊会计师事务所被处414万元罚款，撤销证券从业许可。2014年12月，长沙市中级人民法院做出刑事判决，万福生科因欺诈发行股票罪，被判处罚金850万元；龚永福因欺诈发行股票罪和违规披露重要信息罪，被判有期徒刑3年6个月，并处罚金10万元。

万福生科主要的造假欺诈手法包括：

1. 虚增收入。根据万福生科2012年3月2日发布的自查公告，2008~2011年，其累计营业收入和净利润分别为8.02亿元和0.21亿元，与此前对外披露的数据15.42亿元和1.81亿元相比，分别虚增7.4亿元和1.6亿元，虚增数分别为实际数的92%和762%。2012年上半年，其实际营业收入和净利润分别为8 231万元和–1 368万元，与半年报披露的2.7亿元和2 655万元相比，分别虚增1.88亿元和4 023万元。伪造收入并不容易，万福生科的虚假销售本质上是虚构客户，自己销售给自己，为此，万福生科创设了造假一条龙工序：私刻客户假公章、编造销售假合同、虚开销售发票、编造银行单据和假出库单等，为让虚增销售收入看起来合理，其甚至到税务部门为虚假收入纳税（仅2011年一年就虚构了6 000万元的利润，并承担了2 500万元的税收造假成本）。可见，万福生科为实现上市刻意造假，其造假过程贯穿首次公开募股（IPO）始末。

表3–1 万福生科2008~2012年上半年虚增业绩前后对比 （单位：亿元）

项目	时间		
	2008~2011年	2011年	2012年上半年
对外披露的营业收入	15.42	5.53	2.7
对外披露的净利润	1.81	0.6	0.26
实际营业收入	8.02	2.73	0.82
实际净利润	0.21	0.01	–0.14
虚增的营业收入	7.4	2.8	1.88
虚增的净利润	1.6	0.59	0.4

2. 虚构客户及合同。该公司公布的五大客户中，湖南傻牛食品厂已停产数年；怀化小丫丫食品厂为虚构客户；东莞市常平湘盈粮油经销部为店面仅 50 平方米的个体商户，且在记者调查时否认与万福生科有过业务合作；津市中意糖果公司实际销售额为 119 万元，虚报数为 1 342 万元；湖南祁东佳美食品厂实际销售额为 223 万元，虚报数为 1 415 万元。其余主要客户中，东莞市樟木头华源粮油经营部、佛山市南海区洪鲁粮油店都是 10 多年前与之有过合作，但近年并无业务联系；佛山市南海亿德粮油贸易行、常德市湘原贸易公司、湖南双佳农牧科技公司、衡阳市炎健商贸公司等均为子虚乌有的客户。即使是确有合作的客户，在万福生科与其签订的所谓购销合同中，也有很大一部分为虚构合同。

3. 虚增资产。为使虚增的收入能够对应相应的资产，万福生科通过虚增预付账款和在建工程款项的方式以达到报表平衡。例如，万福生科 2012 年上半年预付账款虚增前后的金额分别为 1.01 亿元和 1.46 亿元，虚增 0.45 亿元，且预付账款的前五大客户中，有三位自然人客户在更正报表后消失；2011 年末和 2012 年上半年的预付账款余额分别为 1.19 亿元和 1.46 亿元，分别比上年同期增长 450% 和 412%；在建工程虚增前后金额分别为 0.99 亿元和 1.79 亿元，虚增 0.8 亿元。其淀粉厂扩改工程、污水处理工程、稻米精深加工生产线技改项目、供热车间改造项目、精油生产线工程等，要么是子虚乌有，要么是对真实的项目虚增投入。由于在建工程受到建设周期的影响，虚假在建项目一般两三年内不易被发觉，既无折旧要求，也无变现压力。万福生科通过预付账款和在建工程科目的配合，达到以假乱真的效果。

4. 制造销售兴旺的假象。万福生科上市前拼命在各大超市铺货，以制造销售兴旺的虚幻假象。2012 年，媒体在采访常德家润多超市的一位员工时听到这样的感叹："去年上市期间，为冲业绩，常德各大超市到处摆卖'陬福牌'大米，而在股票成功上市后，常德大小超市里一粒'陬福牌'大米都看不到。"

5. 虚构银行对账单。为使财务入账依据完整，万福生科伪造了大量的银行回单和银行对账单，私刻了多个银行的业务章，据证监会稽查人员介绍，企业财务总监私人控制的个人银行卡达56张，先后伪造银行回单14亿元、虚构收入9亿多元。万福生科伪造银行单据的水平堪称一流，非常逼真，而且真假单据交错在一起，调查人员也是在反复翻查银行回单的过程中才发现了蛛丝马迹。

证监会稽查人员介绍，万福生科造假案呈现出系统化、机构化、一条龙、流水线作业的特点，采取成本倒算制，使得财务报表整体十分平衡，很难从形式上发现问题。但跳出形式上的完美，万福生科的财务造假也并非毫无破绽，且中介机构在核查程序上也存在很多问题：

1. 盈利水平、存货周转率与结算方式不符合行业特点。2008~2011年上半年，万福生科上市前的毛利率一直处在23%左右的稳定水平，上市前三年净利润增长184%，年均增长36%。农业相关行业利润率较低，受气候等因素影响，盈利能力通常会有波动，且也难以持续实现高速增长。万福生科上市前三年的存货一直高企，存货余额分别为1.43亿元、1.96亿元和1.9亿元，存货周转率分别仅为1.71次、1.46次和1.56次，而对应期间农林牧渔行业的平均存货周转率大约在3.5次左右。上述指标均与行业特点明显不符。万福生科主要采购的生产原材料为稻谷，与农户结算时通常采取现金结算方式，其预付账款余额过大、增长过快，也不符合常理。

2. 未对重点客户进行必要的核查。在万福生科的主要客户中，大部分都是个体商户和中小民营企业，但对其销售额不少都超过千万元或占比超过10%，而保荐机构和审计机构都未深入履行核查程序，事后媒体记者在现场走访时，轻易就发现了万福生科虚构客户的事实。

3. 未对在建工程进行实地盘点。万福生科在建工程较多、余额较大，与其经营规模不够匹配，但有关中介机构未履行必要的核查程序。

4. 未履行必要的函证程序。如审计机构未对万福生科2008年末、2009年末的银行存款进行函证，导致其未能发现万福生科虚构桃源县农信社银行账户的事实，而该账户2008年虚构资金的发生额为2.86亿元，其中包括虚构收入回款约1亿元；同时，因为应收账款函证程序缺失，导致审计机构未能发现万福生科2008年、2009年虚增收入的事实；另外，审计机构在对万福生科 2010 年末和 2011 年 6 月末的往来科目余额进行函证时，部分询证函回函上的签章并非被询证者本人的签章，上述程序上的缺陷，导致审计机构未能发现万福生科 2010 年、2011 年上半年虚增收入和采购的事实。

5. 未进行必要的现金流核查。万福生科伪造了大量的银行回单和银行对账单，如果审计人员要求登录客户的网上银行，查看其交易记录和资金流水，再与纸质凭证进行核对，或与客户共同到银行柜台对明显异常的项目进行资金流水打印，就可能发现其中的一些问题。事实上，湖南证监局调查万福生科的导火索是预付账款，突破口正是银行流水。湖南证监局工作人员发现，当时万福生科的预付账款竟高达 3 亿多元，而且有 2 亿多元是付给粮食经纪人的，其中预付给自然人杨建中的款项就达 4 000 万元，当湖南证监局到银行查询杨建中等人的相关账户资金往来时，惊奇地发现万福生科打给杨建中账户的钱之后又打回到了万福生科的账户上，再查万福生科的资金流水，发现杨建中打回的钱变成了下游采购商的回款，通过粮食经纪人的账户和万福生科的账户流水核查，发现了万福生科虚假采购、虚假销售的骗局。

第 13 章　民间借贷是“饮鸩止渴”

当前，民营企业和中小企业涉及民间借贷是比较普遍的问题。民间借贷泛指游离于国家正规金融机构之外的，自然人、企业和其他经济主体之间以货币资金为标的的价值转移及本息支付。由于需要从民间融资的企业通常不符合正规金融的融资条件，因而民间借贷往往与企业经营情况欠佳、过度负债、高利贷和制假造假等复杂问题纠缠在一起。企业的民间借贷行为往往是“饮鸩止渴”，当前民间借贷已成为企业发展中的“毒瘤”，同时也是威胁银行贷款安全的重大隐患。

民间借贷形成的主要原因

主动原因：企业从正规金融机构借不到钱。近些年来，特别是 2008 年金融危机以后，一般加工制造业一直面临成本上升、供给过剩和内外部需求萎缩的问题。随着经济进入下行时期，一方面，企业特别是中小企业和民营企业的经营环境进一步恶化，加上经营业绩普遍下滑，原有存量融资已经较重，且缺乏更多的押品，往往难以从正规金融渠道获得融资；另一方面，当前中小企业和民营企业面临的融资环境进一步恶化，在当前经济环境下，银行出于自身安全等多方面的考虑，也更愿意借钱给大中型企业和国有企业。因此，中小企业和民营企业不得不更多地转向民间借贷，以解决其面临的如下几个问题：一是前期新建项目当前处于“半拉子”工程状态，企业不得不借钱完成工程建设，否则前期投入就变成沉淀成本；或是项目建成后缺乏流动资金，企业通过民间融资解决营运资金问题。二是企业虽然亏损，但尚能弥补人工成本和其他变动成本，企业通过民间融资维持经营周转，等待市场好转。三是不少企业更现实的考虑是维持经营避免清盘，因为一旦清盘，企业潜在的资不抵债，就会变成现实的危机。

被动原因：企业转贷中高利息的民间“过桥资金”变为长期借款。经济繁荣时期，企业负债扩张的情况非常普遍，一旦经济状况不好，收入水平大幅下降，企业过度融资的问题就凸显出来，银行出于自身安全考虑急于收贷。企业偿还到期贷款后无法继续获得银行支持，不得不转向民间借贷。或者更普遍的情况是，企业依靠自身经营无法偿还到期贷款，银行要求企业续贷的条件是“先还后贷”，企业从民间融资用于偿还银行贷款，银行找各种借口不同意续贷，企业短期的“过桥资金”变为长期借款，造成了沉重的财务负担。

民间借贷的优点是准入门槛低、效率高、手续简便。相较于正规金融机构烦琐的程序和最终能否通过审批的不确定预期，民间借贷除利率畸高外，不论是对借款人的资质要求、审批手续，还是抵质押要求，都要比正规融资渠道简单很多，这也使得对能否取得融资的确定性要求很高、时效性要求也很高的中小企业转向了民间借贷市场。

民间借贷对企业和银行的危害

民间借贷对企业而言往往是“饮鸩止渴”。民间融资的利率普遍很高，高企的融资成本超出企业承受能力，很容易造成资金链断裂。如浙江温州、义乌等地民间借贷的月息通常在 6%~15% 之间，如果说在借款金额小或期限短时，高利率还尚可承受的话，一旦高成本的民间融资沉淀在企业，成为长期性质的资金，高企的利息负担就会成为企业难以承受之重，还本付息的强制要求和深重的利息包袱，就可能成为压垮企业经营的最后一根稻草。民间借贷非常规的清收手段，往往也会给借款人的经营带来沉重的心理压力。此外，企业新借入高息民间融资，也加大了包括银行贷款在内的原债权人的风险，借款人过重的财务负担和绷紧的资金链条，随时可能转化为违约风险，其他债权人的债权安全也始终面临较大的威胁。

民间借贷具有隐蔽性，往往严重干扰银行对企业风险的判断。企业的民间借贷通常未进入资产负债表，也未进入人民银行征信系统，有些是企业主借款与企业借款不分，有些是由关联企业作为民间借贷平台借款后，再划转给集团成员企业使用。如果银行不能有效识别和掌握企业的民间借贷的情况，很可能会对企业的债务总量和偿债能力做出错误的判断，而且不少民营企业同时有高额的银行债务和民间融资在身，一旦银行对企业发放贷款，这笔钱就很可能会被企业用于“拆东墙补西墙”或用于偿还民间融资。此外，还有部分企业从银行借款后，用于放高利贷、类金融化操作和进行高风险投资，一旦民间融资违约或投资失败，风险就很容易传染给银行债权人。

民间借贷往往还牵涉企业造假和信贷欺诈。不少企业经营情况和财务状况欠佳，且过度融资严重，为从银行获得融资，不仅隐瞒自身的民间融资，往往还制假造假，如利用非公允的关联交易虚增收入和利润、虚构交易背景和贷款用途、伪造合同和单据等。因此，涉及民间借贷企业的融资普遍都具有“庞氏型”融资的特点，即用后期融资偿还前期融资，用增加融资的方法化解债务危机，一旦击鼓传花的鼓点停下来，则企业的资金链条很快就会断裂。企业在把自身推向危险境地的同时，也把包括银行在内的债权人推向了危险境地。

民间借贷的风险一旦爆发，往往对银行后续贷款清收和资产处置造成很多困难。民间借贷往往涉及众多债权人，债权债务及抵质押关系复杂。由于企业刻意隐瞒，银行此前可能并不掌握上述情况。很多民营企业发生违约后，一下子冒出一大批债权人，不仅使银行债权的资产保障能力大为减弱，而且往往还对银行实现债权造成很大的干扰。民间融资的很多做法介于合法与非法的边缘，面临很多法律与现实之间的尴尬，例如，涉及民间融资时，银行抵押债权的优先性、抵押资产的有效性往往都难以保障，抵押物往往难以处置，现实中民间借贷的债权人哄抢资产、哄抢产品和哄抢抵押品的事件屡见不鲜，如果企业主个人在这个过程中涉嫌非法集资、诈骗或骗贷等刑事案件，则资产处置会面临更加复杂的局面。考虑到现实的维稳等因素，在资产处置收入的分配顺序上，银行债权往往处于劣势。因此，涉及民间借贷的借款人一旦违约，银行最终的损失往往都很大。

如何识别民间借贷

企业的民间借贷行为具有隐蔽性，银行往往不易识别。信贷实践中，以下一些方法将会对发现涉嫌民间借贷的客户有所助益。

从财务报表的异常科目中发现涉嫌民间借贷的客户。虽然企业民间借贷的资金不一定都反映在财务报表中，但只要企业民间借贷资金与其资产、负债、收入、费用发生直接与间接的联系，还是能从企业财务报表中获取其参与民间借贷的蛛丝马迹。如部分企业的财务费用畸高，与表内付息债务余额明显不匹配，则其超出表内融资所需的财务费用，就可能被用于支付民间借贷的利息；又如，企业的其他应收款和其他应付款科目余额巨大，且收付款对象均为个人或非购销交易对手，都可能是客户涉嫌民间借贷的信号。如果能结合企业的资金流向信息进行追踪分析和交叉验证，则效果更佳。

从资金结算异常的信息中识别涉嫌民间借贷的客户。企业之间、企业与个人之间的资金流动主要还是通过银行完成的，因此银行利用自身独特的优势，通过调阅和排查客户的资金结算明细、资金划转对象、资金划转用途和资金往来模式等，可有效识别客户是否参与民间借贷。一般而言，企业账户与个人账户、非购销交易对手账户之间不应有频繁的大额资金流动，如客户出现与经营无关的频繁的大额资金汇划，即可视为其涉嫌民间借贷或挪用资金的重要信号。此外，有些企业借入银行贷款资金后并未划给供应商，而是兜转几圈后最终划入关联企业或个人账户；偿还银行贷款时从关联企业或个人账户划入的资金，并非来源于经常性的销售收入回笼，均为企业可能涉及民间借贷的信号。还有，如果企业资金结算对应的会计交易流水中的“用途”“摘要”和“备注”栏，带有“借款”“还款”“偿还”“投资”等字样，资金汇划的金额较大，且通常为整数，也是企业可能涉及民间借贷的信号。银行可从EDW（数据仓库）中调取客户结算流水数据，查找可能参与民间借贷的客户，或通过建立风险预警模型，识别涉嫌民间借贷的客户。

从企业、企业主、关联企业及特定关系人（如家庭成员、亲戚、企业管理层或员工等）的账户行为中识别涉嫌民间借贷的客户。参与民间借贷的企业，通常涉及资金体内循环和资金体外循环两个圈子，且两个圈子之间通常有交集。企业资金体外循环的圈子，绝大多数是通过企业主、关联企业及特定关系人的账户完成的，如企业从银行借款后将贷款资金转入企业主个人账户用于放高利贷等。因此，银行要加强对企业主与特定关系人个人账户资金往来、与关联企业账户资金往来的监管，加强对相关个人信用卡账户融资情况的监控，如发现这些账户出现频繁的资金汇划或大额资金进出，且交易对手可疑，如收付款对象为个人、小贷公司、典当行、P2P（个人对个人的互联网金融）公司或新设企业等，就可能是企业涉嫌民间借贷的信号。

从融资关系异常的信息中识别涉嫌民间借贷的客户。如果与企业有融资关系的金融机构过多，且存量融资中，农信社、城商行、小贷公司等中小金融机构或信托公司、租赁公司、基金子公司、券商子公司、保险子公司等创新型融资机构的融资余额大，占比高，通常表明企业资金链较紧，这既是企业过度融资的信号，也是企业可能涉及民间借贷的信号。此外，如果企业与担保公司、小贷公司、典当行和P2P公司等存在较多的借款或投资关系，也可能是涉及民间借贷的信号。小贷公司、担保公司、典当行和P2P公司与民间融资存在千丝万缕的关系，是民间借贷的重要载体。一方面，企业从这些机构借入资金，利率通常远高于银行贷款利率；另一方面，部分企业从银行融资后将资金转借给这些机构，以赚取利差，实际上也是在参与民间借贷活动。

从担保抵押关系中识别涉嫌民间借贷的客户。担保抵押关系是附属于借贷关系的，企业抵押资产一般是因为有对外借款的需要，企业对外提供担保通常是因为关联企业借款或为第三人借款提供互保。如果客户对外抵押的资产过多，且抵押权人不是金融机构，或客户为自然人股东的个人借款提供担保，或客户为关联企业与其他企业及个人之间的借款提供担保，那么，客户、自然人股东或关联企业就可能涉及民间借贷。

企业以民间借贷支撑对外扩张　导致资金链断裂

2015 年 10 月，B 银行对 A 公司发放了 1.2 亿元流动资金资金贷款。从 2016 年 2 月起，A 公司在他行的银票、信用证等陆续出现违约，且 A 公司及其 10 家关联企业至少涉及民间借贷纠纷 2 亿元，因关联企业投资失误和利息负担过重，导致关联整体资金链断裂。经事后排查分析，前几年 A 公司法人代表张某及多家关联企业或从事房地产开发，或在新疆、陕西等地从事矿业投资，其资金来源除自身积累外，很大一部分来自民间借贷。2015 年以来，A 该公司以“还款”的名义向其法人代表张某划转资金 168 笔、13 518 万元，用于归还个人借款，疑与民间借贷有关。

企业与自然人股东存在大额资金往来　涉嫌民间借贷

某房地产公司向 B 银行申请 5 亿元房地产开发贷款，用于某商业大厦项目的开发，期限 2 年，以项目土地使用权为本笔业务提供抵押，股东某置业集团（以下简称置业集团）对本笔业务提供连带责任保证，由置业集团实际控制人、自然人甲某夫妇提供个人无限连带责任保证。

B 银行授信审批部门在审查该笔业务时注意到，借款人为项目公司，由置业集团全资控股，自身实力较弱，本项目尚处于前期阶段，项目建设资金来源及未来贷款偿还对股东置业集团的依赖较大。但置业集团存在以下几个问题：

1. 近三年收入大幅波动，存在财务造假嫌疑。置业集团2013年、2014年和2015年前9个月的收入分别为22亿元、80亿元和15亿元，2014年收入同比增长264%，但2015年以来，收入大幅下滑，前9个月合并营业收入仅为2015年全年的19%，存货较年初增长85%，反映地产项目销售不畅。审查同时注意到，由于房地产开发项目周期较长，从置业集团2013年末存货余额19亿元和预收账款余额13亿元的情况来看，企业2014年可能不具备通过存货销售和预收账款结转实现近80亿元销售收入的资产基础，存在虚增销售收入的可能性。

2. 置业集团与其自然人股东存在连续大额关联资金往来，涉嫌民间借贷，且存在虚增资产的现象。截至2015年9月末，置业集团并表其他应收款25亿元，其他应付款38.8亿元，其他应付款中有23亿元为自然人股东甲某夫妇提供的款项，其资金来源难以准确核实，不能排除来源于民间借贷的可能性。并表其他应收款包括对集团三家控股子公司的应收款6亿元，并表其他应付款中包括对集团两家控股子公司的应付款4亿元，按照企业会计准则要求应予抵销，企业存在虚增资产和粉饰报表的现象。

3. 置业集团在建项目多，未来出资压力较大。截至2015年9月末，置业集团在建项目8个，未来3年须投入资金150亿元，相对于其约130亿元的资产规模和2015年前9个月约15亿元的收入，同时考虑到其销售不畅的因素，置业集团后续出资压力及财务风险较大。

考虑到本笔业务存在上述较多的问题和风险因素，审查否决了本笔业务。

企业法人代表涉嫌民间融资和财务造假　资金链断裂跑路

2015年末，某玻璃制造企业（以下简称A公司）发生风险事件，法定代表人甲某跑路，银行贷款相继违约。A公司违约时，报表反映该公司表内融资余额57亿元，涉及 23 家金融机构，其中本地及全国各地的商业银行 13 家，4 家信托公司，3 家租赁公司，2 家小贷公司，1 家资产管理公司。此外，根据公安机关初步摸查，该公司还涉及民间借贷等未反映在报表内的民间融资超过 36 亿元，实际融资总量超过 93 亿元。

A 公司近三年报表均经会计师事务所审计，并出具了无保留意见的审计报告。截至 2015 年 11 月末，该公司违约时的财务报表如下：

表 3–2　A 公司 2011~2014 年 11 月财务简表　（单位：万元）

项目名称	时间				
	2011 年末	2012 年末	2013 年末	2014 年 11 月末	比年初增减
资产总计	314 832	434 718	545 021	1 053 256	93%
1. 流动资产合计	158 615	198 877	224 630	605 750	170%
货币资金	29 290	35 493	44 116	60 744	38%
应收票据	0	0	0	0	N/A
应收账款	31 302	40 733	44 740	102 677	130%
预付款项	61 575	72 095	75 712	187 431	148%
其他应收	5 061	7 251	10 144	154 995	1 428%
存货	31 328	43 275	49 873	99 742	100%
2. 非流动资产合计	156 217	235 841	320 392	447 506	40%
长期股权投资	2 500	3 500	3 500	76 200	2 077%
固定资产	92 703	179 846	227 569	220 423	–3%
在建工程	54 211	34 782	28 637	33 916	18%
无形资产	5 417	16 720	58 071	80 739	39%
负债合计	142 238	203 938	253 733	575 392	127%
1. 流动负债合计	92 225	152 133	194 890	275 011	41%
短期借款	67 216	128 760	152 090	189 000	24%
应付票据	28 033	26 150	44 246	90 688	105%
应付账款	0.36	0.25	0.13	173	N/A

（续表）

项目名称	时间				
	2011年末	2012年末	2013年末	2014年11月末	比年初增减
2. 非流动负债合计	50 013	51 803	58 845	300 381	410%
长期借款	41 840	38 127	30 857	248 639	706%
应付债券	0	0	0	41 840	N/A
长期应付款	8 173	13 676	27 988	9 901	–65%
3. 所有者权益合计	172 594	230 780	291 288	477 864	64%
实收资本	62 760	73 220	73 220	156 900	114%
营业收入	145 288	196 358	277 465	397 064	43%
利润总额	45 684	56 148	71 248	89 898	26%
净利润	40 201	51 656	66 260	84 504	N/A
净现金流	–2 276	6 202	8 623	16 627	93%
经营活动净现金流	16 864	10 507	12 890	8 440	–91%
投资活动净现金流	–58 115	–93 471	–101 789	–283 030	178%
筹资活动净现金流	38 974	89 165	97 523	291 217	1 562%

截至2015年11月末，A公司资产总额105亿元，负债总额58亿元，资产负债率54.6%。2014年实现销售收入27.7亿元，实现利润总额7.12亿元；2014年前11个月实现销售收入39.7亿元，利润8.99亿元。仅从财务报表分析，A公司的财务情况存在以下疑点：（1）2015年前11个月，A公司的资产和负债总额分别较年初增加93%和127%，不到一年时间里，企业的规模增加了接近一倍，扩张速度超出了正常企业的范围；（2）A公司近年来应收票据余额一直为0，但应收账款节节攀升；应付账款的余额接近0，但应付票据及存货余额节节攀升。上述情况表明，企业在上下游交易链条中处于非常不利的地位，即商业债权的质量较差，而商业负债都需追加银行信用，但就是这样一家产品不容易卖出去，且卖了通常也收不到现金，而买任何原材料都须现金支付或银票结算的企业，其近年的销售净利率及净资产收益率均超过

20%，结合其所处行业及产销状况看，不符合常理；（3）企业净利润与经营活动产生的现金净流量严重不匹配，利润既无现金支持，也无所得税支持，企业财务造假的可能性较大；（4）A 公司违约当年疯狂融资，2015 年前 11 个月表内融资余额增加 34.3 亿元，期末余额 57 亿元，与当年销售收入严重不匹配。从报表上看，增加融资对应的资产为应收账款、预付账款、其他应收款和存货，分别增加 5.8 亿元、11.2 亿元、14.5 亿元和 5 亿元，合计增加 36.5 亿元。对外融资资金通过上述渠道，实际流出了经营实体。

经事后对 A 公司 2015 年以来的资金流向进行追踪分析发现，在不到一年时间里，至少有 6 笔贷款出现受托支付资金疑似回流至关联企业的情况，且后续资金全部流向 A 公司在他行的同名账户、关联企业在他行的账户或实际控制人的个人账户，难以掌握资金的真实用途。同时，通过对 A 公司资金交易记录排查发现，会计交易流水“用途”“摘要”和“备注”栏中含有“还款”“归还”等字段的交易记录合计 498 笔，贷方发生额 7.86 亿元，其中对应个人交易对手的交易记录共计 328 笔，对应法人交易对手的共计 170 笔。结合前面分析综合判断，借款人增加的银行融资，很可能部分被用于偿还民间借贷的本息。

从媒体报道的情况看，实际上，A 公司一直存在高额的民间融资，且最迟从 2014 年起就陆续有民间债权人因 A 公司或实际控制人甲某违约将其起诉至法院。2016 年 5 月的一份法院民事判决书显示：2015 年 7 月，被告 A 公司向原告自然人乙某借款 6 000 万元，借款期限 6 个月，年化利率为 25%，由 A 公司实际控制人甲某及关联企业 C 公司对上述借款承担连带保证责任。借款到期后，A 公司未能按期偿还，原告诉至法院，并请求判令被告偿还借款 6 000 万元并自 2015 年 11 月 20 日起按照中国人民银行同期贷款利率的 4 倍支付利息至实际偿还全部借款之日止。事实上，2015 年，随着原有债务的不断到期，以及需要不停地支付的民间融资的高额利息，A 公司一方面想尽一切办法从银行等金融机构融资，另一方面继续以更高的利息从民间融资，但最终因债务总量过大及利息支出过高，新借入的债务不足以支付到期的债务本息，导致资金链断裂。

2015年，是其银行融资扩张最快的时期，同时也是其风险即将暴发的前夕。当时，A公司以准备上市为幌子向各家银行融资，但各家金融机构似乎均未注意到期间该公司异常的财务表现及经营行为，如销售利润率畸高、应收账款、预付账款、其他应收款和存货迅速增加，长短期借款快速增长，且与销售收入严重不匹配，关联企业之间及公私账户之间频繁异动等，同时对该公司可能涉嫌销售造假、财务造假、民间借贷等行为似乎也未引起警觉，仅2015年前11个月，各家金融机构累计对A公司增加了34.3亿元的表内融资，目前均全额形成不良，且与民间融资纠缠在一起，形成异常复杂的债权债务关系，追索的难度很大，不能不引起有关金融机构的深刻反思。

第 14 章　关联交易的主要指向是套取融资及掩盖用途

当前借款企业的关联关系和关联交易是困扰银行信贷工作的重要问题。关联交易主要包括集团并表企业成员之间、集团成员企业与并表范围外企业之间、非集团形式关联企业之间等三种形式的关联交易。企业关联交易的目的很多，包括降低交易成本、提高营运效率、增加协同效应，也包括粉饰报表、调节利润、转移资产、逃避税收甚至逃废债务等，但银行面临的最主要的关联风险是企业利用关联交易套取融资和掩盖用途。当前部分企业，特别是民营企业复杂而隐秘的关联交易，已成为银行贷款安全的重大隐患。

关联交易的主要类型

关联购销。关联方之间互相购买或销售商品、提供或接受劳务，是关联方交易最常见的交易事项。利用关联购销虚构收入和调节利润，是非正常关联交易最主要的表现形式。

资金拆借及关联往来。企业将自有资金或将银行借款转贷给关联方，或以预付账款或其他应收款等方式，为关联方提供资金。企业可以多收、少收和不收关联方资金占用费的形式来调节自身利润。

关联担保。企业为关联方借款的担保，一旦被担保企业没有按期履行还款义务，则由担保企业承担还款责任。

关联资产交易或重组。关联方之间互相购买或销售除商品以外的其他资产，包括固定资产、股权和无形资产（如土地使用权、专利权、非专利技术、商标权）等，如母公司向子公司销售设备或建筑物等。关联方通过非公允的交易价格，达到调节利润和逃避税收等目的。

租赁。通常包括经营租赁和融资租赁等。关联方之间的租赁合同也是主要的交易事项。

代理。主要是依据合同条款，一方为另一方代理某些事务，如代理销售货物或代理签订合同等。实务中，集团企业为避免相同业务由各个子公司分散交易，而统一将其交由一个公司对外进行货物购销，从而形成了集团内大量的关联交易。

许可协议。当存在关联关系时，关联方之间可能达成某种协议，如一方允许另一方使用其商标等，从而形成关联方交易。

代表关联方进行债务结算。这也是关联方企业之间比较普遍存在的一种关联交易形式，比如，母公司为子公司支付广告费用，或者为子公司偿还已逾期的长期借款等。

关键管理人薪酬。支付给关键管理人员的薪酬也是一种主要的关联交易形式，如企业支付给董事长、总经理等人员的薪酬，也属于关联交易。

企业关联交易的主要目的及对银行贷款安全的影响

虚构收入，套取融资。银行贷款主要是靠收入或资产变现偿还的，银行在审批贷款的过程中，也非常看重企业的收入及盈利情况。企业通过关联交易，很容易虚构收入和利润，进而套取银行融资。如果银行把钱借给了虚构收入和利润，但实际上并不具备偿还能力的客户，则会面临很大的风险。当前很多企业之间的关联关系非常隐蔽，有些集团客户故意不编制集团合并报表，或刻意将部分关联企业排除在并表范围之外，同时还与并表范围内的客户进行大量的关联交易，以粉饰业绩。如果银行未能有效识别隐性关联交易，则可能造成重复融资和过度融资，增大集中度风险。

掩盖用途、增大风险。贷款的使用会形成对应的资产，资产创造的收入或资产本身都是重要的还款来源。企业从银行取得资金的成本相对是较低的，企业通过关联交易很容易虚构用途或改变贷款用途，并将套取的银行融资用于高风险的领域，如房地产、股市、期货、资本性支出或用于放高利贷等类金融化操作。此外，部分企业在取得银行贷款后，通过关联交易将贷款资金转给经营情况差、不符合贷款条件的关联企业使用。企业改变贷款资金用途后，就使贷款用途与还款来源之间失去了正向有机的联系，并可能将高风险用途产生的风险，传递给银行。

隔离风险、逃废债务。银行贷款都是对应法人实体的，法人人格独立和股东有限责任原则是公司法人制度的两大基石。如果借款人通过关联交易将贷款资金转出了法人实体，或通过剥离资产、抽逃资金、悬空债务等方式使借款人成为空壳公司，一旦借款人违约，银行将仅能要求借款人就自身的资产偿付对应的债务，而很难向实际使用贷款或接受资产的关联企业追索还款责任。不少客户通过关联交易实现风险隔离，甚至逃废银行债务。

关联担保，放大信用。关联企业之间通过互相担保增信，放大了关联企业整体授信总量。但从集团整体看，关联企业之间的互保相关性很高，风险并未转移或分散出去，实际上是信用放款，加大了银行的风险。

如何识别隐性关联方

显性关联方是比较容易判断的，通过查询企业工商注册登记的股权关系、报表附注的合并范围和企业对外投资情况等，很容易核实企业显性关联方。但如果企业为了达到融资的目的而刻意制造或隐瞒关联关系，银行则往往很难核实隐性关联方。因此，如何识别隐性关联关系，并将关联客户整体还原成“一个债务人”，是信贷风险控制的重要课题。

隐性关联是企业之间一种表面上不显露关联关系而实际上隐含有投资关系或在经营决策、资金调度或生产活动上存在控制或影响关系的关联方式。信贷实践中，可通过运用“五关联”法，即从投资关联、人事关联、融资关联、购销关联和担保关联等方面入手，核查企业隐性关联方。

厘清隐性投资关系。通过查询工商注册信息、全国企业信用信息公示系统、启信宝[①]、外部征信机构信息[②]及会计报表附注等，摸清企业资本纽带关系，包括企业的股权结构、对外投资及其他形式投资等三方面情况。股权结构要进一步追溯股东的股东、股东之间以及股东与其他企业之间的资本关系，判断企业是否存在迂回投资、交叉持股、受同一股东控制等隐性关联情况；对外投资要关注企业对外股权投资、并购及控股、参股企业情况；其他形式投资要关注企业的隐性投资行为，如通过其他应收款或预付账款等方式掩盖对外投资情况，此外，还要关注企业营业外收入来源，结合工商登记信息等进行交叉验证，核实企业是否存在隐性关联关系。

厘清隐秘人事关联。通过查询工商注册信息，结合内外部渠道的信息源，同时充分运用访谈、实地调查等方式，摸清通过人员纽带形成的隐性关联关系。要认真核实法定代表人、家族成员或企业高管对外投资及人事关系信息，特别关注借款人与交易对手具有共同或相近的股东、借款人与交易对手共同投资或控制同一企业、法定代表人或管理层代理持股等情况，以同一自然人、家族成员、亲戚或特定关系人在不同企业交叉任职的情况，注意挖掘背后可能存在隐性的关联关系。

核查上下游客户。银行核查的主要目的是发现隐性关联方和关联交易，以及发现虚假交易，核查方法包括查询上下游客户的工商登记资料、现场走访和核查借款

---

① 启信宝于 2015 年 5 月 14 日正式上线，起初是一款用于查询企业征信信息的微信公众号，目前已上线 iOS（苹果公司开发的移动操作系统）/Android（安卓）客户端。启信宝从全国企业信用信息公示系统、中国法院裁判文书网、中国执行信息公开网等 100 家网站提取官方数据，为用户提供企业征信等搜索查询功能。

② 2015 年 1 月，中国人民银行批准芝麻信用、腾讯征信、深圳前海征信、鹏元征信、中诚信征信、中智诚征信、拉卡拉信用、北京华道征信等 8 家机构开展个人征信业务。

人资金流向等。（1）查询上下游客户的工商登记资料。隐性关联客户通常有一些共同的特征，如绿大地虚假注册的 35 家上下游公司名字非常相近，再分析其注册时间、注册地点、经营范围、办公地址、联系电话及联系人等，容易发现其上下游关系异常。此外，银行排查隐性关联方不但要关注借款人与上下游客户之间是否存在关联关系，还要关注上游客户之间、下游客户之间以及上下游客户之间是否存在疑似关联关系，此外还要关注借款人用底层员工注册上下游企业的问题，关注上下游客户的股东中有无借款人董、监、高及员工的身影。（2）现场走访。媒体之所以通常能够轻而易举地发现企业及上下游客户的问题，与其现场调查方法及访谈效果有很大关系。银行对依托借款人交易对手信用的产品，如保理、发票融资、订单融资等，或对贷款还款来源有重要影响的客户，要进行必要的现场调查。此外，对借款人前十大供应商及购货商、新增或异常的上下游客户，特别是同时符合“两新一大”（即新注册公司、新增客户、大客户）特征的上下游客户及在香港注册的贸易公司，银行要特别关注。（3）资金流向核查。要特别关注部分客户同时为借款人买方和卖方的情形，以及借款人资金双向交易、受托支付资金回流等问题。

核查异常交易。企业异常的交易行为背后，可能存在隐性的关联关系或虚假交易。银行须重点关注的异常交易行为包括：（1）交易价格、条件、形式等明显异常或显失公允的交易；（2）与无正常业务关系的企业或个人发生的偶发性或重大交易；（3）缺乏明显商业逻辑的交易；（4）仅有贸易合同，但未发生货物交付和资金回笼等实质与形式明显不符的交易等。

核查异常资金流向。关注企业贷款资金去向和还款资金来源，如果多户企业的贷款资金流向同一人（多对一），或多户企业的还款资金来自同一人（一对多），则很可能与上述企业之间存在隐性的关联关系。银行可通过查询企业的资金流水，追踪企业的资金流向。一般而言，贷款资金的流向，银行监控比较严格，企业会通过很多方法和手段进行规避；而还款来源没有监管，特别是企业一般是按月或按季还息，还款次数很多，企业每次都刻意规避操作过于麻烦，因此银行从还款来源入手更容易查清企业的关联关系。

核查异常担保关系。银行可通过查询贷款卡及央行征信系统，核实企业对外担保信息，如为上市公司，也可通过上市公司公告查询担保信息。通常企业的互保、连环保、一对多担保的背后可能相互之间存在关联关系。例如，多家贷款企业的抵押物来源于同一所有权人，多家企业的贷款由同一保证人提供保证等。

控制信贷业务的关联风险

“一个债务人原则”。即将关联客户整体作为一个债务人进行管理，看其整体债务负担与财务能力是否匹配，是否存在过度融资的情况，在此基础上再考察单个客户（即借款人）的偿债能力。单个客户的偿债能力，既与自身的财务情况密切相关，又受集团或关联整体的影响很大。集团或关联整体内部的风险具有隐蔽性、时滞性、传染性和系统性，即集团内部通过财务集中管理和关联交易，很容易粉饰部分成员企业的财务状况和偿债能力，集团客户的信贷风险较单一公司客户的信贷风险的隐蔽性更强，更容易掩盖早期风险；随着集团财务状况的不断恶化，成员企业的风险传染速度很快，掩盖的难度越来越大，最后一旦风险爆发，往往具有系统性。因此，信贷调查和审查的目的，一是要尽可能把企业隐性关联关系找出来，把关联客户整体还原成一个债务人；二是要识别关联交易对企业财务的美化效果，挤压其中水分；三是对集团或关联客户整体进行集团统一授信和限额管理，防范信用膨胀风险；四是对关联企业成员违约实行一票否决制，避免风险的扩大和蔓延。

选择恰当的借款主体。在集团或关联客户整体中，每个成员企业之间都是法人之间的关系，银行贷款对应的都是法人实体，一旦借款人违约，除非存在担保关系，否则不能追索母公司或其他成员企业。考虑到集团企业多元化经营及成员企业之间的实际经营情况和财务状况差异很大，银行应尽可能选择主要盈利板块和核心企业作为贷款对象。即使不能贷给核心企业，也要尽可能将借款人的信用与核心企业的信用挂钩。对集团母公司作为借款主体的情形，要考虑其本身是否拥有核心资产或核心业务，以及用款主体是集团母公司还是转借给下属子公司，集团财务管理体制如何，集团母公司对成员企业的控制能力如何等。

尽可能采取资产抵押的方式。集团成员企业或关联企业之间的信用具有相关性，关联企业之间的担保从集团整体的层面看，实际为信用放款。作为集团或关联整体的成员企业，其经营情况和财务状况又受集团或关联整体的影响很大，因此，对集团成员企业的放款，应尽可能采取抵押方式。

尽可能通过提供现金管理服务等方式控制集团客户的现金流。当前很多集团客户都采取结算中心、内部银行和财务公司等模式，加强对集团资金的管理。银行要利用这一趋势，积极营销集团客户的现金管理业务，通过掌控集团客户的资金归集、流动和流向情况，既可辅助识别企业的关联关系，又有利于通过控制企业现金，提升银行掌控实质风险的能力。

开发基于大数据的关联关系识别及控制模型。客户在银行办理业务过程中留下了大量的信息，依托数据仓库（EDW）中的客户资金流水、客户基础信息、报表信息和担保信息等，银行可开发关联关系识别模型，用于识别客户关联关系，还可对客户资金双向交易、受托支付资金回流和利用关联企业腾挪资金等异常行为进行监控，提升银行控制关联风险的能力。

企业利用隐性关联关系套取银行融资

A、B、C、D、E、F、G 等 7 家企业从表面看互不关联，2012 年 6 月起，上述 7 家企业先后向当地 4 家银行的不同支行申请小企业贷款，每家借款金额在 2 000~3 000 万元之间。当地 4 家银行在为上述企业办理信贷业务时，均按单一客户处理，合计对上述企业发放贷款接近 2 亿元。直到银行对上述 7 家企业的贷款几乎同时出现风险时，企业间复杂的关联关系和资金的真实用途才浮出水面（如图 3–1），即这些关联体实际上都是Z公司（房地产开发公司）的融资平台，银行贷款最终均被用于Z公司的房地产开发项目，而Z公司本身并不符合银行房地产开发贷款的准入要求。

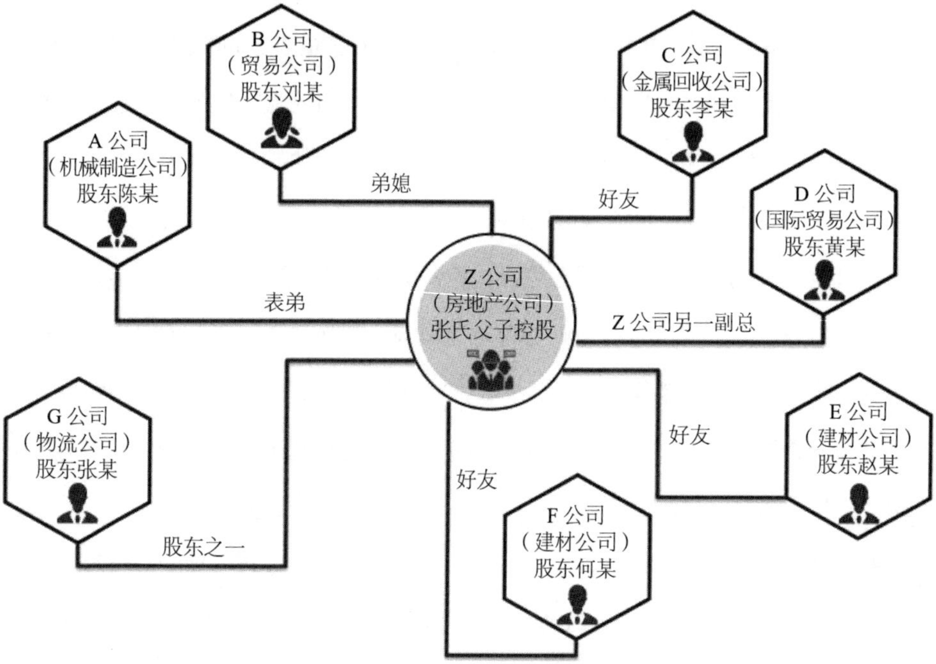

图3–1　Z公司关联关系图

企业通过利益关联体连环走账　虚构销售归行

A公司2015年末总资产5.3亿元，总负债3.1亿元（含B银行贷款1亿元），资产负债率60%，该公司2015年销售收入15亿元，在B银行回笼货款5.7亿元。2016年2月，B银行在对A公司贷后资金监测中发现下述情况：

B公司、C公司、D公司、E公司、F公司、G公司、H公司和I公司均为A公司的关联企业或利益关联体（即无股权和人员关系，但利益相关）。通过分析，我们发现A公司和关联企业及利益关联体在B银行的货款回笼，几乎全是通过资金对倒的方式虚构出来的，基本上是 0 沉淀。总体来看，借款人 A 公司缺乏现实的还款来源。

表 3–3　2015 年 A 公司在 B 银行的资金流入流出情况　（单位：万元）

对方户名	流入 A 公司	流出 A 公司
B 公司	28 424	590
C 公司	20 635	0
D 公司	1 050	0
E 公司	10 500.6	678
F 公司	590	21 711.57
G 公司	3 947.5	
H 公司	501	27 091.46
I 公司	400.6	15 507.51
张 ××	0	35
李 ××	0	435.43
总计	66 048.7	66 048.97

注释：张 ×× 为 A 公司董事长，李 ×× 为 A 公司董事长夫人。

近年来，客户为套取银行融资，利用关联关系虚构收入、虚构利润和虚构资金流水的情况呈现出新的特点：一是操纵手法日趋隐蔽。从两家企业资金对倒发展到多家企业连环走账；从大额整数划转发展到分笔零星划转；从公司间对倒发展到公私间对倒；二是交易对手主要为贸易类企业。通过虚构大宗商品贸易，如钢铁、废旧金属、电解铝、铜、燃料油、重油等贸易，虚构货款归行；三是资金汇划不只在关联企业之间进行。在同一专业市场或产业集群，一些本是独立经营的企业，出于共同的利益结成同盟，相互配合进行资金划转，虚构货款归行。

第四部分　项目与市场篇

过去 10 多年中，商业银行的信贷主要跟着投资走。2000 年末，金融机构境内人民币短期贷款和中长期贷款占各项贷款的比例分别为 66.2% 和 28.1%，到 2011 年末，上述指标分别为 39% 和 60%，短期贷款和中长期贷款占比分别下降和上升 27.2 和 31.9 个百分点，其中中长期贷款的主体为固定资产贷款和房地产贷款。近年，随着投资增速放缓，短期贷款占比略有上升，银行中长期贷款占比略有下降，到 2015 年末，上述指标变为 41.6% 和 57.4%。

本部分主要讨论固定资产贷款应该关注的主要方面，包括项目总投资与股东或借款人财务能力是否匹配、项目合规性问题、项目资本金来源和资本金比例问题、项目产品市场问题、项目效益和偿债务能力问题等。

第 15 章　小马拉不动大车

企业投资建设新项目，是企业重大的经营决策，是企业发展战略的重要体现。企业每新上一个项目，都是整个企业经营和财务一个突变的过程，项目成功可能使企业上一级台阶，项目失败也可能拖垮一个企业，并危及银行和其他债权人的债权安全。因此，企业应非常慎重，量力而行，有多大的能力，就干多大的事情，切忌“小马拉大车”。

企业投资建设新项目是扩大再生产的过程。新项目的建设资金来源通常包括资本金和债务融资两部分，企业在筹集项目建设资金的过程中，破坏了原有的财务和资金平衡，加重了企业的财务压力，对原有简单再生产条件下的企业经营影响还是很大的。

首先，项目建设需要投入资本金。除非资本金由股东投入，否则企业就需要对新建项目出资。企业的货币资金用作项目资本金后，随着项目建设将转化为土地、厂房和机器设备等，会影响企业的流动性，并将导致企业资金链条趋紧，同时也会削弱企业对存量债务的偿还能力，对原有债权人造成不利影响。

其次，企业投资建设新建项目通常还需要大幅增加债务，这既会进一步加重企业整体的债务负担，也会削弱企业对存量债务的偿还能力。也就是说，项目建设投入需要企业经营和筹资活动的现金支撑，一旦企业经营和筹资流入的现金跟不上，在项目建设过程中，企业的资金链就有可能会断裂，原本发展良好的公司也不可能有后续的发展机会了。

再次，新项目能否实现预期效益存在较大的不确定性。新建项目从立项、开工建设到项目竣工投产、卖出产品逐步收回投资通常要经历漫长的过程，在这个过程中，项目能否顺利建成、建成后能否生产出合格的产品、产品生产出来后能否卖得出去、货款能否收得回来、能否赚得到钱，等等，每一个环节都面临很多不确定性。一旦不能实现预期效益，新建项目就会成为企业的包袱，银行贷款往往也就面临很大的风险。

总之，固定资产投资通常需要很长的周期才能产生效益，在产生效益前，企业一直都向外流出资金。企业新建项目的投入是当期的，产出是未来的；投入对企业造成的财务压力是当期的，产出能否实现以及投入能否回收是未来的，因此企业投资建设新项目是一件风险很大的事情。

银行在参与企业新建项目的过程中，应重点为“大企业”的“小项目”提供贷款，一般不能为“小企业”的“大项目”提供融资。对前者而言，银行贷款主要依托于“大企业”的综合还款能力，也就是说，即使新项目出了问题，“大企业”也能把贷款还上；对后者而言，银行贷款主要依赖项目未来的效益偿还，一旦项目失败，贷款就无法偿还。虽然“小马拉不动大车”是一个常识，但在过去一段时间，“小马拉大车”式的项目还是层出不穷。我在工作实践中经常碰到，一个资产规模不足5亿元的企业，要投资建设一个总投资达10多亿元的项目，类似的情况比比皆是。企业向银行描绘的往往是项目未来的发展前景，很少谈及项目风险的分担及债权人债权安全保障等问题。由于项目建设规模超过了股东或借款人的财务能力，且往往项目建设资金来源中资本金的占比过低，事实上，“小马拉大车”式项目失败的风险往往主要由债权人承担。

如何划分“小马”与“大车”之间的界限呢？一般认为，如果新建项目的总投资不超过企业现有资产规模的三分之一，那么新项目大致还在企业的财务承受范围之内。反之，如果企业新建项目的总投资比企业现在的资产规模还要大，或企业新建项目的产能比企业现有的产能还要大，就是典型的“小马拉大车”。“小马拉大车”式项目要关注是不是有很强的股东担保；或者项目资本金由股东投入，且资本金比例很高（比如达到 75% 以上）；或者是下游市场特别确定的，比如已与买方签订产品销售合同，生产出来的产品能够卖得出去。如果上述方面都不确定，则银行介入“小马拉大车”式项目的风险是很大的。

银行贷款在项目建设的不同阶段介入，银行承担的风险是不同的。对银行债权人而言，最差的情况是当项目还是一块空地的时候，企业就向银行申请借款，这时候银行面临的不确定性最大。银行面临的风险包括：项目资本金来源能否落实、借款人或其股东是否具备出资能力、项目所需的银行贷款能否落实、其他银行是否愿意贷款及贷款条件如何、项目建设资金有无缺口、项目是否会超支、如何解决资金缺口或项目超支问题，此外还有技术、设备、管理、人才等问题，银行要与企业一起全程承担项目建设和运营的风险。对银行债权人而言，最好的情况是前期企业或股东以自有资金投入项目建设，当企业向银行申请借款时，项目已接近完工，银行贷款进去就能把项目建起来，这时候银行面临的不确定性最小。信贷调查和审查时，一定要明确目前项目所处的建设阶段，进而再核实截至目前项目工程的形象进度与实际完成投资情况是否匹配，前期投入资金的来源及构成等。总之，企业为建设新项目向银行申请借款，银行要从资金流层面，对总投资进行分解，并重点核实各部分资金来源的渠道及其落实情况。

银行还要关注项目总投资及单位投资的合理性问题。信贷调查和审查要将本项目与同类同等规模项目进行比较，分析项目总投资及单位投资是否在合理的范围内，判断有无通过人为扩大总投资套取银行信用及减少自筹的情况。在其他条件不变的情况下，节省单位投资对提高项目偿债能力具有重要意义，节省单位投资既提高了项目的投资利润率（即实现同样的利润只需要更少的投资），也提高了项目营运后的销售利润率（即实现同样的销售收入中包含的折旧更少）。因此，项目投资节省下来的部分事实上可以转化为还贷来源，在同等条件下，银行应优先支持可以节省单位投资的项目。

表 4–1　项目资金来源渠道及审核要点

项目	资金来源渠道	资金到位情况	审核重点
项目总投资	资本金	已投入	重点核实其真实性，以及是否真正来源于权益性资金。
		未投入	重点核实资本金来源渠道及其可靠性。如来源于股东，要分析股东的出资能力；如来源于借款人，要分析借款人的出资能力。
	银行贷款	已投入	重点核实各行贷款条件（包括金额、期限、利率、担保条件和还款安排），以及截至目前投入项目的情况。
		未投入	重点核实各行介入项目的态度、目前的审批进度及贷款条件。如果他行不介入，项目资金是否有缺口，有无解决方案。银行对于拼盘项目，必须确定他行贷款已经落实，且同比例到位作为贷款前提条件。
		建成后配套流动资金需求	对于部分项目建成后配套流动资金需要量特别大的固定资产投资项目，银行还要关注项目所需的配套流动资金投资额度及其来源是否落实。

固定资产投资项目涉及新增产能、用地平衡以及环境影响等诸多问题，因此固定资产贷款与流动资金贷款不同，银行还要特别关注项目本身的合规性问题，核实项目所需的有关审批手续，包括项目核准、备案、环评、用地、安全生产等手续否齐备，以及批准机关是否具备审批权限等。银行不得对审批手续不全、违规审批及越权审批的固定资产投资项目提供贷款。

银行信贷不是风险投资，不能赌项目。因此项目选择仍要将客户实力放在第一位，对项目风险的控制要确立底线思维，即假定项目失败后，银行仍能收回本金，至少企业的损失要比银行大得多，以抑制企业的投机冲动和冒险倾向。

小企业干了大企业的事情

导致资金链断裂某市土产经销公司，注册资本500万元，股东为自然人甲某，主营当地土特产的批发和零售，前些年经营一直比较稳定。截至2014年末，该公司总资产 3 327 万元，总负债 1 784 万元，所有者权益 1 543 万元，资产负债率 54%，全年实现销售收入 1 523 万元，利润总额 65 万元。A 银行于 2013 年 10 月对其发放小企业贷款 500 万元，期限 1 年，2014 年 4 月该公司因涉民间借贷导致资金链断裂，A 银行贷款形成不良。经事后了解，2012 年，该公司法人代表甲某筹集近 7 000 万元资金，以个人名义与当地三家企业的自然人股东一起投资于内蒙古鄂尔多斯和陕西榆林的两个煤矿。甲某投入的 7 000 万元资金中，民间借贷至少 5 000 万元，甲某个人通过房产抵押等方式融资约 1 000 万元，从土产经销公司抽出资金约 1 000 万元。因煤炭市场发生变化，甲某等人投资的煤矿实际并未形成产能，加上高企的民间借贷利息支出（年利率高达 25%），导致甲某及土产经销公司的资金链断裂。

企业“小马拉大车”过度扩张

A 公司成立于 2005 年 6 月，现注册资本 3.5 亿元，其中某化工集团出资 65%，其余五家企业及五位自然人股东共出资 35%。经营范围为尿素、三聚氰胺、精甲醇等化工产品的开发、生产及销售，目前已具备年产 45 万吨尿素、6 万吨三聚氰胺、20 万吨甲醇的生产能力。2011 年 7 月，A 公司为实施年产 30 万吨合成氨原料路线改造项目向 B 银行申请固定资产贷款 5 亿元。

截至 2011 年 6 月末，该公司资产总额 17.4 亿元，其中流动资产 8.5 亿元（含货币资金 4.3 亿元、应收账款 4 100 万元、存货 1.54 亿元、预付账款 1.87 亿元），固定资产 8.5 亿元；负债总额 9.8 亿元，其中应付票据 3.8 亿元、短期借款 2.4 亿元、长借款 3.2 亿元；所有者权益 7.6 亿元。资产负债率 56.28%。2010 年借款人实现销售收入 10.2 亿元，利润总额 1.5 亿元，经营活动现金净流量 1.1 亿元，2011 年 1~6 月实现销售收入 3.9 亿元，利润总额 0.41 亿元，同比下降 23% 和 35%。A 公司在 B 银行开立基本账户，该行评定其 2011 年信用等级为 AA- 级。截至 2011 年 6 月末，A 公司银行融资总额 9.42 亿元（含短期流动资金贷款 2.42 亿元、项目贷款 3.2 亿元、银行承兑汇票余额3.8亿元），其中B银行融资余额1.9亿元（含短期流动资金贷款0.9亿元，固定资产贷款1亿元），融资同业占比20.16%。该行曾于2010年10月对A公司三聚氰胺尾气综合治理项目发放的5年期固定资产贷款1亿元，尚未进入还贷期。本项目为年产30万吨合成氨原料路线改造工程，将借款人原需使用无烟块煤的固定床间歇气化工艺改为煤种适应性更广的水煤浆气化工艺，以使用当地的烟煤，降低原料成本。除新建合成氨装置外，后端原有的尿素装置无须进行改造，不改变原有产品方案，本项目实施后不新增产能。本项目总占地面积约283.46亩，在原厂区内实施，无须新征用地。2010年1月，省环保局批复了本项目环评报告，2010年10月，市发改委对本项目进行了备案（经省发改委审核同意）。项目于2010年11月开工建设，预计2012年末投产。本项目总投资9.81亿元，其中资本金2.81亿元，占比28.7%，由借款人自筹解决；申请银行贷款7亿元，其中向B银行申请贷款5亿元，向其他银行申请贷款2亿元，期限6年，利率按人民银行规定的对应期限贷款基准利率执行，由股东某化工集团提供连带责任保证。截至2010年末，保证人资产总额101.5亿元，负债总额39.2亿元，所有者权益62.3亿元，资产负债率38.6%；2010年全年实现销售收入3.8亿元，利润总额3.9亿元（其中投资收益4.4亿元）。本项目符合国家产业政策，项目实施后有利于A公司降低原料成本。但B银行经深入调查和审查后，考虑到本项目存在以下的问题和风险因素，否决了该项目。

1. 本项目总投资较大，属“小马拉大车”式项目。本项目总投资9.81亿元，较借款人现有固定资产总额8.5亿元高出1.31亿元，相当于借款人现有资产规模的56%。本项目不新增产能，项目资本金由借款人自筹解决，股东不增加资金投入，因此，A公司现有的经营效益既要负担存量债务，又要承担新建项目的出资，还要承担本项目新增的7亿元债务，总体看，本项目投融资总额超出了A公司的财务承受能力，A公司因实施本项目，将导致财务负担和偿债风险快速上升。

2. A公司融资关系较为复杂，存在多头融资、过度融资以及虚开银行承兑汇票等问题。A公司银行融资余额9.42亿元，涉及8家金融机构，几乎涵盖了当地所有的金融机构。A 公司短期融资余额 6.22 亿元，而 A 公司 2011 年 1~6 月销售收入仅 3.9 亿元，A 公司短期融资总量与其实际经营需要不相符，且其不能合理解释高额短期融资的具体用途。A 公司银票余额 3.8 亿元，审查发现其存在利用银行流动资金贷款缴存银票保证金，虚开银票套取银行资金等不合规现象。

3. A 公司债务负担较重，偿债风险较大。A 公司目前融资余额 9.42 亿元，基本与其 2010 年全年销售收入 10.2 亿元相当，财务负担较重。受经济周期波动等因素影响，借款人 2011 年 1~6 月销售收入 3.9 亿元和利润 0.41 亿元分别比上年同期下降 23% 和 35%，经营效益大幅下滑，偿债能力减弱。本项目为技改项目，不新增产能，但 A 公司须自筹资本金，还须增加 7 亿元贷款，偿债压力进一步上升。B 银行对 A 公司存量融资余额 1.9 亿元，如再对本项目增加 5 亿元贷款，则同业占比将从 20% 上升到 42%。

4. 行业产能严重过剩，原材料和产品价格大幅波动，市场风险较大。本项目主导产品尿素整体产能已经过剩，且当时在建、拟建尿素产能较大，将进一步加剧产能过剩的局面。据当时有关尿素行业分析报告，2008~2010 年国内在、拟建的尿素装置能力达到 837 万吨，到 2010 年末尿素总产能将达 6 400 万吨，而同期国内需求量约 5 300 万吨，产能过剩严重，市场竞争激烈。A 公司生产规模较小，行业地位不突出，与同类企业相比并无明显的竞争优势，本项目面临较大的市场风险。

第16章　有多大的本钱干多大的事情

我国从1996年开始在固定资产投资项目中试行资本金制度。资本金通俗的说法就是本钱，是指固定资产投资项目的总投资中由投资者认缴的出资额，对投资项目来说是非债务性资金。资本金的主要功能是保障债权人利益并承担最终风险，有资本金才能负债，没有资本金就不具备负债的前提，项目资本金比例实际上也就是杠杆率，一定程度上决定了项目法人资产规模扩张的边界。因此，企业有多大的本钱，就决定了其能干多大的事情。

投资项目必须首先落实资本金才能进行建设，国家规定了每个行业最低的资本金比例。从宏观上看，资金本比例是国家宏观调控的重要手段之一，即国家规定的固定资产投资项目的最低资本金比例，如城市轨道交通项目、铁路项目、公路项目等为20%，煤炭项目为30%，水泥项目为35%，钢铁、电解铝项目为40%等，实际上也是行业的最低准入标准。国家根据经济形势发展和宏观调控的需要，适时调整固定资产投资项目的最低资本金比例，以实现宏观调控的目的。从微观上看，资本金比例实质上表明了一个固定资产投资项目中投资者与债权人的风险分配和承担问题，资本金比例越高，投资者承担的风险越大，银行承担的风险越小。

从银行债权人的角度看，资本金具有如下功能：一是资本金代表了一个项目中投资者承担风险的限额。资本金是股东或借款人投入项目的权益性资金，就单个项目而言，也可看作是投资者对债权人最低限度的保证，即资本金在一定程度上起着类似担保的功能，代表了投资者对债权人债权的保障程度。二是资本金一定程度上反映了投资者的实力、对投资项目的态度和看法。资本金比例越高，表明投资者实力越强，或对项目的信心越大。三是资本金最终会转化为还贷来源。资本金比例越高，表明了资本金对项目还贷能力的支持程度越大。从资金的转化过程和形式看，资本金与银行债务资金共同构成项目总投资，一起投入项目建设，并随着项目完工变成厂房、办公楼、机器设备等固定资产，在项目运营后，固定资产通过折旧的方式逐步回收，也就是说，项目折旧资金的原始来源构成中包含了资本金和银行债务资金。由于折旧是固定资产贷款的主要还款来源之一，因此，资本金在项目总投资中的占比越大，项目运营后对项目还贷能力的支持就越大。

国家规定的资本金比例是固定资产投资项目必须满足的最低要求，满足上述规定只表示可以规避政策风险，但并不代表足于抵御商业风险。对项目法人而言，股东以出资额为限承担有限责任，往往倾向于降低项目资本金比例。资本金比例越低，项目对银行融资的依赖程度就越大，同时与项目投资相关的主要风险就转嫁给了银行。因此，对风险较高的行业或项目，银行应尽量要求股东提高项目资本金比例，不能“赌项目”。信贷实践中，很多介于贷与不贷之间比较难决策的项目，通过提高资本金比例，可提高项目的可贷性。同时，对资本金比例较低的项目，应尽可能要求股东提供担保，让项目还款与股东信用挂钩，以降低银行的风险。

项目投资效益好坏并不是银行能否对一个项目提供贷款的充分依据，信贷实践中对此往往存在误解。衡量项目投资效益好坏的主要指标，如项目内部收益率、动态投资回收期和财务净现值等，主要是从投资者的角度来预测一个项目的经济效益，判断项目是否值得投资。但是，一个投资效益很好的项目，如果资本金比例很低，实际上是投资者获得了较好的收益，但项目投资的风险主要由银行承担。极端的情况是，一个投资效益欠佳的项目，也可能是具备偿债能力的。如果满足以下三个条件：即资本金比例足够高，项目销售收入弥补变动成本后有较多盈余，销售收入有现金支持，那么，即便项目亏损，由于折旧金额远远大于亏损金额，且折旧资金主要由项目总投资中的资本金部分转化而来，因此由资本金转化而来的还贷资金来源，也可全部用于偿还固定资产贷款。

资本金是股东或借款人投入项目的权益性资金。资本金来源主要包括股东出资或借款人自筹两个方面，考察股东或借款人的出资能力需要综合分析其资产规模、销售收入、盈利能力、存量融资的到期偿还计划、对其他项目的出资计划等，判断本项目建设期内股东或借款人是否具备出资能力。从现金出资的角度看，股东或借款人的出资能力主要与货币资金余额、应收票据余额、高流动性资产状况以及建设期内的经营及投资活动产生的净现金流量有关。根据《固定资产贷款管理暂行办法》（银监会令2009年第2号），项目资本金必须与银行贷款同比例到位，并与贷款配套使用。银行对于股东或借款人实力较弱的项目，可以要求资本金先于银行贷款到位，并先期投入使用。对于项目前期股东或借款人已投入的资本金，银行在进行信贷调查和审查时要核实其真实性，核实上述资金来源是否具有权益性资金的特征，特别需要明确的是股东借款不能视同资本金。对于项目超投资需追加贷款的，应要求借款人或股东配套追加不低于原比例的资本金。此外，为防止开发商“空手套白狼”，房地产开发项目的资本金一般要求先于银行贷款到位。

本钱是负债的基础。企业有多大的本钱，就意味着其能且只能干多大的事情，以及负担多大的债务。杠杆率过高，超过了本钱能够承担风险的边界，风险就将会转嫁给债权人承担。因此，对于固定资产投资项目或房地产项目，银行应认真核实项目资本金的额度、比例、出资人的出资来源、出资能力以及已投入项目建设的资本金的真实性等。

警惕形形色色的非权益性资金冒充资本金的风险

A公司是一家从事房地产开发的项目公司，主要负责中部某省会城市一地块的开发，成立于2012年8月，原为某建工集团（以下简称建工集团）的全资子公司。2015年7月，建工集团为筹措本项目建设资金，将其持有的A公司90%股权转让给某信托公司设立的信托计划进行股权融资，金额6亿元，期限2年，信托计划到期时，由建工集团回购 A 公司股权。2016 年 5 月，A 公司为开发该地块向 C 银行申请 16 亿元开发贷款，期限 3 年，由建工集团提供连带责任保证，在未来 A 公司通过挂牌出让手续取得本项目 B 地块使用权并办妥土地证后，再追加 B 地块土地和在建工程抵押。

截至 2016 年 4 月末，A 公司资产总额 14.5 亿元（主要为本项目建设形成的资产），负债总额 5.2 亿元（其中股东借款 4 亿元），所有者权益 9.3 亿元（其中 6 亿元为信托公司股权融资）。本项目尚在建设期，A 公司无主营业务收入。

本项目位于该市三环内某商圈的核心区域，建设内容包括土地熟化（即土地一级开发）和房地产开发两部分，其中房地产开发部分又分为 A、B 两个地块。2013 年 1 月，A 公司成为本项目土地熟化的投资人，2015 年底土地熟化部分已基本完成；A 地块已于 2015 年 2 月挂牌出让，A 公司取得了土地使用权并正在进行后续房地产开发；B 地块预计 2016 年下半年挂牌出让，A 公司继续取得该地块的可能性较大。

本项目土地熟化和房地产开发分别立项并取得批复，A 地块房地产开发项目已经获得市发改委核准，并已取得“四证”；B 地块由于尚未挂牌，也尚未申请项目核准。A 地块占地面积 4.3 万平方米，主要为住宅，规划总建筑面积 20.8 万平方米；B 地块占地面积 7.1 万平方米，主要为商业用房，规划总建筑面积 51.2 万平方米。

本项目合计总投资 42.5 亿元，建设资金来源为：股东投入资本金 3.3 亿元（占比 7.7%），信托公司股权融资 6 亿元，股东借款 4 亿元（为股东以 A 地块土地抵押向某信托公司办理的债权融资），本笔业务融资 16 亿元（占比 37.6%），预售款返投 13.2 亿元（占比 31%）。截至 2016 年 4 月末，本项目已完成投资约 10.2 亿元，主要为项目土地熟化及 A 地块房地产开发投入。A 公司按照住宅价格 1 万元 / 平方米、商用房价格 1.5 万元 / 平方米测算，本项目预计可实现销售收入 71 亿元，其中 A 地块住宅销售收入 18 亿元（占比 25%），B 地块商用房销售收入 53 亿元（占比 75%）。

A 公司股东建工集团是以市政工程建设和房地产为主业，同时涉足商业、制造业、酒店等多个领域，实际控制人为自然人甲某。截至 2015 年末，建工集团合并资产总额310亿元（其中应收账款21亿元、预付账款37亿元、其他应收款11亿元，存货168亿元），合并负债总额223亿元（其中付息债务185亿元），所有者权益87亿元，资产负债率72%。2015年实现营业收入321亿元（主要为建筑板块业务收入），利润总额7.7亿元，经营活动现金净流量–1.8亿元，资金链较为紧张。建工集团关联关系复杂，集团内部成员企业多为建筑及房地产业，企业之间在资金、原材料采购和产品销售等方面往来密切，财务透明度较低。该集团承接了大量的政府市政工程、路桥建设及房地产项目等，受工程垫资、货款回笼延迟及其他因素影响，企业大量资金被上下游客户占用。同时该集团在建房地产项目较多（总投资超过150亿元），目前房地产市场下行压力较大，上述项目后续建设资金能否及时到位、项目建成后能否顺利实现销售并回笼资金均存在较大的不确定性。此外，建工集团本部对外担保余额达95亿元，已超过其87亿元的净资产，且多为成员企业之间的关联互保。

C银行在审查本笔贷款过程中，发现本笔业务主要存在以下问题和风险因素，进而否决了本笔贷款。

1. 本项目的资本金比例过低。本项目总投资42.5亿元，股东已投入自有资金3.3亿元，信托公司股权融资6亿元，股东借款4亿元，且股东承诺本笔业务存续期内不收回其对A公司的股东借款，上述资金合计13.3亿元，名义资本金比例为31.3%。但审查注意到：（1）上述信托公司股权融资到期须由股东建工集团回购，但股东整体资金链较为紧张，能否按期回购上述股权融资存在一定的不确定性；（2）4亿元股东借款是股东以本项目A地块及在建工程抵押获得的融资，仍来源于负债性资金。因此，股东投入本项目的权益性资金仅3.3亿元，资本金比例实际仅为7.7%，银行融资承担风险过高。

2. 本笔贷款的还款来源可靠性不高。本项目依靠预售款返投的比例过高（31%），A地块（主要为住宅）今后销售收入将主要用于本项目后续建设，而不是偿还债务融资，将进一步加大债权人的风险。本笔贷款的还款来源主要依靠B地块商用房销售收入，而B地块尚未取得土地使用权证，且商用房（特别是超高层写字楼、家居办公写字楼及公寓）市场销售难度相对较大，未来A公司能否在3年的贷款期内取得B地块土地使用权并顺利完成项目审批、建设、销售及资金回笼，存在着较大的不确定性。

3. 本笔贷款的增信措施保障程度不高。本项目A地块及在建工程已对外提供抵押，拟为本笔业务提供抵押的B地块尚未取得土地使用权，需待B地块完成挂牌出让并办妥土地证后方能为本笔业务追加办理抵押，存在一定的抵押物悬空期；实际控制人建工集团目前已对外提供担保达95亿元，已不具备为本笔16亿元贷款提供担保的能力。总体来看，本笔业务增信措施的保障程度不高。

第 17 章　不要迷信项目的未来效益

固定资产贷款通常需要靠投资项目建成后产生的效益来偿还，银行在做信贷决策前，往往都需要对贷款项目的效益和偿债能力进行评估。但在信贷调查和审查阶段，银行评估测算的项目效益还是一种预期效益，能否实现受诸多因素的影响，具有很大的不确定性。信贷决策既需要预测结果做支撑，又不能迷信项目未来的效益。

对项目未来效益进行准确预测通常是比较困难的

信贷实务中，需要根据预测的借款人偿债能力或项目的效益做决策的情形非常普遍，而准确预测项目未来效益和偿债能力往往又是非常困难的事情。当前存在的突出问题是，很多信贷决策人员往往过于看重预测的结果，而忽视预测的假设条件、技术参数和取值依据，忽视纸面上的预测结果与现实中的项目偿债能力往往有很长的距离，甚至不太关心预测结果的准确性。事实上，纸面上的预测是静止的，但现实时刻都在变化。就固定资产投资项目而言，从项目开始建设到产出产品至少涉及完工风险、超投资风险、技术风险和市场风险等四重风险。

一是完工风险。投资项目有建设期，建设期短则一年半载，长则三年五年，很多因素都会导致工期拖延，如设备调试时间过长、技术衔接出现问题、配套工程或设备滞后、气候恶劣等等。建设期利息是资本化的，并计入总投资，建设期延后，往往会导致总投资超支，并可能带来技术风险和市场风险，在贷款期限一定的情况下，项目延期投产无疑加重了后期的还款压力和还款风险。如果项目无法完工，则前期投入就全部变成沉淀成本。

二是超投资风险。在项目建设过程中，由于机器设备、土地厂房、安装工程的价格上涨、技术路线变化以及建设期延后等因素，很容易导致项目超投资。项目超投资将增加投产后单位产品中的固定成本，影响产品的竞争力，同时除非超投资部分全部由股东出资，否则将增加项目的债务负担，削弱项目的偿债能力，加大了银行贷款的风险。

三是技术风险。由于项目技术不过关，项目建成后不能生产出合格的产品，或由于技术进步等原因，采用新技术生产出来的产品成本更低、品质更好、竞争力更强。

四是周期因素及市场风险。由于建设期因素，项目投产后的市场情况可能与项目决策时发生了很大变化，特别是当经济繁荣与衰退周期交替时，供求及价格趋势发生逆转，市场变化常常导致项目投产后生产出来的产品根本卖不出去。如前几年大量上马的煤炭、钢铁、水泥、煤制甲醇、聚氯乙烯、烧碱、尿素等项目，项目上马时市场一片繁荣，但项目建成投产时市场一片萧条，产品价格一泻千里，有些产品的价格甚至跌到项目上马时的 1/3，一开工就亏损，销售收入甚至不能弥补变动成本。

此外，由于信息技术革命和“互联网 +”的飞速发展，信息传输的速度比过去任何时候都要快，大大减少了信息不对称和决策时滞，进一步放大了市场的波动效应。总之，项目投产后的产品市场情况如何，即东西能否卖得出去，销售量及销售价格如何，以及货款能否正常回收，是影响项目效益及偿债能力的最主要因素，而这恰恰是最难预测的。

预测的准确性与预测人员的立场和水平有很大关系

预测结果的好坏通常还与预测者的立场、专业能力和水平有关。信贷评估不仅仅是技术活，优秀的尽职调查人员或评估人员既要有深厚的信贷基础，即评估预测不能脱离企业和项目的基本面（如企业经营情况、债务负担、抵押因素，以及项目股东背景、资本金比例等），又要对宏观经济、行业及市场情况有深刻的洞察能力及把握能力，还要有明确的基于债权人利益的立场，否则预测结果可能与现实情况差距甚远。信贷实务中，很多预测都做得非常粗糙，甚至违背常识，主要问题包括：

一是对项目收入和成本费用的取值不够合理。有关项目的销售量、销售价格的取值偏高，有关成本、费用的取值偏低，或者未考虑项目周期内上述参数可能存在的较大的波动。

二是对借款人收入及盈利增长率的取值不够合理。前些年，甚至近两年，在固定资产贷款、债务融资工具承销及投资业务、非标理财投资业务等很多业务中，尽职调查人员或评估人员在预测借款人的偿债能力或发行人的兑付能力时，对客户营业收入增长率的取值通常超过 15% 甚至超过 20%，或直接按过去三年平均收入或盈利增长率取值，然后简单按线性统计模型预测客户未来的收入和盈利增长水平。既未考虑基数增大以后会影响增长率，也未考虑市场波动会影响企业收入及盈利水平。

三是对可能影响测算结果的一些重要因素的处理方法比较简单。如借款人或发行人存在比较严重的短贷长用时，尽职调查人员或信贷评估人员通常仍假定短期融资可以周转使用，即短期融资在测算期内无须偿还本金，融资余额维持不变；又如，当借款人的在建项目较多、在建工程余额较大时，通常会对借款人综合偿债能力预测的准确性产生很大的影响。因为对于这些在建项目，股东或借款人如何出资、如何筹措银行借款、项目是否会超支、项目未来的效益如何，均面临较大的不确定性。而信贷评估人员对这种情形的处理方法往往比较简单，即对借款人的其他在建项目通常仅考虑出资问题，同时假定这些项目自身的效益可覆盖对应的债务，其预测结果可能与企业实际情况存在较大的偏差；再如，当借款人或发行人为集团母公司时，尽职调查人员或信贷评估人员很多时候以集团合并报表的数据作为预测基础，但上述评估预测的方法是错误的，集团客户不同板块收入的性质往往不同，并不具有可比性，合并报表的数据并不能作为预测的基础。

四是当预测结果不理想时调整参数的情况比较普遍。一些银行的分支机构出于短期业绩考核的需要，对评估测算结果欠佳的项目，往往会要求尽职调查人员或信贷评估人员调整测算参数或取值，以使项目或借款人的综合偿债比大于 1。

五是评估测算往往对周期性因素及市场波动的考虑不够。中长期贷款或中长期债券投资的时间跨度通常较长，甚至会跨越经济周期，但当前银行同业普遍存在的问题是，评估预测是基于评估时点的市场情况做出的预测，对经济周期性波动及可能出现的市场变化考虑不够，项目评级是时点评级而不是周期评级，敏感性分析通常都是按收入下降 10% 或成本费用上升 10% 来进行测算的，在当前很多传统行业的市场波动都超过 50% 时，原评估预测与当前现实就完全脱节了。

转型经济本身不稳定的特点也影响预测的准确性

中国经济当前的发展阶段比发达国家成熟的市场经济还要复杂很多，转型经济本身具有稳定性和连续性相对较差的特点，也是影响评估预测准确性和债权人债权安全性的重要原因。经济转型、结构调整和产业升级，都是“创造性破坏”的过程，都意味着快速变化和“汰旧创新”。无论是“汰旧”，还是“创新”，这种不稳定的经济结构对债权人债权的伤害和破坏其实都是很大的。首先，在原有产能形成的过程中，往往都对应大量的银行债务。在“汰旧”的过程中，无论是市场淘汰也好，行政关停也罢，淘汰的旧产能或过剩产能对应的大量的债务无法偿还，形成了大量的银行不良贷款；关停企业的员工下岗失业，没有收入来源，往往会导致大量的个人贷款违约；其次，新技术在孕育的过程中失败概率也很高，企业技术创新、转型升级的资金应主要来源于自身积累、政府补贴、创业投资和风险投资，很多时候并不适合银行债权人介入。总之，银行信贷需要在比较稳定或比较确定的环境中运行，所以成熟经济体中银行不良率相对较低，当前我国经济处于转型升级和结构调整的过程中，银行往往承担了其中很大部分的风险。

中长期贷款决策对客户或项目效益和偿债能力预测的依赖较大，由于不确定性的普遍存在，未来是很难把握的，现在与未来之间也没有必然的联系。因此，信贷决策不能过分迷信纸面上的项目未来效益和偿债能力，特别是不能“赌项目”“赌未来”。凡是过多地依赖客户或项目未来预期效益进行偿还的融资，都要从严把握。

项目上马前预期效益良好　项目投产后没有订单①

二重集团（镇江）重型装备厂有限责任公司（以下简称二重镇江）成立于2008年9月，是二重集团（德阳）重型装备股份有限公司（以下简称二重重装）的全资子公司。二重镇江实施的重大技术装备出海口基地一期建设项目于2009年3月开工，原计划于2011年4月竣工，2011~2013年项目产能利用率分别达到40%、70%和80%。本项目列入2008年重大装备国产化项目，获中央预算内投资专项补助1.2亿元。项目建成后将形成年产3套第三代核电压力容器、1万吨超大型超重石化容器、500套大型风电机组、40根大型船用曲轴、4套冶金成套装备和10台大型起重机的制造能力，预计每年可实现销售收入约50亿元，利润约1.2亿元，二重重装及当地政府均对本项目寄予厚望。

根据媒体报道，本项目计划总投资36.5亿元，其中固定资产投资27.4亿元，流动资金投资9.1亿元。在固定资产投资中，股东投入资本金9.4亿元，资本金比例34%，申请银团贷款18亿元。本项目贷款竞争异常激烈，共有包括五大行在内的12家银行向借款人表达了积极参贷本项目的意愿。2009年6月，二重镇江与其中8家银行组成的银团签署了《银团贷款协议》，8家银行将为一期建设项目提供18亿元的银团贷款，建设期采用股东二重重装保证的方式，建成后采用项目形成的资产抵押。

① 《打造千亿级装备制造业　二重（镇江）制造基地开工》，镇江市政府门户网站，http://www.zhenjiang.gov.cn，2008–12–30；《二重重装2013~2015年年报》，凤凰网财经，http://app.finance.ifeng.com;《二重集团（德阳）重型装备股份有限公司关于挂牌出售二重集团（镇江）重型装备厂有限责任公司100%股权的结果公告》，新浪财经，http://finance.sina.com.cn/test/2016-05-31/doc-ifxsqtya6525388.shtml，2016–05–31。

但是在项目建设和实施的过程中，因国家经济结构调整、行业及市场环境变化等原因，项目后期建设进展缓慢，前期已投入试生产的部分，产品订单极为有限。截至 2013 年 6 月末，项目完成总投资约 37.62 亿元，已实际付款 27.94 亿元，工程付款率为 74.3%。同期二重镇江资产总额 36.26 亿元，负债总额 26.39 亿元，所有者权益 9.88 亿元（其中实收资本 11.265 亿元），2011~2013 年上半年分别实现销售收入 864 万元、2.15 亿元和 76 万元，净利润分别为 270 万元、–9 804 万元和 –4 499 万元，2014 年，该项目继续亏损 5.81 亿元，与项目可研阶段的预期效益相距甚远。因建设资金短缺等问题，项目部分配套设施，如核安全壳厂房、综合办公楼和货运铁路专线等工程处于缓建状态。

根据借款人股东二重重装（即 *ST 二重，股票代码 601268）2014 年年报披露的信息，该公司 2014 年实现营业收入为 39 亿元，净利润 –79 亿元。因该公司连续三年巨额亏损，2015 年 5 月 15 日，二重重装发布公告，上交所决定对该公司股票予以终止上市，并将在 5 月 21 日对该公司股票予以摘牌，成为第二支央企退市股票。2016 年 5 月 30 日，二重重装发布公告，该公司已与国机集团签订了《产权交易合同》，转让其持有的二重镇江 100% 股权，转让价格为 25.8 亿元，并已于 5 月 26 日完成了工商变更登记手续。

部分尽职调查报告对客户偿债能力预测或抵押物估值过于乐观

当前，不少基层客户经理对企业经营情况的大幅变化不敏感，对客户风险的判断还停留在经济上行期的感性认识上，部分尽职调查报告对客户偿债能力的测算或抵押物的估值明显过于乐观，可参考性较差。如，2014 年 3 月，A 银行某分行对当地某热电公司贷款的尽职调查报告中，预测该公司 2014~2018 年每年可实现供电量 85 亿千瓦时。但授信审批部门注意到，该公司 2013 年实际供电量仅为 48 亿千瓦时，仅为 2014 年预测值的 56%，且其在建电站均早已投产运营，未来亦无新增产能，有关参数取值的依据不足，预测值明显过于乐观；又如，某湿地公园项目贷款的评估报告中，分行按该湿地公园门票价格为160元/人/次、建成后第1年的游客数为150万人次测算项目首年门票收入为2.4亿元，而邻省省会某著名湿地公园在经营10年后，门票价格才提升至80元/人/次，年经营收入才突破2亿元。此外，该评估报告还按园区内五星级酒店1 800元/晚/间、三年内的入住率达到90%预测酒店经营收入，上述参数取值均缺乏可靠依据，且明显偏离实际和常识；再如，东部某地级市产业园区项目尽职调查报告中，当地分行反映借款人拟以1 600亩商住用地提供抵押，外部评估单价为250万元/亩。授信审批部门利用谷歌卫星实景地图了解抵押物周边状况，并查询了当地国土资源局网站，逐条汇总了抵押物周边区域近两年土地成交公告，对比分析认定上述估值明显偏高，要求分行重新评估。后经分行内部重评，确定上述地块单价为125万/亩，仅为原外部评估价值的50%。还有，2014年11月，某分行申请对当地某高速公路公司的存量项目贷款办理展期，授信审批部门注意到，借款人的通行费收入自2007年以来呈逐年下降趋势，但分行尽职调查报告仍然按照年均10%的增速预测未来通行费收入，测算取值明显过于乐观。当前，银行基层分支机构的尽职调查报告按10%~15%的年均增长率预测客户未来营业收入及利润增长的情况仍非常普遍，明显与当前经济下行的逻辑不符。

第 18 章　东西卖不出去是加工制造企业最大的风险

中国是“世界工厂”，是全球市场的主要生产者。企业生产的目的就是为了销售，东西卖不出去，产能就过剩了。不去产能，就难以去库存。因此，对制造企业而言，东西卖不出去就是最大的风险，而银行是不能给东西卖不出去的企业融资的，此时企业需要的是订单，融资救不了东西卖不出去的企业。

中国的很多产能都是为全球准备的。中国这家“世界工厂”到底有多大呢？在制造业的 30 多个大类中，有一半以上的行业中国的生产规模世界第一；在 500 余种主要工业产品中，有 220 多种中国的产量位居世界第一。全球近 50% 的粗钢、近 60% 的水泥、近 80% 的空调都来自中国。清华大学的郝吉明院士曾说：全世界的钢铁产量排名，中国第一，河北第二，唐山第三，美国第四，唐山瞒报的产量第五。仅仅河北迁安市（县级市）一个地区的产量就超过了德国，唐山地区钢产量超过了欧洲。2013 年，我国制造业产出的占比达到全球的 20.8%，连续 4 年保持世界第一的大国地位；2013 年，中国出口总额达到 4.14 万亿美元，相当于 GDP 总量的一半，外贸依存度达到 50%。中国部分产品产量及其占全球比例如表 4–2 所示。

表 4–2　中国部分产品产量及其占全球比例

项目	产品					
	汽车（万辆）	造船（万吨）	粗钢（亿吨）	水泥（亿吨）	猪肉（万吨）	个人电脑（亿台）
产量	2 372	3 905	8.23	24.76	5 671	3.2
占全球比例	27.50%	42.40%	49.50%	59.20%	49.10%	90.70%

（续表）

项目	产品				
	智能手机（亿部）	空调（亿台）	鞋子（亿双）	太阳能电池（兆瓦）	煤炭（亿吨）
产量	4.53%	1.11	95	11 300	38.7
占全球比例	38.80%	79.30%	39.60%	30.50%	49%

资料来源：观察者网，http://www.guancha.cn/GuanChaZheWang/2015_05_23_320617_2.shtml，2015-05-22。其中个人电脑项为2011年的数据，太阳能电池项为2013年数据，其余项为2014年数据

过去30年，中国把东西卖到全世界，一直是比较顺畅的。“出口—投资”互相促进的模式，一直是推动中国经济增长的引擎。然而，近年来这一切正在发生深刻的变化，企业经营越来越困难，生产出来的东西越来越难卖出去。为什么现在的东西越来越难卖出去呢？可从供给和需求两个方面分析：

从供给侧看，主要是四个问题：一是中国企业长期持续的外延式扩张，形成了为全球生产的庞大产能，而且很多投资项目都是在需求最高点时做的决策，随着在建项目的逐步建成，产能还在不断释放。由于需求的调整是即时的，而供给能力一旦形成便难以调整，因此，全球需求的剧烈波动便加深了中国的产能过剩。二是供给结构与需求结构不匹配，中低档产品过剩，优质高档产品短缺，产品的品质和质量跟不上居民消费需求的升级。中国制造只有量的扩张，没有质的突围，大部分关键技术和设备都是引进，缺乏自主创新，导致很多产业的中高端产品无法制造，最典型的案例是近年国内居民去日本抢购电饭锅和马桶盖。中国2014年制造2.8亿只电饭锅，是全球最大的电饭锅生产国，但中国居民还是去买日本电饭煲，因为“日本电饭煲在内胆材料上有很大的创新，煮出来的米饭粒粒晶莹，不会黏糊，我们在材质上解决不了这个问题”；而中国人蜂拥至日本购买的马桶盖一点儿也不便宜，售价在2 000元人民币左右，但它有抗菌、可冲洗和座圈瞬间加热等功能，且适合在所有款式的马桶上安装使用[①]。三是低成本优势的丧失。人工成本和土地成本不断攀

① 《吴晓波：中国中产为何蜂拥去日本买马桶盖》，新浪财经专栏，http://finance.sina.com.cn/zl/lifestyle/20150126/070521395274.shtml，2015-01-26。

升，工业用电的价格约为美国的 1.7 倍，资源、能源和环境压力不堪重负，恶性环保事件触目惊心，中国已经到了再也不允许继续用环境成本换取经济发展的时候了；四是 2005 年汇改以来，人民币对美元汇率累计上升幅度超过 25%，也在很大程度上抵消了企业的利润。

从需求侧看，主要是外需萎缩，内需不足。一是中国主要出口市场需求萎缩。美国金融危机及欧债危机，以及此后漫长的去杠杆化过程，直接导致了对中国出口产品需求的减弱。二是贸易保护主义盛行。当前中国面临的外部贸易环境今非昔比，为转移国内就业与经济增长的压力，近年来针对中国的贸易争端此起彼伏，对我国很多行业（如轮胎、油井管、光伏等）及其产业链上下游企业伤害太大，一个反倾销个案的背后往往是对整个产业链的影响。三是制造业回归美国。奥巴马政府提出“再工业化”，目的是为了保持美国在全球制造业竞争方面的领先地位，并为新一轮产业革命进行充分的准备。美国有技术优势、能源优势、市场优势和美元作为全球储备货币的优势，并且在以机器代替劳力后，劳动力成本的劣势相对减弱。“美国制造”最突出的核心竞争力在于产品承载的科技含量与创新能力，这些都是“中国制造”所不具备的；四是内需不足。由于企业利润微薄，且在收入分配中政府、企业拿得过多，员工拿得过少，加上社会保障能力不足及高房价等问题，导致国内长期以来内需不足。此外，中国很多产能都是为全世界准备的，但现在，世界对中国的需求减弱，而且有很多替代的生产者参与竞争，如果国内的产能仅仅是满足国内市场，一定是严重过剩的。

中国虽为制造业大国，但并不掌握产品定价权。从全球产业链分工的角度看，中国处于全球产业链中低端位置，处于“微笑曲线”的底端。在产品设计、原料采购、物流运输、订单处理、制造、批发经营、终端零售等完整经济链条中，中国主要扮演制造的角色。而处在“微笑曲线”两端的产品研发、品牌和渠道物流等高附加值环节，中国缺少国际竞争力。因此，虽然在全世界到处都能看到中国的产品，但中国企业并没有获得应有的利润。缺乏利润造成企业积累能力不足，加上债务负担重，企业的抗风险能力差，同时企业利润空间窄，再加上收入分配不合理，造成员工工资普遍较低，居民消费需求长期不振，也加重了经济增长对投资的依赖；此外，由于工业化的过程就是资源变产品的过程，中国这座“世界工厂”在制造产品的过程中消耗了大量的资源、能源、水源，在产品源源不断地输入世界各地的同时，生产这些产品所产生的垃圾却留在了中国，中国也逐渐成为世界最大的“垃圾场”。

当前，中国面临的内外部经济环境发生了深刻的变化，外延式增长已经走到了尽头，产能相对和绝对过剩日益严重，东西变得越来越难卖得出去。信贷调查和审查要花大力气去分析核实借款人产品的市场情况，不能给东西卖不出去的企业提供融资。企业的产品只有销售出去，才能形成现实的还款来源。产品销售不出去，企业的持续经营能力就面临威胁，银行融资是根本解决不了问题的。这时企业需要的首先是客户的订单，而不是银行融资，有订单才能融资，否则融资对企业而言顶多是苟延残喘。很多企业抱怨“融资难、融资贵”，如果融资只是增加存货，没有办法形成可以预见的还款来源，银行自然就不愿意提供融资。

总之，在经济下行期，企业面临的最大风险就是东西卖不出去。东西卖不出去对企业的影响的致命的，银行不能对东西卖不出去的企业提供融资。

产品卖不出去及货款回笼不畅　导致企业财务风险快速积累

某机电股份有限公司（下称机电公司）于2015年8月向A银行申请中期流动资金贷款，金额3亿元，期限3年，用于该公司经营周转，采用信用方式，利率为人民银行规定的同期限贷款基准利率上浮10%。

机电公司成立于2009年，注册资本4亿元，控股股东为某机电投资管理有限公司（持股33%），实际控制人为自然人甲某，2015年1月在深交所上市。机电公司主要从事专用设备的高端零部件制造业务，产品主要应用于石油、天然气、清洁高效发电、工程和矿山机械以及其他高端装备制造行业，目前石油天然气设备零部件收入占比32%，矿山机械30%，工程机械零部件收入占比22%。该公司是具备铸造成形、精加工和模块化制造完整产业链的行业领先企业，产品主要销往国内及北美、欧洲等30多个国家和地区。该公司近三年及最近一期的资产负债情况如表4–3所示。

表 4–3　机电公司 2012~2015 年 6 月资产负债简表　　（单位：万元）

项目	时间			
	2015 年 6 月末	2014 年末	2013 年末	2012 年末
货币资金	63 194	37 638	35 421	55 897
应收票据	1 402	2 866	228	572
应收账款	50 039	34 512	31 297	41 749
预付账款	9 010	7 975	5 544	2 394
其他应收款	848	3 314	3 077	3 077
存货	73 430	65 375	54 764	29 933
其他流动资产	4 548	4 220	119	9 010
流动资产合计	205 461	159 900	130 471	135 385
长期股权投资	1 180	1 180	1 180	2 133
固定资产	150 457	147 614	125 298	97 006
在建工程	59 392	52 688	60 932	37 355
无形资产	11 876	12 014	12 318	12 596
非流动资产合计	224 675	215 271	201 486	157 560
资产总计	430 136	375 172	331 957	292 945
短期借款	168 400	197 484	144 473	82 775
应付票据	18 100	15 396	14 528	32 239
应付账款	14 352	13 709	12 346	1 726
预收款项	555	575	445	528
应付职工薪酬	3 852	2 932	2 979	3 676
应交税费	2 166	1 584	–2 007	–735
一年内到期的非流动负债	7 100	4 317	26 923	11 925

（续表）

项目	时间			
	2015 年 6 月末	2014 年末	2013 年末	2012 年末
流动负债合计	218 737	236 970	200 799	136 916
长期借款	27 000	15 600	23 822	54 636
长期应付款	873	1 253	3 051	7 007
其他非流动负债	2 491	2 697	2 025	1 411
非流动负债合计	30 364	19 550	28 899	63 055
负债合计	249 101	256 520	229 699	199 971
实收资本（或股本）	40 000	32 000	32 000	32 000
资本公积	75 738	25 738	25 738	38 136
未分配利润	57 123	52 723	37 301	14 770
所有者权益合计	181 035	118 652	102 269	92 974

受经济增长放缓、下游矿山、工程机械等相关制造行业整体不景气影响，机电公司应收账款和存货增加较快，应收账款中，前 5 名客户均为非关联方，占应收账款总额的 25%，账龄 1 年以内的占比 68%，1~2 年的占比 25%，其余全部为 2 年以上；存货主要是原材料、在产品、库存商品，占比分别约为 20%、10% 和 70%。目前公司在建工程有矿山机械关键零部件技改项目（总投资约 5 亿元，已投资约 3 亿元）、工程机械装备关键零部件制造项目（总投资约 3 亿元，已投资约 1.5 亿元）、技术中心建设项目（总投资约 8 000 万元，已投资约 5 000 万元）、2 400 吨硅溶胶项目、3 万吨树脂砂铸钢项目和硅溶胶生产线技术改造项目等 6 个项目，上述项目后续还需约投入 5 亿元，上述项目全部投产后，企业产能较目前约增长 35%。2015 年 1 月，公司获准向社会公开发行人民币普通股票 8 000 万股，每股发行价格 8.31 元，扣除发行费用后募集净额 5.8 亿元，计入实收资本 8 000 万元，计入资本公积 5 亿元。该公司近三年及最近一期的损益情况如表 4–4 所示。

表 4–4　机电公司 2012~2015 年上半年利润及现金流量简表　（单位：万元）

项目	时间			
	2015 年 6 月末	2014 年末	2013 年末	2012 年末
营业总收入	71 247	133 386	146 727	157 260
营业总成本	62 121	115 207	126 449	138 605
利润总额	9 321	19 284	21 144	19 556
减：所得税费用	1 512	2 683	3 364	2 591
净利润	7 809	16 601	17 779	16 965
经营活动产生的现金净流量	–4 073	24 266	12 096	19 322
投资活动产生的现金净流量	–14 783	–15 956	–36 213	–27 786
筹资活动产生的现金净流量	36 739	7 118	19 129	33 370
现金及现金等价物净增加额	17 883	15 428	–4 988	24 906

机电公司在 A 银行开立一般结算账户，2015 年 A 银行评定其信用等级 AA– 级。机电公司与 10 家金融机构建立了信贷关系，截至 2015 年 6 月末，机电公司银行融资余额 22.06 亿元（含银票 1.81 亿元，保证金比例为 50%），其中 A 银行融资 0.94 亿元（全部是出口订单融资），同业占比约 4.3%，企业对外担保余额 4.7 亿元。机电公司融资情况具体如表 4–5 所示。

表 4–5　2015 年 6 月末机电公司对外融资情况表　（单位：万元）

贷款银行	融资额度	担保条件	贷款银行	融资额度	担保条件
A 银行	9 400	信用	F 银行	29 800	信用，银票 50% 保证金
B 银行	8 000	信用	G 银行	7 100	担保
C 银行	13 900	部分信用，其余抵押	H 银行	45 000	抵押

（续表）

贷款银行	融资额度	担保条件	贷款银行	融资额度	担保条件
D 银行	35 200	抵押，银票 50% 保证金	I 银行	23 000	信用，银票 50% 保证金
E 银行	24 900	保证，银票 50% 保证金	J 银行	29 700	部分担保

机电公司主要从事高端零部件制造业务，是行业领先企业，且刚上市不久，货币资金的储备比较充沛，可保障在建项目后续资金的投入需要。但 A 银行在审查本笔贷款的过程中，也发现本笔业务存在以下较多的问题和风险因素，进而否决了本笔贷款。

1. 企业产品销售和货款回收均面临较大困难，市场前景不乐观。受经济增长放缓，下游矿山机械、工程机械等相关制造行业整体不景气影响，机电公司近三年销售收入逐年下降，融资逐年增长，应收账款和存货高企，资金占压严重（应收账款和存货两项占用接近年度销售收入，且质量不佳），企业在上下游交易链条中处于不利地位，面临产品卖不出去和货款收不回来的问题。同时，企业在建工程余额巨大，上述项目全部投产后，企业产能将较目前增长约 35%，虽然后续投资资金基本落实，但将进一步加剧产能过剩。

2. 企业过度融资明显，存在较大的偿债风险。机电公司在 2015 年 6 月末的银行融资余额达 22.06 亿元，占负债总额的 89%，是其上年销售收入的 1.65 倍和资产总额的 51%，同时其 2015 年上半年经营活动现金净流量为 –4 073 万元，总体看，机电公司的付息债务余额与资产、收入和经营现金流严重不匹配，存在过度融资的现象，除短贷长用的问题之外，大量的融资被应收账款和存货占用，企业经营对银行融资的依赖过大，银行承担的风险过高。

3. 融资用途不够合理。本笔贷款的表面用途为补充机电公司的营运资金。但审查注意到，该公司 2015 年 1 月刚上市就募集资金 5.8 亿元，6 月末的货币资金余额约 6.3 亿元，公司货币资金储备较为充足，尚无大量增加流动资金的需求。考虑到该公司债务主要以短期借款为主，融资结构不合理，不排除本笔贷款将逐步用于置换陆续到期的短期借款，以改善债务结构，增强抗风险能力。

4. 本笔贷款的期限较长，且采用信用方式。机电公司与 10 家银行均建立信贷关系，存在多头融资的情况。在机电公司的存量融资中，超过 50% 的借款有抵押或保证担保，本笔贷款的期限为 3 年，采用信用方式，且偿还顺序排在 90% 的存量贷款之后，类似劣后级贷款，偿债风险较大。

第五部分　还款能力篇

银企借贷关系的本质是借债还钱。银行在考虑贷款的还款来源和还款能力时，通常把注意力放在借款人的收入和利润上。但金融的一个重要功能就是让企业把“死资产”变成“活钱”花，因此，银行还应更多地关注资产变现对企业偿债能力的影响。实际上，银行贷款主要是靠资产创造的收入和资产本身变现偿还的，同时，现实中借款人能否偿还贷款还受其债务结构、外部融资环境、借款人的融资渠道和再融资能力等诸多因素影响。

本部分主要从债权人的角度，讨论银行如何透过财务报表看借款人的偿债能力，以及讨论除收入和资产外，在现实环境中哪些因素会影响银行贷款的偿还。

第 19 章 债权人看报表就是看偿债能力

银行作为债权人，最关心的是贷款能否按期偿还。银行看企业的财务报表，核心是看企业债务负担的轻重，并透过报表看企业是否具备偿债能力。[①]

不同视角看企业财务报表关注的重点不同

企业的财务报表编制出来以后，不同的报表使用者关注的重点是不同的。如股东或潜在股东更关注企业成长性和盈利能力，从中发现企业是否具有投资价值；企业管理层更关注企业的收入、成本、费用、利润、现金流及其变化情况等，以发现经营管理中存在的问题，明确下一步改进经营管理的方向；税务机关从税收征管的角度，更关注企业收入与成本费用的会计与税务处理的差异，确保税收应收尽收；而债权人更关注企业的偿债能力，评估自身债权是否安全。银行看报表，必须强化债权人视角。银行分析企业财务报表的全部目的，是透过财务报表分析、判断和推测企业的偿债能力。

借款人能否还款取决于债务与其财务能力是否匹配

银企借贷关系的本质是借债还钱。银行发放贷款后，最关心的是借款人能不能还款。借款人能不能还款主要跟两个因素有关，即借款人债务负担的轻重与财务能

---

① 更详细的内容可参看本书第九部分的相关内容。

力的强弱。一方面，借款人的杠杆率越高，债务负担越重，不能还款的概率就越大，这一点无论是对个人、企业还是国家都是一样的。因此，从债权人的角度看，债务轻的企业就是好企业，债务重了就不是好企业了，债务由轻变重的过程，就是企业由好变坏的过程。另一方面，从本质上讲，债务主要是靠资产创造的收入或资产本身变现偿还的，但对于固定资产贷款等中长期贷款而言，仅靠折旧和摊销（即收入中包含的固定成本部分）偿还需要很长时间，因此利润作为补充还款来源就非常重要，同时利润也是扩大再生产中项目资本金的主要来源，此外，收入只有获得现金支持才能形成现实意义上的还款来源，因此经营活动的现金流入量及净流量就显得尤其重要。总之，从债权人的角度看，借款人的财务能力主要体现为资产、收入、利润和经营活动产生的现金净流量等 4 个因素。借款人的债务规模应与上述 4 个因素匹配，简单地说，资产负债率越低越好（当然还要密切关注资产的质量），债务收入比越低越好，债务利润比越低越好，债务经营活动现金净流量比越低越好。

表 5–1 “四个匹配”对应的经验预警值

项目	财务指标	预警值
债务规模与资产的匹配性	实体性企业的资产负债率	>65%
	短期付息债务 / 流动资产	>1
债务规模与收入的匹配性	总付息债务 / 销售收入	>1
	短期付息债务 / 销售收入	>0.5
债务规模与利润的匹配性	利润总额 / 总资产	<5%
	EBITDA/ 总付息债务	<0.15
债务规模与经营现金流的匹配性	经营活动产生的现金净流量 /（营业利润 – 投资收益）	<1.2
	经营活动产生的现金净流量 / 总付息债务	<0.05

注：1. 不同行业指标的合理范围差别较大，上表主要适用于制造业，其他行业可能有部分指标不适用；2. 债务规模与收入匹配性指标中，应剔除在建工程对应的债务；3. 债务规模与利润的匹配性指标中，应剔除利润的“水分”；4. 债务规模与经营现金流的匹配性指标中，如果企业投资资产的比重较大，也应考虑投资活动产生的现金净流量。

信贷永远不能突破的底线是不能不支付利息。从现金流的角度看，是经营活动加投资活动产生的现金净流量至少必须足够支付利息，否则就是庞氏型融资，即借款人如果不能借入更多的债务以偿还存量债务本息，就会马上违约。

从债权人角度看企业三张报表反映的偿债能力

从债权人角度看三张报表应关注的核心内容

三张报表被形象地称为“底子”“面子”和“日子”。资产负债表是“底子”，是三张报表的基础，有什么样的资产负债表就有什么样的利润表，利润表是由资产负债表决定的，两者之间有很深的勾稽关系。利润是资产利用效果及经营成果的反映，有利润就有“面子”，没有利润就没有“面子”，由于资产往利润表转移的速度受会计政策、会计估计的选择及会计人员的职业判断影响很大，因此利润很容易受人为操纵，“面子”与“底子”有时差别较大。不管如何，企业“过日子”，如支付员工工资、缴纳税金和偿还贷款本息等还得依靠现金，并不能靠账面利润去解决上述问题，如果经营和投资活动不能创造现金，就得通过筹资活动借钱过日子，现金流量表是“过日子”的报表，也是用来验证资产负债表和利润表的报表。

资产负债表重点关注借款人的债务规模及资产质量两个核心问题。银行债权人拿到企业的财务报表，首先要关注的是借款人的债务规模（特别是付息负债规模以及应付职工薪酬、应交税费等强制负债的金额），搞清楚借款人究竟借了多少钱，这是判断借款人债务负担轻重的基础，也是判断借款人是否具备“四个匹配”的前提。当前金融创新很快，企业的融资渠道很多，有些债务并不一定反映在表内或反映为负债科目，要搞清楚企业究竟借了多少钱并不是一件容易的事情；其次，资产质量是还款来源的基础，无论是资产创造的收入，还是资产本身变现还款，都要依靠良好的资产质量。因此，要关注资产负债表右侧的债务形成了左侧什么样的资产。

利润表重点关注借款人的收入。对债权人而言，收入比利润重要，收入甚至比控制成本重要，贷款首先是靠借款人的收入而不是利润偿还的。收入是利润的基础，没有收入就没有利润（假定没有对外投资和投资收益），收入下降比利润下降对企业偿债能力的影响更大。一个没有利润的企业仍可持续经营，且理论上并不影响债务的偿还，但一个没有收入的企业可能立刻违约甚至破产倒闭。而且利润是很容易操纵的，财务粉饰或造假的主要指向也是利润，很多参加工作时间不长的信贷人员，拿到财务报表首先看企业有没有利润，以为有利润就能还款，没有利润就不能还款，其实是错误的。利润与还款能力之间没有一一对应的关系，企业有利润也不一定能还款，主要原因包括：一是流动资金贷款合理占用部分在变动成本中扣除，具有自偿性；但不合理占用部分和短贷长用部分没有对应的还款来源，且因期限错配可能造成流动性风险，造成企业有利润但可能不足以偿还短期到期贷款。二是固定资产折旧、摊销的期限及金额通常与固定资产贷款的期限及分期还款的金额不同步。此外，借款人少提折旧摊销、已完工的工程项目不结转固定资产、不提折旧且利息继续资本化等，都会造成虚增利润和还款来源不足。三是利润与现金不同步，利润没有现金支持。上述情况都可能造成企业有利润但不一定能还款。此外，企业亏损也并不意味着就一定不能偿还债务。理论上，短期亏损不影响流动资金贷款偿还；加速折旧和摊销可能造成亏损，但也不影响中长期固定资产贷款的还款来源。总之，银行应更关注收入以及收入有无现金支持，而不是利润。

现金流量表重点关注经营、投资和筹资活动产生的现金净流量。经营活动产生的现金净流量是现金意义上的利润或亏损，表明企业经营活动创造现金能力的强弱，以及收入、利润有无现金支持；投资活动产生的现金净流出多寡表明企业扩张步伐的大小，是企业扩大再生产的重要标志，其通常与资产负债表上的在建工程及长期股权投资增长相对应；在没有“吸收投资所收到的现金”的情况下，筹资活动产生的现金净流入通常表明企业净融入资金的规模以及企业加杠杆的程度，筹资活动长期表现为现金净流入对债权人是巨大的风险，再加上如果经营和投资活动均无现金净流入的话，企业则很可能会以增加借款的方式偿付利息和分配利润，而这些都是信贷调查和审查中经常碰到的情况。

报表分析的“四看”：看总量、看结构、看质量和看趋势

看总量。总量是企业综合实力的主要表现形式，也是财务分析的起点。银行通过观察企业的资产、负债、所有者权益、收入、费用、利润、经营、投资和筹资活动产生的现金净流量等 9 个总量数据，了解企业的规模及总体实力。在此基础上，着重分析企业的债务规模是否与财务能力匹配，即借款人的债务规模是否具备前述的“四个匹配”，特别是债务规模是否与收入和资产匹配。对于固定资产投资项目，还要分析项目总投资是否与企业的财务能力匹配。一般而言，企业新建项目的投资总额不应超过其资产总额的 30%，特别是在股东没有资本金投入的情况下。

看结构。财务报表是对企业财务状况、经营成果和现金流量的结构性表述，三大报表的数据全部都是结构化数据，并且充满勾稽关系。首先，要关注三张报表自身的结构是否合理，如企业资产负债表左侧的资产构成应大致与右侧资金来源的性质相适应，流动资产应主要来源于企业的流动负债和权益性资金（企业铺底流动资金应来源于权益性资金），长期股权投资应主要来源于权益性资金，固定资产和无形资产应主要来源于长期负债和权益性资金。多步式利润表的结构分明，科目之间有配比关系，而且资产负债表的结构大致决定了利润表的结构及盈利模式。利润表重点关注收入来源及构成，以及成本费用与收入的配比关系。一般而言，制造业销售成本率应不高于 75%，企业所得税负率（所得税 / 利润总额）应大于 25%。现金流量表要关注经营、投资和筹资活动产生的现金净流量，其中经营活动产生的现金净流量特别重要，它是收付实现制下的净利润，也是企业还本付息（理论上，贷款利息和固定资产贷款的本金应由经营现金净流量偿还）、对外投资和利润分配的基础。其次，要关注三张报表重要科目之间的匹配性。如存货—主营业务收入—销售商品、提供劳务收到的现金三者之间是否匹配；出租的固定资产与营业外收入中的租金收入是否匹配；经营性资产（存货和固定资产）—经营利润（即营业利润－投资收益）—经营活动产生的现金净流量三者之间是否匹配（在正常情况下，经营活动产生的现金净流量应为经营利润的1.2~1.5倍[①]）；长期投资—投资收益—取得投资收益收到的现金三者之间是否匹配等。

看质量。首先，要看资产的质量，即资产的创收、创利、创现及变现能力。前三项主要取决于资产被利用性及周转效率，企业只有尽可能减少闲置资产，并提高周转效率，才能实现企业目的；资产的变现能力是指资产变现的难易程度及变现后市场价值与账面价值（历史成本）的增值空间。银行应根据挤压水分后的资产质量，评估企业真实的资产负债状况；其次，要看收入的质量，即看收入有没有利润支持，看收入有没有现金支持；再次，要看利润的质量，即看利润是否来源于主营业务及利润是否有现金支持。如果利润主要来源于非主营业务如贸易收入、其他业务收入、营业外收入等就是不务正业；最后，要看投资的质量，即看投资有没有收益，投资收益有没有对应的现金回来。

看趋势。首先，看财务趋势是否稳定。企业主要财务数据的趋势应该是连续的、相对比较稳定的，收入、利润及现金流量在年度之间不能呈大幅波动态势；其次，看资产增长的动力是债务还是权益，看收入和利润的增长与资产的增长是否同步，看存货、应收账款趋势与收入趋势是否匹配；再次，预测企业未来的财务趋势。企业短期财务趋势由订单决定，中长期财务趋势主要由在建工程、行业及市场变化情况决定。

当前财务报表分析中存在的突出问题

当前，银行信贷调查和审查人员在分析企业财务报表时，存在以下比较突出的问题：

① 张新民，《从报表看企业》，第36页，中国人民大学出版社，2012年版。

忽略会计政策、会计估计、会计变更等对损益的影响。实际上，企业会计报表的编制依赖一系列的假设、原则、政策、估计，且受会计人员的职业判断影响很大。当银行拿到报表时，要先看企业采取的会计政策和会计估计是谨慎的还是冒进的，前者夯实了资产，但减少了利润；后者往往夸大了资产并粉饰了利润，但对银行债权人的风险是很大的。要充分关注上述因素对企业偿债能力的影响。

企业未提供最新一期财务数据，或虽提供了最新一期数据，但信贷调查或审查人员仍仅对上年度的财务数据进行分析。主要原因是年度审计报告附注中有详细的会计科目信息，而即期报表没有，调查或审查人员避重就轻不愿要求企业提供相关信息，或核实相关信息。由于资产负债表是时点数，在当前市场变化较快的情况下，不提供或不分析最新一期的财务报表，可能会导致银行对借款人的财务状况产生误判。比如借款人上年末财务报表显示无应收账款，但近期发生了一笔大额应收账款，且无法收回来，就会对短期融资的偿还能力产生很大的影响。

财务分析未遵循重要性原则。如信贷调查或审查人员对某些余额很大的科目，未对其内容及构成进行分析或核实；而某些余额很小的科目，却又解释说明得非常详细；或未对某些异常变化的科目做出解释，而对正常变化的科目又解释得过于具体。此外，尽职调查报告或审查报告所附的财务简表，存在重大遗漏的情况也时有发生。

静态分析方法和动态分析方法使用不当。某些科目，如应收账款的余额很大，但期间变化幅度不大，有些信贷调查或审查人员花很长的篇幅说明为什么会发生变化，而不是把主要精力放在分析应收账款的内容、账龄及交易对手的信用状况，以及判断应收账款的可回收性上。

对部分财务指标的理解过于教条机械。如计算出来的流动比率大于 2、速动比率大于 1，便认为借款人具备短期偿债能力；或借款人资产负债率较低，便认为其具备长期偿债能力等。总体来看，当前很多信贷人员特别是基层信贷人员，对有关财务指标和财务比率的理解运用往往过于简单机械。实际上，在当前经济下行期，存货积压和应收账款余额过大的情况比较普遍，企业流动比率和速动比率较高可能跟上述因素有关，流动比率和速动比率较高可能恰恰说明企业的短期偿债能力欠佳，相反，上述指标较低反而说明借款人可能是好企业。同样，资产负债率也要结合资产内容和质量进行分析，才能准确评价客户的好坏。如很多政府平台公司的资产负债率都很低，但资产中很大部分为公益性资产或准公益性资产，并不能创造收入和利润。

调查或审查报告中有关借款人融资、授信的数据口径与报表数据口径不匹配，或数据时点不一致。如调查或审查报告反映的融资数据是即期集团母公司口径，而报表数据却是上年末集团并表口径，造成无法进行有意义的对比分析。

集团母公司报表和合并报表的分析方法不当。如集团母公司作为借款主体或发债主体时，仅分析母公司报表数据，不提供和分析合并报表数据；或仅分析合并报表数据，不提供和分析母公司报表数据；或在测算集团母公司偿债能力时，简单以并表数据为基础测算母公司的偿债能力，这些分析方法都是错误的。合并报表是按会计主体进行编制的，并不存在合并报表所代表的法人企业，而贷款都是针对具体的法人实体，因此，集团母公司或成员企业借款，应以分析集团母公司或成员企业的个别报表为主，分析合并报表为辅，同时合并报表也不具备预测功能，合并报表数据并不能作为预测个别成员企业偿债能力的依据。

分析企业财务报表　还原企业借款真相

2014 年 11 月，某酒店有限公司（以下简称借款人）向 A 银行申请 8.5 亿元经营性物业支持贷款，其中 4.3 亿元用于等额置换 B 公司名下某酒店及写字楼项目（以下简称本项目）的股东借款，2.8 亿元用于等额置换该项目 A 银行存量贷款，1.4 亿元用于支付该项目酒店装修款及设备采购款，贷款期限 6 年，贷款发放后每年归还本金分别不低于 0.4 亿元、0.5 亿元、1.2 亿元、1.6 亿元、2 亿元和 2.8 亿元，贷款利率为基准利率上浮 10%，还款来源为上述酒店经营及写字楼出租等综合收益，以本项目的酒店及写字楼抵押，并由实际控制人甲某及其配偶提供连带责任保证。

本笔业务的基本情况

1. 借款人情况。借款人成立于 2010 年 4 月，注册资本为 1 亿元，某贸易有限公司持有其 100% 的股份，实际控制人为自然人甲某。借款人主要负责本项目的建设运营，本项目已于 2013 年底建成营业。

借款人 2011~2013 年财务报表经会计师事务所审计，并出具了无保留意见的审计报告，2014 年 9 月当期的财务数据未经审计。具体情况见表 5–2 所示。

表 5–2　借款人 2011~2014 年 9 月财务简表　（单位：万元）

科目	2011 年	2012 年	2013 年	2014 年 9 月
货币资金	0	2 500	2 600	3 000
预付账款	1 780	1 800	1 780	2 000
存货	0	0	0	3 900
流动资产合计	3 000	4 300	4 400	12 000
固定资产	50	50	8 500	120 000
在建工程	16 200	48 900	70 100	14 000
无形资产及其他资产	2 500	2 500	2 500	
资产总计	22 000	56 000	85 900	150 000
应付账款	0	0	0	3 300
其他应付款	0	0	0	51 000
流动负债合计	0	0	0	55 000
长期借款	0	18 000	30 000	28 000
负债合计	–	18 000	30 000	83 000
实收资本	3 500	10 000	10 000	10 000

（续表）

科目	2011 年	2012 年	2013 年	2014 年 9 月
资本公积	18 400	28 000	46 000	46 000
未分配利润	11 000			
所有者权益合计	22 000	38 000	55 900	67 000
主营业务收入	0	0	0	17 500
主营业务利润	0	0	0	10 200
其他业务利润	0	0	0	9 600
营业利润	0	0	0	13 400
利润总额	0	0	0	13 400
经营活动现金净流量	0	0	0	–
投资活动现金净流量	–15 500	–32 600	–29 760	–
筹资活动现金净流量	18 400	33 900	29 900	–

上述主要科目的内容如下：在建工程 1.4 亿元，为写字楼待结转装修成本；其他应付款 5.1 亿元中，4.3 亿元为股东借款，其余 0.8 亿元为应付某装饰有限公司装修款；长期借款 2.8 亿元，全部为 A 银行项目贷款（2012 年 8 月审批发放，贷款金额 3 亿元，期限 8 年，利率执行基准利率上浮 10%，以本项目在建工程及土地使用权作抵押，项目建成后转为固定资产抵押，并由甲某控制的某箱包集团有限公司提供保证）。2014 年 1~9 月借款人实现主营业务收入 2.71 亿元，其中写字楼租金收入 0.96 亿元，酒店经营收入 1.75 亿元（含客房收入 0.56 亿元、占比 32%；餐饮会议收入 1.19 亿元，占比 68%），利润总额 1.34 亿元。借款人在 A 银行开立基本账户，目前借款人对外担保余额 1.2 亿元，全部是为关联公司某箱包集团有限公司在 A 银行融资提供的担保。

2. 项目情况。本项目位于东部某省会城市下辖县级市内，地理位置较好，项目占地面积 4.4 万平方米，总建筑面积 15.2 万平方米，其中酒店 8.2 万平方米、写字楼 7 万平方米。2012 年 7 月，当地发改委核准项目总投资 9.6 亿元。借款人反映，因建筑材料、装修装饰、设备采购成本增加，项目实际总投资为 14.6 亿元，资金来源包括：资本金 5.6 亿元、股东借款 4.3 亿元、C 银行项目贷款 3 亿元、工程欠款 0.82 亿元以及前期经营收入再投入 0.88 亿元。目前该酒店由某国际知名的酒店管理集团管理，并已向国家有关部门申请评定为五星级酒店；写字楼已对外出租，出租率 90.4%。

3. 偿债能力分析。经评估测算，本笔业务存续期限内（6 年），借款人年均营业收入 4.17 亿元，年均可用于偿债资金来源为 1.48 亿元，本笔业务的偿债保证比为 1.05。本项目周边在售写字楼项目单价约 1.1 万 ~1.3 万元 / 平方米，但目前项目周边已建成或在建的同类物业较多，市场竞争较为激烈，将对本项目后续经营产生一定影响。经敏感性分析，当借款人营业收入下降 20% 时，本笔业务偿债保证比降为 0.67。

4. 抵押物情况。本笔业务以借款人持有的上述酒店和写字楼等物业（建筑面积 15.2 万平方米）设定抵押，并追加 B 公司的实际控制人甲某及其配偶提供连带责任保证。经外部评估机构评估，抵押物价值约 14.45 亿元，对应本笔业务 8.5 亿元本金，抵押率为 59%。

本笔业务存在的主要问题

1. 企业经营数据的真实性难以核实。（1）股东借款的真实性存疑。本笔贷款中 4.3 亿元用于置换股东借款。审查注意到，本项目已于 2013 年底建成营业，但 2014 年 1~9 月借款人资产总额和负债总额分别较年初增长 6.41 亿元和 5.3 亿元，增幅分别为 75% 和 177%，其中 2014 年当年结转固定资产的金额较上年末在建工程余额增加 4.14 亿元，均不符合常理。此外，审查还注意到，借款人反映本项目实际完成投资 14.6 亿元，较当地发改委 2012 年 7 月核准的总投资超支 5 亿元（超支幅度为 52%）。虽然借款人反映本项目超支的主要原因是建筑材料成本、装修装饰成本、设备采购成本增加，但考虑到超支幅度过大，且当地发改委批复时间与项目建成时间间隔较短，同时结合借款人2014年其他应付款增加了5.12亿元，其中4.3亿元为股东借款，审查认为不能排除借款人通过虚增总投资和虚构股东借款，套取本笔融资的嫌疑。(2)收入的真实性存疑。借款人开业时间较短，在短时间内即快速实现盈利，不符合常识；本项目餐饮收入占比高达68%，与酒店行业一般水平相比明显偏高，其真实性有待核实。(3)租赁合同的真实性存疑。借款人反映，目前本项目写字楼已出租6.37万平方米，出租率约90%，共有62个承租户。但审查注意到，合同约定的租期普遍较长(79%的租户租期超过8年)，租金增长幅度普遍偏高(多数合同约定租金每年上涨10%)，租户中公司租户较少(62个承租户中仅有12户为公司租户，租赁面积约占已租赁总面积的28%)，其余租户多为个人，但用途均为办公，也不符合常理。此外，部分租赁合同为2013年签订，合同约定2013年内租户需支付租金及保证金，但企业财务报表反映2013年并无营业收入，企业对此缺乏合理解释。

2. 借款人的财务管理不规范，A银行基层支行贷后管理不到位。审查注意到，根据借款人与承租户签订的相关租赁合同，写字楼的租金收入主要支付到企业财务人员的个人账户。此外，A银行租赁该写字楼的租金，也是支付到借款人在他行的账户(企业基本账户在A银行)。写字楼的租金收入作为A银行存量项目贷款的主要还款来源之一，当地经办行未能实施有效监管。

3. 本笔贷款实际用途难以核实。本笔贷款中4.3亿元用于置换股东借款。一方面，该股东借款是否真实存在有待核实；另一方面，审查注意到，股东与某知名教育机构合作投资建设一所民办学校，该学校涵盖了幼儿园到初中，项目总投资6亿元。总体看，该项目投资金额巨大，将对借款人所在集团整体的资金链条产生较大影响，短期内也难以对集团整体有盈利贡献。股东取得本笔融资后，很可能用于其投资的民办学校项目建设。

4. 借款人关联关系复杂，关联风险较大。借款人实际控制人甲某同时经营多家企业，运作项目较多，行业跨度较大(涉及箱包、酒店、学校等)，企业之间资金往来较为频繁，金额较大，且存在关联担保情况，关联关系复杂，是否存在民间借贷、高成本融资等情况较难核实，关联风险较大。

审查结论

从表面上看，借款人的经营情况和财务状况较好，且本笔业务可以其持有的总建筑面积达 15.2 万平方米的酒店和写字楼等物业设定抵押，抵押率尚可。但实际上，本笔贷款是 A 银行对该项目加杠杆，如 A 银行对该项目追加贷款，则其对该项目的贷款总额将由 2.8 亿元增加至 8.5 亿元。股东通过虚增总投资和虚构股东贷款，以及要求借款人以银行借款归还股东贷款，间接套取银行融资，并用于其合资的学校项目出资。此外，借款人有关经营及财务数据造假的嫌疑较大，还款计划前少后多，明显不合理。总体看，本笔业务存在较多的问题和风险因素，不宜再介入本笔业务。同时应要求经办支行租赁本项目写字楼的租金应支付到借款人开立在 A 银行的账户，借款人经营收入应至少按 A 银行融资占比归集本行，确保存量融资安全。

第 20 章　借款人能否偿还债务的两大关键因素是收入和资产

信贷实务中，我们经常会听到这样一个说法，这个企业都亏损了，贷款可能就还不了了；或者，这个企业的资产负债率已经很高，不能再给它贷款了。毫无疑问，企业亏损或资产负债率高，都是银行应该引起警惕的风险信号，但是一个企业没有利润或资产负债率较高，是否一定就不能偿还贷款？现实生活中一个企业能不能偿还贷款，究竟跟哪些因素相关呢？

一般而言，在银企借贷关系中，借款人偿债义务履行完毕的主要标志，是借款人以货币资金清偿了银行借款。只有当借款人不能持续经营时，才存在以物抵贷等非正常的偿债方式。因此，借款人获取或筹集货币资金的能力，就与其现实偿债能力密切相关。通常，企业货币资金的来源主要有 4 种途径：营业收入[①]、处置资产收入、借入债务、收到权益性资金投入，其中第一项与利润表相关，后三项与资产负债表相关。上述 4 个因素中，借入债务和收到权益性资金投入都不具有可持续性，因此，借款人的收入和资产状况，又是其中的关键因素。以下重点分析上述 4 个因素对借款人现实偿债能力的影响。

以收入偿还债务

企业的所有债务都对应资产，而资产负债表中所有的资产都要转到利润表中去，

---

① 实际包括营业收入、营业外收入和投资收益等。

靠利润表得到回收，因此，在正常经营的情况下，企业的营业收入是补偿资产耗费以及偿还债务的主要来源。企业生产分为简单再生产和扩大再生产，对应的银行贷款参与周转的情况如下：（1）在简单再生产中，银行流动资金贷款（包括贸易融资和票据融资等，下同）参与企业生产经营周转的过程是：银行流动资金贷款—原材料存货—在产品存货—产成品存货—收入，在完成一个循环周转并实现收入后，收入里面包含了变动成本，变动成本里面包含了原材料成本，原材料成本里面包含了流动资金贷款，因此，用于满足企业简单再生产的流动资金贷款、贸易融资和票据融资等具有自偿性，即上述融资在变为企业的流动资产后，是通过转化为利润表的变动成本并从收入中得到扣除的，从短期看，企业是否亏损与融资能否偿还关系不大，理论上只要收入能够覆盖变动成本且有现金支持，流动资金、贸易融资和票据融资等就可以在当期得到偿还。（2）在扩大再生产中，银行固定资产贷款参与企业生产经营周转的过程是：银行固定资产贷款与企业资本金一起投入项目建设，变为企业的土地、厂房和机器设备，在固定资产投资项目建成后，土地、厂房和机器设等企业固定资产通过折旧和摊销等方式分期回收，折旧和摊销形成单位产品中的固定成本，在产品销售后从收入中得到扣除，因此，银行固定资产贷款的偿还与折旧、摊销和资本金比例有关，但由于相关法规对企业固定资产折旧和无形资产摊销的年限有明确的规定，仅依靠折旧和摊销偿还固定资产贷款通常需要很长时间，这时，净利润作为补充偿债资金来源就显得尤其重要。总之，固定资产贷款的偿债资金来源是折旧、摊销和净利润，如果企业亏损的额度超过折旧、摊销额度，则理论上固定资产贷款就丧失了偿债资金来源。从上述分析可见，对银行债权人而言，企业的收入比利润重要，企业所有的借款最后都要转化为利润表的成本费用并从收入中得到扣除（如流动资金贷款对应变动成本，固定资产贷款对应折旧、摊销等固定成本），有收入才可能有利润，没有收入，企业所有的成本费用就无法得到弥补。收入是企业偿债的基础，没有收入就没有偿债来源，企业收入的下降比利润的下降更加可怕。因此，在信贷工作中，要特别关注企业收入的来源构成、稳定性以及有无现金支持等，收入是企业第一还款来源的核心。

并购贷款是银行为企业兼并收购等长期股权投资提供的配套融资服务，其偿债来源是并购方（借款人）的投资收益，但依赖被并购方的分红偿还并购贷款可能需要很长时间，因此，并购方的净利润状况也就非常重要，它是并购贷款重要的偿债资金来源。并购贷款应主要支持大企业的小并购，而对“蛇吞象”式的兼并收购应非常审慎。

以资产变现偿还债务

债务能否偿还的第二个关键因素是企业资产的内容、质量及其流动性。长期以来，银行在评价企业还款能力时比较根深蒂固的认识是看其有没有收入和利润，而往往忽视企业的资产层面对偿债能力的影响。实际上，资产本来就是用来保障债务偿还的，资产变现也是偿还债务的重要来源。因此，银行债权人在分析企业偿债能力时，应十分注重分析资产负债表中资产科目的状况及质量。

企业的资产大致上可分为经营性资产和投资性资产，前者如固定资产和存货等，信贷调查和审查的重点是分析其创收能力及盈利能力；后者如长期股权投资、持有至到期投资、投资性房地产等，重点分析其升值潜力、变现能力和投资收益状况，特别是上述投资性资产，很多都是企业经营情况较好时，企业留存利润的资产表现形式，是企业的“私房钱”，信贷调查和审查要善于把上述资产找出来、分析透、利用好。事实上，任何资产变现都可作为偿债来源，企业所有流动性较强的资产，对债权人而言都是好资产，都是企业偿债能力的“正能量”。如企业的应收票据、交易性金融资产、可供出售的金融资产等高流动性资产，很容易转化为货币资金和还款来源；又如，企业对大型优质企业的应收账款、持有上市公司的股权等资产的流动性也较强，也比较容易转化为货币资金和还款来源；再如，企业持有的投资性房地产，既是比较好的抵押品，也是相对比较容易变现的资产，总之，企业所有变现能力较强的资产，都是还款来源和偿债能力的后备军。

借新债还旧债

企业借新债还旧债，也是现实中企业偿还到期贷款的重要途径。企业借新还旧的主要渠道包括银行借款、发行债券、股东借款和民间借贷。企业能否实现借新还旧主要取决于融资环境、企业的融资渠道和再融资能力、股东支持等，因此信贷调查和审查时要考虑上述因素。（1）融资环境。为什么经济上行时企业很少违约，而经济下行时企业经常违约呢？除企业的经营绩效顺周期外，很重点的一点就是在经济上行期，企业的融资环境相对顺畅，而在经济下行期，企业的融资环境迅速恶化，部分企业无法通过再融资偿还到期贷款；此外，同样在经济下行期，在其他条件相同的情况下，为什么民企的违约率要较国企更高呢？也是因为民企面临的融资环境要远远差于国企；还有，国家对某些行业的政策调整，也会影响企业的融资环境和融资能力，如国家收紧房地产行业的融资政策，就会对房地产企业的财务状况、融资能力和偿债能力产生很大影响。因此，外部融资环境的状况，将对企业能否实现借新还旧影响很大。（2）企业的融资渠道和再融资能力。企业的融资渠道较多，与各个渠道均保持良好的关系，就可为企业争取到较好的外部融资环境，有利于企业筹措资金偿还到期债务。一个可从资本市场、债券市场和信贷市场筹资的企业，无疑要比一个仅能从银行借钱的企业财务灵活性及筹资能力要强。因此，银行在评估企业的现实偿债能力时，要关注企业融资渠道的多寡以及是否顺畅，关注各行对借款人的态度、授信总额及尚未动用的授信额度情况等。（3）股东支持。“好股东就是好爸爸”，股东支持有利于提高借款人的现实偿债能力。例如，股东贷款或股东为客户借新还旧提供担保，均有利于借款人按期偿还到期银行贷款，维持良好的信用记录。

以收到的权益性投资资金偿还债务

企业收到的权益性投资资金，包括股东注资或借款人引进新战略投资者投入的资金，均可用于偿还到期债务。此外，企业吸收权益性投资后，既有利于保障存量债务的偿还，同时企业资产负债率下降了，承债空间相应也就增加了，也有利于企业通过新增债务偿还到期债务。

其他影响债务偿还的因素

债务结构。企业的债务结构主要包括两层含义，即付息债务与非付息债务的比例，以及短期借款与长期借款比例。（1）付息债务与非付息债务的比例。付息债务的占比越高，表明企业经营对银行等金融机构债务融资的依赖越大，是企业谈判地位较弱、资金被上下游企业占用的重要标志。当前很多企业的付息债务都比较重，资产负债表的右侧是高企的银行借款余额，左侧是高企业的预付账款、应收账款和其他应收款余额，表明企业从银行借的钱都被用于资金垫付或被上下游企业占用了。以建筑施工企业最为典型，企业不垫资，很多工程项目就拿不到。一旦垫资，工程项目的回款很慢，企业不仅要承担借款利息，而且应收款项的质量没有保障，因此工程垫款能否收回来就存在较大的不确定性。企业刚性负债对应低质量的债权，对银行融资的安全性影响很大。因此，对付息债务余额大、占比高的企业，银行应更加谨慎。（2）短期借款与长期借款比例。企业长短期借款的比例，会影响其财务结构的稳定性，短期融资占比越高的企业，财务结构越脆弱，在经济下行期将面临较大的财务风险。短期借款的期限均不超过 1 年，期间每个月要支付利息，到期后需要偿还本金，在短期借款不断到期的过程中，企业财务管理和筹资安排的压力是非常大的，特别是在这个过程中，如果有个别银行抽贷，企业的资金链可能马上就会面临非常紧张的境况。相反，如果企业的借款以长期借款为主，短期内只需支付利息，无须偿还本金，企业的财务压力就会大大减轻。前些年经济上行时期，融资环境比较宽松，再融资比较容易，不少企业为节约财务成本，采取了比较激进的财务管理政策，借了很多短期贷款，且短贷长用的情况比较普遍，造成了当前很多企业的还款压力很大。在经济下行时期，企业的财务管理策略从先前的“成本优先、效率优先”让位于当下的“安全性优先”，中长期债务占比较高的企业，更容易度过经济周期。总之，当前对于债务结构中短期融资余额大、占比高的企业，银行应更加谨慎。

财务管理体制。集团客户的财务管理体制对集团母公司及成员企业的实际偿债能力影响很大。当前很多大的集团客户均成立了结算中心、内部银行或财务公司，采取收支两条线或账户集中模式对全集团的资金进行集中管理，并在集团内部成员企业之间调剂资金余缺。因此，在集团客户通过结算中心等方式集中资金并为成员企业提供流动性支持及偿付能力保障的情况下，集团成员企业的经营情况与自身的偿债能力之间严格的一一对应的关系受到破坏，很容易掩盖集团成员企业之间发展不平衡及偿债能力的差异，也很容易隐藏“十个锅子九个盖”造成的偿债风险和集团早期的财务危机。一旦集团整体的经营持续恶化，到“十个锅子”只有“四五个盖”的时候，就可能再也盖不住了，在这个过程中，一些“黑天鹅”事件也会加速引爆财务危机。一旦某一成员企业无法偿还到期贷款，就可能引发集团整体的财务崩盘，银行和投资者往往到这时才能发现集团早已无力偿付全部债务，债权人的债权安全面临重大威胁，如中钢集团、中铁物资、天威集团等的债务危机莫不如此。由于银行贷款都是针对具体的法人企业，一旦集团整体需要进行债务重组或破产清算，成员企业就只能以自身的资产保障自身债务的偿还。因此，银行对集团客户的融资，要尽可能集中在优质板块和核心业务，或即使不能贷给核心企业，也应尽量要求核心企业提供担保。否则，一旦集团整体出现财务危机，对集团弱势成员企业的融资，就很容易首先成为企业逃废债的对象。

担保因素。抵押、质押和保证等贷款担保措施也是影响银行贷款最终能否得到偿还的重要因素。担保通常有利于抑制借款人的违约倾向，同时一旦借款人违约，银行通过追索保证人或抵质押物，也能够使贷款本金或利息得到部分或全部补偿。因此银行选择合格的担保对保障贷款本息安全就显得尤其重要。

紧盯客户的资产负债表　做好盘活存量优质资产的文章

B公司是某县国有资产营运平台，2014年初，该公司向A银行申请15亿元融资，期限1年，用于该公司归还存量融资。截至2013年末,B公司资产总额46亿元，负债总额40亿元（其中付息负债余额38.15亿元），资产负债率87%，2013年营业收入仅281万元。从表面上看，B公司资产负债率高，债务负担重，已不适宜再增加融资。但A银行经深入分析后发现：（1）B公司持有63.74亿股紫金矿业股票按原始成本入账，资产负债表反映的账面价值仅6 100万元，但如按当时股票价格2.4元/股计算，实际市值高达146亿元。根据上述情况，如对资产负债表进行简单调整，则B公司资产总额为约192亿元，负债总额约40亿元，资产负债率仅21%；总体来看，资产对负债的保障程度较高。（2）紫金矿业分红情况较好。B公司2013年实现利润总额5.14亿元（其中投资收益6.27亿元），当年取得投资收益收到的现金6.22亿元，表明企业利润有现金支持。因此，A银行针对本笔业务设计了理财投资的业务模式，即理财资金通过单一资金信托计划为B公司提供15亿元融资，B公司以其持有的13.2亿股紫金矿业无限售条件流通股提供质押。目前本笔业务已到期兑付，银企双方均取得了较好的效益。

金融的功能是“四弄”，即将未来的钱弄到现在花，将张三的钱弄给李四花，将甲地的钱弄到乙地花，将“死”资产弄成“活”钱来花。本案例中，就是将“死”资产弄成“活”钱来花。B公司持有的紫金矿业股票账面价值与市场价值的差额约145亿元，导致资产负债表中资产价值及其对债务的保障程度被大大低估。该部分资产的流动性及变现能力较强，实际上还是企业的优质资产。债务主要是靠资产创造的收入或资产本身变现来偿还的，在信贷实践中，往往比较重视前者而忽视后者，实际上，高流动性的资产本身也是优质的偿债来源。因此，要紧紧盯住企业资产负债表中的优质资产做文章。比如：企业持有上市公司的股票、应收票据、交易性金融资产、可供出售的金融资产、对大企业的商业债权、核心地段的经营性物业等，上述资产的流动性一般较好，变现能力较强，其中不少可能还是前些年经济上行且企业效益较好时以闲置资金投资的优质资产，并按历史成本入账，目前的市场价值可能远大于账面价值。银行要善于挖掘企业资产负债表中的优质资产，并设计转化为金融产品，帮助有财产、有融资需求，但短期现金不足的企业盘活资产，融通资金。

企业经营过度依赖负债　融资大量被上下游客户占用

某建工集团公司（以下简称建工集团）拟委托 A 银行作为发起管理人设立 10 亿元理财直接融资工具，期限 1 年，募集资金用于建工集团补充营运资金需求，发行利率为人民银行规定的同期限贷款基准利率上浮 10%，到期一次还本付息，由某建筑公司提供连带责任保证。根据监管规定，发起管理人投资其管理的理财直接融资工具不得超过 80%。因此，A 银行投资银行部申请该行理财资金投资本笔理财融资工具 8 亿元，其余 2 亿元由他行理财资金投资。

建工集团成立于 2002 年 5 月，注册资本 15 亿元，股东为甲某等 3 名自然人和 3 家投资公司，其中甲某持股 42%，公司主营工业与民用建筑、道路桥梁等基础工程的承包与施工，在 A 银行开立一般账户，并有流动资金贷款余额 4 亿元，A 银行同业占比 3.5%。建工集团 2013~2015 年财务情况见表 5–3 所示。

表 5–3　建工集团 2013~2015 年财务简表　（单位：万元）

项目	时间		
	2013 年末	2014 年末	2015 年末
货币资金	105 138	182 586	107 519
存货	112 188	256 823	267 250
应收账款	177 271	248 808	203 401
预付账款	22 251	300 853	601 277

（续表）

项目	时间		
	2013 年末	2014 年末	2015 年末
其他应收款	54 075	88 749	139 427
长期投资	205 291	312 121	181 951
固定资产净值	11 974	12 417	11 058
其他非流动资产	32	11 059	10 970
资产总额	699 267	1 626 255	1 719 127
短期借款	153 764	203 663	204 000
应付票据	47 000	54 000	42 250
应付账款	97 713	168 721	82 474
长期借款	68 000	670 058	881 958
银行融资合计	268 764	921 721	1 128 208
负债总额	407 148	1 214 098	1 272 786
所有者权益	292 119	412 156	446 340
营业收入	715 153	906 192	991 387
利润总额	20 922	53 353	45 578
其中：投资收益	–579	–223	462
经营活动产生的现金流量净额	8 391	2 285	–148 536

A 银行在审查本笔业务的过程中，发现本笔业务存在以下问题和风险因素，进而否决了本笔贷款。

1. 发行人负债扩张，资产增长主要由负债推动。发行人建工集团 2015 年末资产总额较前年末增加了 102 亿元，增幅 146%；资产增长主要由负债推动，负债总额较前年末增加了 87 亿元，增幅 213%；其中银行融资增长 86 亿元，增幅 320%。

2. 发行人收入增长与资产增长不匹配，资产扩张的效果欠佳。发行人 2015 年末的资产总额较前年末增加 102 亿元，增幅 146%；但 2015 年的营业收入较前年仅增加 27.6 亿元，增幅仅 39%。

3. 发行人的经营对银行融资的依赖过大，但负债增长并没有带来有效资产的同步增加。发行人 2015 年末的银行融资余额较前年末增长 86 亿元，同期发行人预付账款、应收账款和其他应收款合计增长 69 亿元，存货增加 15.51 亿元。发行人承接的市政工程项目较多，受工程垫资和货款回笼延迟等因素的影响，企业资金链条紧张，2015 年经营活动产生的现金流量净额为 –14.85 亿元。发行人不得不通过大规模向银行举债，解决大量资金被上下游客户占用的问题。

4. 发行人过度融资，偿债压力过重。截至 2015 年末，发行人的银行融资余额达到 113 亿元，超过其 2015 年全年 99 亿元的营业收入，债务负担过重。同期借款人的固定资产仅为 1.1 亿元，大量资产以应收账款、预付账款和其他应收款形式存在，上述三项合计余额达 94.4 亿元，存货余额为 26.7 亿元，上述资产的质量如何，对发行人的偿债能力影响很大。

5. 保证人与发行人同属建筑施工企业，且与发行人存在互保关系，本笔业务的保障措施较弱。

第六部分　担保篇

担保，包括抵押、质押和保证等，是目前国内银行信贷最主要的风险缓释措施，也是我们通常所说的第二还款来源，它为借款人违约后提供了一种事后补偿机制，以降低借款人的违约损失率。合格担保和抵押可有效地缓释信用风险，改变银行信贷的风险轮廓，进而降低资本要求。

但是，担保作为借款人的违约补偿机制是有局限的，银行要辩证地看待担保的作用，不能把宝押在第二还款来源上而放松对借款人及第一还款来源的要求。本部分着重讨论了担保的优点及缺点，抵押、质押和保证应该重点关注的问题，以及如何设立财务限制条款和保护性条款等。

第21章　不能把宝押在保证和抵质押上

保证、抵押和质押[①]就是我们通常所说的第二还款来源，它为借款人违约后提供了一种事后补偿机制，以降低借款人的违约损失率，合格的保证和抵质押有助于缓释风险。但银行信贷也要辩证地看待保证和抵质押的作用，认识到其作为借款人违约补偿机制的局限，不能把宝押在保证和抵质押上而放松对借款人及第一还款来源的要求，贷款能否发放的主要依据仍是第一还款来源。

保证和抵质押是《巴塞尔协议III》认可的最主要的信用风险缓释技术之一。合格的保证和抵质押一方面有利于提高借款人的违约成本，降低其违约倾向和违约概率，另一方面在借款人违约后，通过处置押品和追索保证人，可以降低借款人的违约损失率。保证和抵质押通过影响借款人的违约概率或违约损失率，可以降低贷款风险和资本要求。《巴塞尔协议III》也明确表示，对同样的交易，使用合格的保证和抵质押等信用风险缓释技术后的资本要求，一定比未使用风险缓释技术的资本要求低。也就是说，合格的保证和抵质押一定有助于降低银行贷款的风险。

目前我国商业银行抵押和保证贷款分别约占贷款总额的30%和25%左右，抵押和保证是缓释贷款信用风险的重要途径之一。但从银行近年处置不良贷款的情况来看，抵押贷款的受偿率大多集中在30%~70%之间，少数情况下受偿率为20%以下，受偿率达到70%以上的寥寥无几；保证贷款面临代偿难的问题，好客户担心损害关系，差客户又没有代偿能力，保证贷款的受偿平均不到20%，部分保证人先于借款

---

① 《担保法》规定的担保方式包括保证、抵押、质押、留置和定金，信贷实践中常用的担保方式主要为前三种，本文重点探讨银行贷款涉及的保证、抵押和质押问题。

人出问题，银行的受偿率甚至为0。在贷款发放时看似足额有效的保证和抵押，实际到处置时受偿率却很低。过去几十年教训表明，保证和抵质押是不良贷款重复发生的根源之一。为什么会造成这种情况呢？

首先，是银行因为保证和抵质押因素接受了不合格的借款人。当银行过分关注押品价值和保证人经济实力等第二还款来源时，往往会降低贷款准入门槛。以内保外贷最为典型，境外贷款机构因为有境内银行的担保，其实是不关心借款人经营情况和财务状况的，这就加大了境内担保银行对境内反担保人和押品的依赖。过于看重保证和抵质押很容易导致逆向选择，由于借款人的质量不高，其不能还款的可能性就较大。一旦借款人违约，银行只能追索保证人和押品。

其次，贷款期间保证人的保证能力和押品价值都可能发生不利变化。一是国内银行发放贷款时普遍存在高估押品价值及保证人保证能力的倾向。如某银行统计的2014年押品价值评估偏差率约为30%[①]。一般认为，评估偏差率超过20%即为评估重大差异，但该行统计的同期评估偏差率高于20%的业务笔数占已审核业务总量的50%，其中对部分押品价值的高估超过100%，个别贷款的押品评估价值甚至是其实际价值的3倍多。押品从贷款发放时就不足值，给贷款银行带来了很大的风险。押品价值高估的原因主要来自借款人、评估机构以及银行自身，借款人出于降低违约成本的需要，有虚增押品价值的强烈动机；评估机构为争取业务违背职业道德，常常迁就委托方（借款人）高估押品价值的要求；银行特别是基层行出于短期业绩考核需要，往往会忽略押品价值高估所隐含的风险。二是银行贷款发放后，在整个贷款期间，借款人、保证人和押品的状况都是在不断发生变化的。例如，在贷款期间，抵押物由于实体性损耗和功能性损耗，其价值呈衰减趋势，同时由于政策调整、需求变化、技术更新、城市规划变化等因素，也都可能影响抵押物价值，特别是在经济下行期，抵押物的经济性损耗加快，资产呈贬值趋势。同时，在经济下行期间，

① 评估偏差率 =（评估价值－复核价值）/ 复核价值 ×100%。

保证人的经营情况、财务状况和偿债能力朝不利方向变化的可能性大大增加。因此，在贷款发放时看似可靠的保证和充足的抵质押，随着时间的推移，可能呈衰减趋势。三是贷款出现风险处置押品时，需要快速变现，往往较难找到交易对手，或需折价处理，且还要付出处置成本，往往导致押品价值进一步衰减。同时，当借款人违约追索保证人时，即时的代偿要求往往会使保证人的经营陷入困境，从而也难以实现有效追索。

再次，国内银行对第二还款来源的管理远远滞后于第一还款来源。目前国内银行对借款人的管理是相对比较完善的，有关行业、区域、产品政策，以及客户准入、评级、授信和贷后管理等制度办法，主要都是针对借款人的，但对保证人和押品的管理与对借款人的管理之间存在较大的差距，而且各家银行之间的管理水平很不平衡，有些银行对保证人和押品的管理还处于放任自流的状态。如贷后检查很少关注保证人和抵质押物的状况，未对押品价值和保证人的担保能力进行定期重评，押品管理不符合严格的风险管理程序和操作要求等。由于押品价值和贷款价值在贷款存续期内都是变动的，《巴塞尔协议 III》特别强调对押品的动态管理，包括对金融押品的盯市管理和实物押品的定期重估，以保证押品市值在任一时点都可以覆盖债权金额。由于目前国内银行对第二还款来源大都未实行严格的动态管理，造成保证人的财务状况恶化或押品不能覆盖债权金额时，银行未能及时采取有效措施，如即时要求借款人偿还部分或全部本金、追加抵押物或更换保证人等，从而造成保证和抵质押不能有效保障银行债权安全。

最后，保证和抵质押在法律上的可执行性较差。《巴塞尔协议 III》特别强调保证和抵质押在法律上的可执行性，强调当借款人违约、无力偿还或破产时，银行可即时地对押品进行清算、强制转让或收为已有，但目前国内的法律环境尚不支持银行采取上述措施。借款人违约后，银行要想处置抵押物往往还需要经历漫长的法律程序，司法和执行的链条过长，直接影响了抵押物的及时处置及变现，增加了银行的持有成本，这也是造成违约贷款回收率较低的重要原因。实际上，现实中的抵押物处置往往还会涉及更加复杂的因素，比如，处置抵押物往往需要通过法院、评估公司、拍卖行等机构，这些参与主体往往会从自身利益考虑，以各种方式影响抵押物的处置价值。借款人债务违约后牵涉的各类商业纠纷，也常常导致银行对抵押物的优先受偿权难以落到实处。如借款人一旦经营恶化无力偿还债务，平时各类隐形的债权人就会迅速浮出水面，借款人的供应商、表外债权人、民间借贷债权人都可能会对借款人的资产提出索偿权，并反复查封抵押物。即使好不容易实现了抵押物的处置，如果抵押物存在借款人欠税、拖欠职工工资、拖欠工程款或涉及民间借贷等因素，也会使银行在抵押物处置价值的分配上处于不利地位。

总之，保证和抵质押仅仅为贷款发生风险提供了一种事后补偿机制，能否贷款的依据永远是第一还款来源，对担保缓释风险的作用要采取谨慎的态度。

担保在现实中面临追偿难的问题

1. 大额抵押物处置难。2012 年 11 月，A 银行审批同意对某商贸集团汽车城项目发放经营性物业支持贷款 1.8 亿元，期限 6 年，按年等额还款，抵押物为该汽车城的土地及地上建筑物，其中土地使用权面积 1.6 万平方米，房产建筑面积 2.8 万平方米，外部评估价值 2.85 亿元。A 银行经评估测算，汽车城出租收入在贷款期内可覆盖贷款本金的 65%，剩余贷款本金需要通过借款人综合经营收入补足，借款人除为汽车经销商提供经营场所外，还经营建筑材料、五金交电、编织品和汽车、摩托车零配件贸易等。2014 年 8 月，借款人因自营贸易业务萎缩、前期过度扩张、过度融资等问题，无法偿还到期贷款，其在各家银行的贷款相继逾期欠息，其中 A 银行未偿还贷款本金 1.5 亿元。A 银行在多次清收处置无果后，向法院申请实现担保物权特别程序。法院审理后做出民事裁定书，裁定拍卖、变卖抵押财产，所得款项由 A 银行在最高额担保范围内优先受偿。此后，A 银行向法院申请强制执行，但由于该抵押物的面积较大，价值较高，法院先后委托拍卖公司进行了三次拍卖，但均未能成交，从而使清收处置工作陷入比较被动的境地。

2. 设置长期租赁关系阻碍企业处置押品。2012 年 7 月，B 银行审批同意对 A 公司发放 1 亿元流动资金贷款，期限 1 年，用于其生产经营周转，以该公司自有的一家酒楼作为抵押。该笔贷款到期后，B 银行同意在维持原抵押方式的情况下对 A 公司续贷，期限 1 年。2013 年 9 月，A 公司与某餐饮管理公司（实际控制人为 A 公司自然人股东陈某的好友）签订租赁合同，租期 15 年，租金 5 500 万元一次性给付给 A 公司。2014 年 7 月，B 银行贷款到期后，A 公司无力偿还到期贷款，导致 B 银行贷款形成不良。此后，由于租赁关系存在，导致 B 银行多方处置该抵押物无果。

当前，银行贷款的主要抵押物为土地房产。但在当前经济下行、资产贬值的大背景下，企业的投资意愿减弱，银行处置不良债权的难度加大，特别是当抵押物的面积或价值较大时，能够接盘的企业或个人较少，容易导致抵押物流拍。此外，当抵押物评估价值高于银行债权时，难以物抵债，往往造成处置工作处于停滞状态。对于个人房产抵押贷款，当借款人只有一套住房时，法院可以查封，但不得拍卖、变卖或者抵债，使得银行债权得不到有效保护。再如，当前借款人通过故意设置长期限的租赁关系，阻挠银行处置抵押物的情况也时有发生。当借款人无法偿还贷款，银行在申请拍卖抵押物以实现抵押权时，由于长期限租赁关系的存在，导致拍卖成功率大大降低，或使抵押物在拍卖过程中价值大幅缩水，严重影响银行抵押权的实现。

3. 借款人被担保企业牵连导致违约。2013 年 6 月，A 银行对某化工材料公司（以下简称化工公司）发放 500 万元流动资金贷款，期限 1 年，由其下游企业 B 公司提供连带责任保证（系互保关系，化工公司为 B 公司担保 8 000 万元）。化工公司自身的经营情况和财务状况良好，但由于被担保企业 B 公司经营情况恶化，银行贷款出现逾期和欠息，被贷款银行起诉，并对其资产及账户进行查封冻结。由于化工公司为 B 公司担保，各家银行担心化工公司受到牵连，纷纷对其收贷，该公司及关联企业在很短的时间内被扣收约2亿元左右，导致其资金链断裂，生产经营停止，贷款最终形成不良。

4. 担保人通过刑事报案干扰银行债权民事审判。当借款人或其实际控制人涉及民间借贷或其他经济纠纷涉嫌诈骗时，为避免承担担保责任，担保人可能运用刑事手段干扰银行债权的实现。一是在银行向法院提起实现债权的诉讼阶段，担保人恶意向公安机关报案，待公安机关以涉嫌经济诈骗等刑事犯罪对企业法定代表人立案侦查后，担保人要求法院中止审理，以此拖延金融债权的民事审判进程，趁机转移财产。二是借款人涉嫌经济诈骗，法院判决借款人合同诈骗后，担保人以刑事判决为依据提起民事诉讼，请求法院认定担保合同无效。

5. 保证人名下财产被他行查封造成追偿难。2013年7月，A银行向某生物制药公司发放900万元流动资金贷款，期限9个月，由某服饰有限公司提供连带责任保证。2014年4月贷款到期后，借款人无法按期偿还贷款，且保证人不愿履行代偿责任。银行遂将借款人和保证人一并起诉至法院。后经法院调查，保证人名下土地、房产、股权已被其他债权人查封，因保证担保无法主张优先受偿权，A银行贷款面临重大风险。

温州信贷经理被判违法发放贷款　担保企业脱保①

2012年2月，温州市锦泰光学有限公司（以下简称锦泰光学）向平安银行（原深圳发展银行）温州分行申请贷款，该行在履行审批程序后分别于2012年3月、5月、6月和8月向锦泰光学合计发放了共7 000万元贷款，由借款人及其关联企业提供的四处房产作为抵押，并由温州三杉光学有限公司（以下简称三杉光学）为该笔借款中的部

① 《温州信贷经理违法发放贷款案二审维持原判》，财新网，http://china.caixin.com/2016-01-31/100905548.html，2016–01–31。《温州市龙湾区人民检察院违法发放贷款罪刑事判决书》，开放法律联盟网，http://openlaw.cn/judgement/5d5149a709874973afbf87f005e18734，2015–05–26。

分金额提供担保。此后，针对该笔贷款衍生出两份金额不一致的担保合同，平安银行存档的担保合同金额是4 600万，而保证人三杉光学则称该合同系平安银行客户经理姚杰伪造，三杉公司留存的担保合同金额只有2600万。2012年8月，三杉光学总经理陈某以姚杰篡改担保金额为由向公安机关报案，2013年3月22日姚杰被公安机关刑事拘留。

根据姚杰案一审判决书［（2014）温龙刑初字第719号］，当地检察院起诉书指控被告人姚杰于2012年2月6日在向三杉光学确认担保金额为2 600万元后，又以需要空白合同备用为由向三杉光学索取盖有其印章的空白合同及股东大会决议。后被告人姚杰未经担保人三杉光学同意，擅自将担保金额2 600万元篡改为4 600万元，将篡改后的担保金额4 600万元填进空白的担保合同及股东大会决议，并手写了一份担保金额为2 600万元的担保合同加上最后一页盖有三杉光学印章的空白合同拼凑成一份担保合同传真给三杉公司用于搪塞。经鉴定，涉案金额为人民4 600万元的担保合同为先朱后墨。检察机关还指控被告人姚杰在撰写贷款调查报告过程中未履行审查调查职责，调查报告存在虚假记载：（1）调查报告中称锦泰光学下属关联企业温州市新科自动化有限公司、温州市上课喽教仪有限公司均经营状况良好，而该公司事实上并没有实际经营行为；（2）调查报告中称锦泰公司没有诉讼纠纷，而锦泰光学及其法人董某在申请贷款前有标的额为1 900万元的诉讼纠纷；（3）未审慎审查贷款用途和抵押物是否先于抵押。锦泰光学所称贷款用于支付货物，而实际上，锦泰光学提供的货物购销合同均没有实际货物交易。被告人姚杰于2012年5月份在没有核实董某提供的抵押物——瓯江路外滩公寓2幢901室是否先于抵押的情况下，擅自发放2 000万元贷款再补办抵押手续，而涉案房产已于2012年4月被法院冻结，不可能再办理抵押手续；（4）未审慎审查信贷资料，盖有三杉光学和法人吕某签名的同意书在锦泰光学更名为锦泰集团后，用于继续担保的盖章及签名经鉴定均系伪造，并非三杉光学的真实意愿 ，而被告人姚杰并未向三杉光学核实。被告人姚杰在明知存在上述违法行为的情况下仍然对锦泰光学发放贷款。

被告人姚杰否认了对其的有关指控，其辩护律师提出：（1）三杉公司留存的

2 600万元保证合同系传真件，目前证据无法证明传真件系姚杰书写、传真或姚杰让他人传真，存在三杉光学为免除担保责任而自编自导的可能性；（2）本案贷款于2012年2月发放，起诉书认定的2 600万元的担保合同应于2012年5月形成，属事后无关事实；（3）签订担保合同的在场人员的证词均不相同，存在矛盾。证人吕某（三杉光学法定代表人）证明手写2 600万元合同和其余空白合同（时间为2012年2月），如果吕某证言属实，则与已查明2 600万元合同于2012年5月之后拼凑而成矛盾。因此，书证4 600万元保证合同是真实有效的合同，2 600万元保证合同系原告伪造；（4）姚杰已通过浙江法院网查询相关的涉诉讼信息，不属未尽审慎审查职责。姚杰在调查报告中已注明上课喽、新科公司没有生产行为，授信审批也予以确认。关于贷款是否具有真实贸易背景，姚杰采取了现场和非现场的方式进行尽职调查，付款也是直接付给合同相对方，故姚杰已履行尽职、审慎的调查职责。综上，本案的事实不清，证据不足，建议宣告被告人姚杰无罪。

2015年5月，当地法院一审认定公诉机关指控的罪名成立，判决姚杰犯违法发放贷款罪，判处有期徒刑6年，并处罚金人民币5万元。此后，姚杰不服上诉，2016年1月，温州市中级人民法院对本案进行终审宣判，虽然二审判决书的事实认定部分并未提及尽职调查问题，但仍驳回姚杰上诉，维持原判。

根据财新网报道，平安银行温州分行表示，因姚杰案及“先刑后民”规则，该行被迫中止了对本笔不良贷款的回收，抵押物不断跌价，保证企业代偿能力衰退，已拖欠近千万元利息，银行收款维权行动举步维艰。该行在向温州市政府提交的报告中坚称：“据现有资料表明，姚杰在整个贷款发放中并未发现违反法律”，并认为该案其实是该笔贷款的担保人三杉光学以刑事报案的方式恶意逃避担保责任。该行向财新网记者表示：“该案是担保企业报的刑事案，案件罪名成立与否，与我行贷款合法有效性息息相关，（姚杰罪名）一旦成立，担保企业可能脱保，银行损失数额巨大。”该行透露，姚杰案发后，当地银行业内确实发生了诸多担保企业效仿报案、滥用“先刑后民”规则企图逃废债的情况。

第 22 章　押品管理的核心是选得好、估得准、押得住

押品一般包括金融押品和实物押品。金融押品主要包括股票、债券、备付信用证和银行承兑汇票等；实物押品主要包括土地、房产、机器设备等。前者主要采取质押的方式，后者主要采取抵押的方式。押品的主要作用表现在以特定的财产保障债务的偿还，对抗第三人，提高借款人的违约成本等三个方面。押品管理的核心是要做到“选得好、估得准、押得住”。

评价押品好坏的标准

好的押品一般要满足以下三个要素：一是权属要清晰。押品的权属应清晰明确无争议，且手续要件完备。二是价值要稳定。押品的价值应比较容易认定，且贷款期间的价值波动性较小。有些押品如古董、字画、瓷器、知识产权等价值均不太容易认定，且市场价值波动很大，通常认为不是好的押品。三是流动性要好。押品应有活跃的市场，比较容易找到交易对手，且处置成本较低。如《巴塞尔新资本协议》要求，合格的抵押品必须要有客观的市场价值，要有良好的市场流动性，能满足法律上的可实施性，并经常性监控和重估。

根据上述原则，信贷实践中形成了一些简单实用的关于押品好坏的经验判断：即一般认为金融押品好于实物押品，土地房产好于机器设备，商业用地好于工业用地，通用设备好于专用设备，传统押品好于新型押品（如商标权、专利权、著作权等）。

我国抵质押实践中的押品大多为实物押品，相对于金融押品，实物押品缺乏活跃的交易市场，流动性相对较差，有些押品的价值还不容易认定，贷款存续期间押品的价值波动较大，特别是实物押品的持有成本、管理成本和处置成本都较高。因此，接受实物押品更要采取谨慎的态度。

抵押与质押的区别

抵押与质押的主要区别为：（1）抵押物通常为不动产和车、船等特别动产，质物则以动产和财产权利为主。（2）抵押物可不移转占有，质物必须移转占有。（3）抵押要登记才能对抗第三人，而质押除股票、知识产权、应收账款、收费权等特殊质物需要登记外，往往直接占有就可达到对抗第三人的目的。（4）抵押权的实现主要通过向法院申请拍卖，而质权的实现不需要经过法院，多采取与出质人协议以质物折价或依法拍卖、变卖质物的方式实现。

抵质押物的范围

《物权法》规定，债务人或者第三人有权处分的下列财产可以抵押：建筑物和其他土地附着物；建设用地使用权；以招标、拍卖、公开协商等方式取得的荒地等土地承包经营权；生产设备、原材料、半成品、产品；正在建造的建筑物、船舶、航空器；交通运输工具等。法律禁止抵押的财产不能作为抵押物，如土地所有权；以公益为目的的学校、幼儿园、医院等的设施设备；所有权、使用权不明或者有争议的财产；依法被查封、扣押、监管的财产等。

质押包括动产质押和权利质押。《物权法》规定，除法律、行政法规禁止转让的动产不得出质外，其他合法的动产均可出质；债务人或者第三人有权处分的下列权利可以出质：汇票、支票、本票，债券、存款单；仓单、提单；可以转让的基金份额、股权；可以转让的注册商标专用权、专利权、著作权等知识产权中的财产权；应收账款；法律、行政法规规定可以出质的其他财产权利。

押品的权属

信贷调查和审查要关注押品权属是否清晰，审核押品清单、产权证书或其他权属证明文件，确保押品权属的完整、真实、有效。重点关注：（1）押品是否存在对外出租、欠缴税款、在先抵押、预告登记、查封、扣押、监管等影响债权实现的各种瑕疵，所有权、使用权不明或者有争议的财产不能作为押品；（2）用于抵押的在建工程是否存在拖欠建设工程款的情况，用于抵押的地上建筑物及其占用范围内的土地使用权是否一并抵押，押品权属人的担保意思表示是否自愿、真实，董事会或股东大会是否出具同意抵质押的书面文件；（3）以划拨方式取得的国有建设用地使用权不得单独抵押，乡（镇）、村企业的建设用地使用权不得单独抵押，以共同共有的财产抵押的，应有全体共有人同意以该财产设定抵押的书面文件。

押品的流动性和变现能力

借款人违约时，押品只有最终变为货币资金才能抵偿债务。因此，信贷调查和审查应关注押品的流动性和变现能力。押品的流动性和变现能力一般有两个衡量尺度，即时间尺度（变现的时间长短）和价值尺度（变现的折扣程度）。押品的变现的时间越短，变现折扣越低，则该押品的流动性和变现能力越强。押品的流动性和变现能力既与市场因素有关，也与自身特性有关。市场因素是指押品有无成熟的市场，交易是否活跃等，如土地、房产的市场非常成熟，机器设备、在建工程、存货的市场成熟度较差，而商标权、著作权、专利权、收费权、应收账款等市场很不成熟。押品自身特性包括押品的通用性、可分割性、单体价值大小和银行可控制性等。

如土地、房产、债券、票据等的通用性、可分割性和银行可控制性都较强，而存货、机器设备等通用性和银行可控制性均较弱，土地、在建工程等单体价值通常较大，流动性和变现能力容易受到影响。

根据押品的上述特性，信贷调查和审查应重点关注：（1）尽可能不选择缺乏市场活跃度的新型押品，如商标权、专利权、著作权以及古董、字画、瓷器等；（2）要慎重选择酒店、别墅、仓库、地下停车场、城市边缘的综合和商业用地、长期空置的商品房、长期闲置的建设用地使用权等作为押品，对于单体价值大、难以分割处置的大幅土地、在建工程及商业大楼等也要非常谨慎；（3）除非第一还款来源非常可靠，否则原则上不宜采用机器设备、工业厂房、非上市公司股权、应收账款等抵质押作为唯一的风险缓释措施。但这也并不意味着宁愿信用放款也不接受上述资产的抵质押，只要借款人同意，上述押品仍可作为辅助保障措施。事实上，在贷款出现风险后，任何原先约定的保障措施，都有利于提高债权人的话语权和主动性；（4）中长期固定资产贷款应尽可能要求项目本身形成的资产一并抵押给银行，包括项目建设用地、厂房及办公用房、机器设备等。由于上述资产本身是由银行固定资产贷款形成的，原则上应抵押给银行。

押品价值和抵质率设定

押品价值应经有资质的评估机构进行评估，银行应对评估机构进行准入管理。信贷调查和审查应根据外部评估报告（或初步意见），结合押品的种类、位置、面积、使用年限、历史成本、折旧程度、功能状况、变现能力、变现税费等因素以及评估机构的资质、信誉和评估方法等因素，判断押品评估价值是否合理。对有近期实际交易价格（指公允市场价格）的押品，应尽量以实际交易价格而不是以评估价值为基础确定押品的抵质押价值。对未经外部中介机构评估的押品，应由行内具有相应资质的押品评估人员对押品价值进行评估。在对押品进行价值审核的基础上，结合押品的变现能力，合理确定抵质押价值和设定抵质押率。

$$抵质押率 = \frac{贷款本息之和}{押品抵质押价值} \times 100\%$$

目前国内银行房产抵押贷款的抵押率一般为 70% 左右。设定抵质押率的主要考虑因素包括借款人的资信情况、贷款风险、押品种类、押品估价的准确程度、贷款期限等因素。此外，当房地产市场价格处于下降趋势时，对房地产及土地使用权两类常见的抵押物更应谨慎地设定抵押率，防止贷款期内因价格大幅波动而产生抵押缺口。

对银行来说，押品变现价值还需扣除法定优先受偿权的支付金额与处置拍卖时的税费。（1）法定优先受偿权。法律规定优先于本次抵押权人受偿的范围包括：已抵押其他债权人的金额；破产企业处置不动产时可能需要支付的国家税款、职工工资及福利费；划拨土地应缴纳的土地使用权出让金；在建工程的工程欠款、应缴未缴的行政事业性收费及资源性收费。（2）各项税费。押品处置拍卖时的税费包括：司法诉讼环节的相关费用，如诉讼费、执行费和律师费；拍卖处置的相关费用，如评估和拍卖的费用；交易过户环节的费用，如营业税及附加、印花税、土地增值税、所得税、契税、综合税等。法定优先受偿权的金额取决于实际情况，押品处置税费通常为押品处置时评估价值的 20% 左右。

存货质押、应收账款质押和股权质押

当前，企业采用存货质押、应收账款质押和股权质押方式进行融资的情况比较普遍，以下重点对上述三种质押方式进行具体分析。

存货质押

存货质押是指借款人以存货作为质物向银行借款，为实现对质物的转移占有，银行委托具有合法保管存货资格的物流仓储企业等作为第三方，代为监管和存储作为质物的存货。存货质押融资是借款人利用与上下游企业真实的贸易活动形成的动产为质物从银行获得贷款，信贷调查和审查应重点关注以下问题：（1）质物产权界定，包括所有权审核和质权审核两个方面。所有权审核是指质物是否在法律上清晰地归出质人所有，而质权审核是指质物是否能够在法律上允许质押，是否被担保给多个债权人，是否存在重复担保的现象。要审查商品取得的合法性，严格审核商品的购销合同和付款凭证，对从国内采购的商品原则上应核验增值税发票，对进口商品还应审核海关报关单及缴税证明等文件，必要时还可通过借款人所在地的工商行政管理部门核实借款人是否确实未将商品转让给任何第三人，也未在商品上为任何第三人设定质权和其他优先受偿权等情况。（2）质物选择。存货是借款人获取银行贷款的担保物，既是价值载体，也是风险载体，因此银行要十分重视质押存货的选择。存货的形态分为原材料、在产品、产成品三种状态，应优先选择流动性相对较高的原材料、大宗商品等作为主要质物，质物的品类原则上应一致，且价值比较容易认定，对价值波动较大、不易保管、不易监测、不易变现或不易办理登记手续的质物应当从严掌握。（3）质物价值审核。要以市场价值为基础合理确定质押商品价值，可通过查询有关商品和期货交易所网站获取质押商品价格信息，对于价格上涨幅度过高和价格波动较大的商品，要充分考虑商品跌价风险，审慎确定质押价值。（4）质物质量审核。要严格审查商品质量，认真审核客户提交的出厂质量合格证、专门质检机构出具的产品质量检验报告、商检证书等证明商品规格、质量、等级的文件。（5）质押率和平仓线。在前述环节的基础上，要谨慎确定质押率和平仓线，对于物理化学性质相对不稳定或价格波动较大的商品，可适当下调质押率，提高警戒线和平仓线。（6）第三方监管责任。对采用第三方保管的质物，还应审核保管责任是否明确，是否能够确保质押物安全及可控，出质人、质权人、监管人的法律关系及权利义务是否明确，注意质物的验收确认、出质、质物的置换和解除监管等关键环节的风险是否可控，还应制定第三方物流监管公司的准入名单，并关注其信用记录等。

应收账款质押

信贷调查和审查应重点关注交易背景的真实性，审核应收账款权属是否清楚无争议，且购销合同中未约定应收账款不得质押或转让等限制性条款、未将其转让给任何第三人、也未在其上设置质押权等任何第三方的优先权。可通过登录人民银行应收账款质押登记公示系统查询应收账款质押登记情况，确认不存在质押、转让或异议登记等情形。在此基础上，要重点关注拟质押的应收账款质量（包括账龄结构、购销双方的合作关系、坏账率等），交易对手的经营情况、财务状况、付款能力和履约记录等，判断应收账款质押的可靠性。此外，还应特别关注以下几种应收账款：（1）以关联企业之间的应收账款质押的，要从严审核交易背景真实性、合理性和定价的公允性。（2）借款人以地市级（含）以上政府采购部门组织采购所形成的应收账款质押的，还应对应收账款纳入政府采购预算的情况，以及政府财政（上级主管部门）向出质人核批的年度相关用款计划的执行情况进行重点审核。（3）对因提供劳务咨询、承接工程、租赁等非销售货物原因所产生的应收账款质押的，还应审慎审核交易的真实性及定价的合理性等。

收费权质押

目前关于收费权质押的规定多为行政规章和政府部门规定，立法层次不高。有明确法规依据的收费权仅包括公路收费权，农村电网电费收费权，公路桥梁、公路隧道、公路渡口等不动产收益权，以及销售或供应水、电、气、暖产生的债权。信贷调查和审查的重点是要关注收费权是否已取得政府有权部门的批准或核准，出质人的特许经营证照是否齐全等。对于以供应水、电、气、暖产生的债权等应收账款设定质押的，应在人民银行应收账款质押登记公示系统办理质押登记。

股权质押

质押股权原则上应为上市公司股权，非上市公司股权质押一般只能作为辅助保障措施。上市公司股权质押应重点关注股票权属、价值和质押率三个方面。（1）权属要清晰。要审核出质股票的权属是否清晰（可办理质押登记、强制公证等手续）、是否存在各类限制转让条件（如限售期限、出售条件、价格承诺等），是否存在政策、法律或制度障碍（如已设定对外质押、担保或股票被冻结）。此外，出质股票还应符合《公司法》及公司章程的相关规定等，法律规定不能转让的股票不得作为质物，公司章程规定不得转让或不得出质的股票不能作为质物；以外商投资公司股票出质的，应当经原公司设立审批机关批准；以上市公司国有股设定质押的，根据财政部《关于上市公司国有股质押有关问题的通知》（财企［2001］651号），国有股东授权代表单位持有的上市公司国有股只限为本单位及其全资或控股子公司质押，且用于质押的国有股数量不得超过其所持该公司国有股总额的50%。（2）股权价值要稳定。要重点关注以下可能造成股票价值不稳定的情形：上一年度亏损或本年度出现季度亏损，发布半年度或全年亏损预告；可能因实施重大重组等情况造成长期停牌；对外担保余额或未决诉讼、仲裁及纠纷金额超过最近一期经审计的合并报表净资产的50%；市场、媒体或监管机关等有关方面对其生产经营、公司治理、兼并重组等情况有大量负面报道或质疑。原则上不得接受业绩亏损的上市公司股票、ST股票、*ST股票、已质押股票占总股本过高的股票、解禁期限超过贷款期限的限售流通股、多次被公开谴责或处罚的股票做质押。对房地产股票、近期升幅过高的股票和创业板股票，均要保持审慎的态度。（3）合理设定质押率。要关注股票价格、每股净资产、每股收益、市盈率、市净率等指标，根据有无限售条件、限售到期日、股票估值水平、股票价格波动水平、质押股权占上市公司全部股权的比例高低等合理设定质押率，对于无限售条件流通股票的质押率一般不超过以往30个交易日均价的60%。有限售条件的股票一般应比无限售条件的股票设置更低的质押率，且限售期不得长于贷款期限。对市盈率（市净率）高的股票及价格波动幅度较大的股票，要适当降低质押率。在综合考察拟质押股票质量的基础上，要合理设置质押股票价格警戒线和平仓线。当质押股票市值低于警戒线时，可要求借款人追加保证金、追加质押股票数量或追加其他流动性较好的上市公司股票质押，直至质押股票市值降至警戒线以内；当质押股票市值触及平仓线时，要及时处置质押的股票，所得价款优先用于偿还贷款本息。

银行账户质押

信贷实务中，虽然以银行账户作为贷款质押的情况经常发生，但实际上，银行账户质押并不是严格意义上的一种质押方式。账户是一个会计概念，其本身不具有价值和交换价值，不能作为质押的标的物，账户质押的实质是以账户中的资金作为质押。但由于借款人银行账户内资金余额是不断变动的，不能特定化，而我国法律尚未明确承认浮动担保制度，也不能进行质押登记，不具有对抗第三人的效力。虽然账户质押存在上述较多的问题，但是银企双方签订的银行账户质押协议在银行和借款人之间是有效的，贷款银行可以通过账户质押协议来约束借款人的行为，从而达到保护银行债权的效果。比如，双方可在质押合同中约定账户资金的最低余额，在借款人不能按时履行债务时，银行可以优先受偿。此外，以收费账户作质押的，银行可与借款人签订收费账户监管协议，约定借款人在银行开立唯一的收费账户，购买方支付的购买价款全部归集到该账户，并授权银行对该账户资金运用进行监管；同时要求借款人在与购买方签订的有关购买合同中明确约定，所有购买价款均由购买方直接汇入该收费账户。

押品的登记和投保

抵押只有在有权部门登记后才能对抗第三人。办理抵押物登记手续的部门如下：以无地上定着物的土地使用权抵押的，抵押登记机关为县级以上的核发土地使用权证书的土地管理部门。以城市房地产或者乡（镇）、村企业的厂房等建筑物抵押的，抵押登记机关为县级以上地方人民政府规定的部门，其中城市房地产和办理了产权证的企业厂房的抵押登记部门通常为区县房管局。如果企业厂房没有办理产权证，则应当用厂房所占土地向当地土地管理部门办理土地抵押登记。林木抵押的登记机关为县级以上林木主管部门，民用航空器抵押的登记机关为民用航空管理部门，船舶抵押的登记机关为海事局，渔业船舶抵押的登记机关为渔政渔港监督管理局，机动车辆抵押的登记机关为车辆管理所，企业设备和其他动产抵押的登记机关为财产所在地的工商行政管理部门。除建设用地使用权抵押可不办理抵押物财产保险外，其他财产抵押可要求借款人在保险机构投保，并约定银行为第一受益人。

以证券交易所上市的股票、债券、证券投资基金份额等证券及证券衍生品种质押的，质押登记机关是中国证券登记结算有限责任公司总部及其上海分公司、深圳分公司①，以有限责任公司等其他非上市公司股权出质的，质押登记机关是各级工商行政管理部门，商标专用权的质押登记机关是国家工商行政管理局商标局，专利权的质押登记机关是国家知识产权局，著作权的质押登记机关是国家版权局；公路收费权的质押登记机关是各省交通厅，应收账款的质押登记机关是中国人民银行征信中心（应收账款质押登记公示系统）。

抵质押管理不到位案例

1. 贷前调查不深入，在抵押物被他行查封的情况下仍发放贷款。2012 年 10 月，A 银行对某建安公司发放流动资金贷款 800 万元，期限 1 年，以第三人吴某提供的三处房产设定抵押。2013 年 10 月，贷款到期后建安公司偿还了 250 万元，余款无力偿还。A 银行在随后起诉建安公司的过程中发现，其中一处抵押物已分别于 2012 年 4 月和 2012 年 7 月被两个法院两次查封，A 银行贷款是在部分抵押品被查封的情况

① 应当在证券登记结算机构进行股权出质登记的股权类型包括上市公司的股权、公开发行股份的公司的股权、非公开发行但股东在 200 人以上的公司的股权等。

下发放的，但在贷款调查和贷款发放阶段均未发现，给案件的诉讼及抵押物处置带来较大困难。

2. 贷后管理不到位，导致质物被释放及抵押物被他行处置。2010 年 10 月，A 银行与某实业公司建立信贷关系。2011 年 4 月，A 银行为该公司办理了 200 万美元的进口押汇业务，期限 90 天，以 15 000 吨铁矿石质押，由某监管公司对质押物实施监管，存放于借款人关联仓储企业的仓库内，同时借款人股东自有的土地及厂房当时正在办理产权证，其承诺办妥产权证后抵押给 A 银行。2011 年 6 月，因借款人未能按期归还他行贷款，该行突然对借款人采取诉前保全措施，引发多家债权银行跟进，导致其所有财产均被查封和冻结，造成资金链断裂。A 银行在准备处置质物的过程中，发现该行的质押物已被错误释放，且 A 银行在取得股东同意抵押的承诺后，并未及时跟踪落实，导致突发事件后，该房地产被他行抢先抵押并处置。

3. 贷后跟踪不及时，导致质押商品价值连续跌破警戒线和处置线。2014 年 8 月，A 银行审批同意对某商贸公司发放商品融资 800 万元，并对质押商品铝锭设置了相应的警戒线和处置线。但在贷后管理环节，客户经理未及时关注商品价格波动的情况，致使库存商品的价值在连续突破警戒线和处置线时，均未要求借款人追加保证金或追加商品数量，直至借款人违约后，才发现质押商品的价值早已低于贷款本金。

4. 贷前高估抵押物价值，贷后疏于管理导致抵押物被他行查封。2012 年 4 月，A 银行审批同意对某家居广场有限公司办理经营性物业支持融资 6 800 万元，期限 6 年，分年等额还款，以该家居广场 1~5 层抵押，抵押物评估价值 9 700 万元，抵押率 70%。由于当时借款人为当地竞争性客户，A 银行以可为客户提供更高的融资额度为条件，成功争取了该笔融资，为此抵押物评估价值较市场价值高估 20% 以上。本笔贷款发放后，借款人的运营状况并不理想，同时当地房地产市场价格下行，抵押物价值严重缩水，2015 年 10 月起，借款人开始欠息且无法按约定偿还当年到期贷款。在 A 银行准备采取法律手段清收该笔款项时，发现由于借款人在他行的贷款违约，家居广场1~5层的抵押物已被他行申请法院查封。A银行由于贷后管理跟进不及时，给诉讼清收工作增加了很大的难度。

杭州假茅台酒质押骗贷案[①]

浙江恒基贸易有限公司（以下简称浙江恒基）是一家主营白酒及饮料批发的贸易公司，注册资本2 000万元，实际控制人为自然人尤某。2010年6月，浙江恒基向当地A银行申请3 000万元流动资金贷款，期限1年，以195箱50年茅台酒作质押（每箱6瓶价格合计17.1万元，折每瓶2.85万元），质押率为90%，同时追加某货运代理公司（以下简称货运公司）连带责任保证。贷款到期后，浙江恒基不能按期偿还到期贷款，货运公司在履行代偿责任后，获得了上述195箱质押的茅台酒。货运公司将其中50箱茅台酒用于其关联企业某物流公司（以下简称物流公司）向B银行申请贷款的抵押物。2013年5月，B银行向杭州市公安局报案：物流公司使用虚假合同及财务报表，骗取该行贷款，贷款到期后迟迟不予归还。警方在调查取证过程中，发现B银行抵押物品储存库里成箱堆放的茅台酒实为假酒，从而揭开了浙江恒基利用假茅台酒质押骗贷的大案。

浙江恒基从事白酒经销多年，此前经营情况一直较好，并在当地积累了良好的口碑和声誉。2010年，该公司实际控制人尤某拟转型房地产开发，但苦于资金不足，于是在自己的老本行酒业上打起了主意。尤某在向自己熟悉的一名小经销商张某透露了类似的想法后，张某从中牵线搭桥，并最终找到了贵州怀仁当地的假酒生产者三轮车夫卢某夫妇。根据检察机关指控，2010~2012年，被告人卢某以9 000~11 000元/箱

① 《浙江恒基贸易有限公司、尤俊杰犯骗取贷款、票据承兑、金融票证罪、销售假冒注册商标的商品罪张海彬、卢友德犯销售假冒注册商标的商品罪二审刑事裁定书》(2014)杭上刑初字第415号，开放法律联盟网，http://openlaw.cn/judgement/4ae88557e8e94f9dac6abe56aa03701f?keyword=%282014%29，2015-07-22；《假茅台骗贷之谜》，论文网，http://www.xzbu.com/2/view-7046632.htm，2015-10-03。

的价格，将 1 400 余箱假冒 50 年茅台酒，分多次销售给被告人张某，销售额共计 1 500 余万元；而后，被告人张某再将上述白酒以 18 000 元 / 箱的价格，分多次销售给被告人尤某，销售额共计 2 500 余万元；被告人尤某在购得上述白酒后，先后 6 次以浙江恒基的名义，向多家银行申请贷款，采取提交虚假的公司审计报告、财务报表和茅台酒销售发票、酒类流通附随单以及将 554 箱假茅台酒作抵押等方式，骗取上述银行贷款共计 1.85 亿元，造成多家银行实际损失共计 5 800 万元。检察机关还指控，尤某为了能够顺利从银行获得贷款，利用各地普通发票不联网难以查询的漏洞，制作了大量虚假的茅台酒销售发票及酒类流通附随单，以及采取伪造公司审计报告、提交虚假的公司财务报表等方式骗取银行贷款。2015 年 7 月，杭州市中级人民法院以骗取贷款罪、销售假冒注册商标的商品罪判处尤某有期徒刑 8 年，并处罚金人民币 70 万元；以销售假冒注册商标的商品罪，分别判处被告人张某有期徒刑 5 年 6 个月，并处罚金人民币 1 250 万元，判处被告人卢某有期徒刑 4 年 10 个月，并处罚金人民币 750 万元。

第 23 章　保证人的净资产与其保证能力关系不大

保证，是指保证人和债权人约定，当债务人不履行债务时，保证人按照约定履行债务或者承担责任的行为。不同于抵质押权等物的保证，保证的最大特征在于它是第三人以其个人信用担保债务人履行债务，是人的保证。

保证人的账面净资产与其保证能力关系不大

保证人应当具备代为清偿债务的能力。在信贷实践中，各家银行在考察保证人代为清偿债务的能力（即保证能力）时，一般都是以保证人的净资产为基础，扣除已为他人提供的各类担保余额，再考虑一定的调整系数（如保证人的信用等级等），据此核定保证人的保证额度。例如，借款人拟向银行借款 3 000 万元，保证人净资产 5 000 万元，已对外提供担保 1 000 万元，尽职调查报告通常在简单罗列上述数据后，直接估算保证人可担保能力为 4 000 万元，具备为 3 000 万元贷款提供担保的能力。实际上，以净资产为基础核定保证人保证能力的方法存在很大的问题，并不能反映保证人真实的代偿能力。由于历史成本是一切资产据以入账的基础，造成资产的账面价值（历史成本）可能与市场价值差距很大。比如，化工企业购入昂贵的专用设备，从这些机器设备与厂房、钢筋、水泥黏在一起的那一刻开始，账面上反映几千万元的机器设备可能就只值几百万元了。再加上随着时间推移，机器设备出现的功能性损耗、实体性损耗和经济性损耗，账面价值与市场价值之间的差异越来越大。实际上，净资产仅表明清算意义上的代偿能力，而与代偿能力相关的是资产的市场价值而不是账面价值，保证人的账面净资产与其保证能力关系不大。

保证人的保证能力取决于被担保债权金额与保证人财务能力是否匹配

保证人代为清偿债务的能力（即保证能力）与借款人偿债能力的影响因素实际上是一致的。第 20 章中谈到，借款人能否偿还债务的两大关键因素是收入和资产，同时还要考虑股东背景、债务结构、融资环境和客户的再融资能力等。在分析保证人的保证能力时，同样也要考虑上述因素。目前基于保证人账面净资产核定其保证额度的做法，主要考虑了清算意义上净资产的代偿能力，而未考虑收入及其他影响代偿能力的因素。实际上，保证人的代偿能力主要取决于被担保债权的金额与保证人财务能力之间是否匹配，因此信贷调查和审查应像审核借款人一样审核保证人，要关注保证人的资产、负债、收入、利润和现金流量，而不仅仅是净资产信息，要关注保证人自身是否过度负债，能否偿还自身的债务，关注保证人的资信情况和信用记录，关注保证人还给哪些债务人提供了担保、额度多大、被担保贷款的形态（即五级分类）如何等，判断保证人实际履行担保责任的可能性多大。在此基础上，分析保证人本次担保额度与其财务能力是否匹配，判断保证人的代偿能力和代偿意愿。总之，银行要像审核借款人的偿债能力一样，审核担保人的担保能力。

要谨慎对待以下几类担保情况：（1）保证人对外担保的额度超过净资产的 50%。凡是对外担保余额过大的企业，至少在财务管理上都是不够审慎的。（2）保证人为大额贷款提供担保的，应从严掌握。实际上，没有人有能力代偿大额债务，追索保证人往往会使其经营迅速陷入困境。（3）融资性担保机构的担保额度必须严格限定在已核定的授信额度内，要谨慎对待并从严掌握专业担保公司为大额贷款提供的担保。（4）关注保证人是否为借款人关联企业，集团内部的关联担保应视同对保证人的信用放款进行掌握；如确需对集团内弱势成员企业放款，应尽量选择集团核心企业做保证人。（5）对借款人与保证人互保的情形应视同信用放款，并按照信用贷款的原则和条件进行掌握。

保证的核心要素

保证人的资格。《担保法》规定具有代为清偿债务能力的法人、其他组织或者公民，可以做保证人。下列主体不得作为保证人：企业法人的分支机构（企业法人的分支机构有法人书面授权的，可以在授权范围内提供保证）、职能部门；学校、幼儿园、医院等以公益为目的的事业单位、社会团体；国家机关不得作为保证人，但经国务院批准为使用外国政府或者国际经济组织贷款进行转贷的除外。

合格保证人的选择。《巴塞尔协议 III》明确要求保证人的风险评级应高于借款人，交易对象（借款人）的信用不可与担保人存在较高的正相关性，风险缓释工具和借款人之间应建立有效的隔离。但国内银行保证人信用等级低于借款人的情况时有发生，关联担保或互保的情况非常普遍。一般而言，非相关的利益主体间又是难于提供担保的，这就形成了担保的“悖论”。因此，关联企业融资应尽量选择抵押等物权担保方式，不能落实抵押时应尽量选择集团内核心企业作为保证人，同时关联企业内部互保应视同信用放款，并按照信用贷款的原则和条件掌握。

被保证的主债权种类和数额。信贷涉及的主债权通常是指借款合同、融资租赁合同等主合同产生的金钱债权。保证人也可对未来的债权进行担保，《担保法》规定，当事人可以在最高债权额限度内就一定期间连续发生的借款合同或者某项商品交易合同订立一个保证合同，保证人对期间连续发生的债权余额承担保证责任。在信贷工作中，被保证的主债权数额，通常是指以金钱来衡量的主债权数量。

债务人履行债务的期限。期限通常指限定的一段时间，也指所限时间的最后界线。债务履行期限，指债务人履行债务的最终日期，也是担保责任的起点。考虑到债务人分期还款等因素，为使债务人履行债务的期限更富有弹性以保护债权人的权利，可在保证合同中约定：债务人履行债务的期限，指债务人应按主合同的规定履行付款义务（包括本息和有关费用）的各期限（包括贷款加速到期情况下提前届满的期限）中最近的一个日期。银行可把交叉违约和加速到期的规定纳入主合同的违约事件，如在借款合同中约定：（1）借款人对其他债权人违约，视同对本合同的违约；（2）一旦借款人违约，银行有权宣布借款合同项下已发放的贷款本金、已发生的全部利息及借款合同下的所有其他应付款项立即到期。此外，还可在保证合同中约定：（1）当发生借款人不能偿还主合同下的任一笔贷款本金、利息以及其他款项时，银行有权行使担保权利；（2）当借款人发生主合同规定的违约事件时，银行有权行使担保权利。

保证方式。保证方式有一般保证和连带责任保证，银行应尽可能约定保证人承担连带责任保证。一般保证人享有先诉抗辩权，而连带责任保证不享有先诉抗辩权。先诉抗辩权是指保证人在主合同纠纷未经审判或仲裁，并就债务人财产依法强制执行仍不能履行债务前，对债权人可以拒绝承担保证责任，因此一般保证人的保证责任自始至终处于从属地位。而连带责任保证人与债务人分别就同一债务对债权人承担全部清偿义务，债务人到期不履行时，债权人既可要求债务人清偿，也可要求保证人清偿；债权人既可以向全部保证人主张全部保证责任，也可以向其中的一个或者数个保证人主张全部保证责任，债权人在主张权利时享有选择权。另外，根据《担保法》的有关规定，当事人对保证方式没有约定或者约定不明确的，按照连带责任保证承担保证责任。

保证期间。指保证合同当事人的约定或依法律推定在主债务履行期届满后，保证人能够容许债权人主张权利的最长期限。在保证期间中，债权人应当向债务人提起诉讼或仲裁（在一般保证中）或向保证人主张权利（在连带责任保证中）。逾此期限，债权人未提起上述主张的，保证人则不承担保证责任。保证期间作为保证合同一项重要条款，可以由双方当事人约定，银行应争取确定一个相对有利的保证期间。

未约定的，保证期间为主债务履行期届满之日起 6 个月；约定保证人承担保证责任直至主债务本息还清时为止等类似内容的，视为约定不明，保证期间为主债务履行期届满之日起 2 年。

保证担保的范围。保证担保的范围包括主债权及利息、违约金、损害赔偿金和实现债权的费用。

组合担保方式

当企业融资金额较大，单一担保方式不能全额覆盖债权时，可采取“抵押 + 保证”“抵押 + 质押”“抵押 + 信用”或“保证 + 信用”等组合担保方式，并可参考以下原则合理把握对银行有利的组合方式：（1）当同一笔贷款设定两种以上担保方式时，各担保方式可分别担保全部债权，也可划分各自担保债权份额，银行可根据具体情况进行选择并予以明确。（2）当物保和人保同时存在时，按以下三个原则处理：一是尊重当事人事前的意思自治，将当事人的约定置于最优先的地位；二是债务人以自己的财产提供物的担保的，物保优先于人保。银行也可在对物保和人保的担保效力做出明确判断的基础上，并在担保合同中约定对银行有利的担保债权的实现顺序。如约定借款人未按借款合同及时偿还贷款本息及相关费用，银行有权直接向保证人追索，而无须先行向借款人进行追索。即使有第三人为借款合同提供物的担保，银行仍有权选择先行向保证人进行追索；三是同一债权既有第三人物的担保又有其他第三人的人保时，物保和保证人地位平等，债权人可以选择行使担保权。（3）当信用方式与担保方式并存时，银行应要求借款人优先偿还信用贷款，再偿还担保项下的银行融资。（4）担保条件可与借款人财务能力挂钩。对于一些强势的借款人，银行还可考虑将担保条件与借款人财务能力挂钩，发放贷款时可适当放宽担保条件；但应设定比较严格的财务限制指标，一旦借款人财务指标明显下降时，要逐步提高担保条件。（5）对抵（质）押物同时也是还款来源的情况，应尽量要求追加其他抵押或非关联担保。

建设期担保

中长期固定资产贷款往往还涉及建设期担保问题。在固定资产投资项目建设期，通常由股东或第三人为银行贷款提供担保，主要目的是规避项目无法建成导致银行贷款无法偿还的风险。由于建设期利息是资本化的，且建设期一般也是宽限期，因此建设期一般不会出现无法付息的情况。但在项目建成运营初期，如项目未能达到相应的经济强度，则可能出现依靠项目自身效益不能还本付息，甚至不能支付利息的情况。因此，在项目公司作为借款主体的情况下，应尽量争取股东全程担保，或至少将建设期担保延伸至运营初期，并设定相应的技术及财务指标要求，当项目依靠自身的现金流可以还本付息时，再释放股东或第三人担保。

当前保证担保管理中应重点关注的几个问题

关注保证人新增对外担保情况。保证人为本行贷款提供担保后，又为其他银行贷款或债权人债权提供了担保。保证人在为本行贷款提供担保时，是具备担保能力的，但其在新增很多对外担保后，可能就不具备担保能力了。保证是没有先后之分的，不会因为保证时间在先就优先受偿。保证人新增担保，削弱了原被担保债权的保障程度，增大了原债权银行风险。因此，银行应对保证人进行持续动态管理，对保证人的保证能力定期进行评估，并对保证人新增担保进行必要的约束。

关注保证人财产对外抵押情况。保证人财产对外抵押过多，通常表明保证人自身的债务负担较重，一旦保证人违约，在优先债权处置完抵押物后，保证人就成为“壳公司”并失去了代偿能力。因此，对保证人财产对外抵押过多的情形，要从严掌握。

关注保证人在本行贷款的情况。如果保证人在本行也有大额贷款，一旦借款人违约，银行在是否追索保证人时往往面临两难的境地。因为追索保证人可能导致其不能持续经营，并会危及本行对保证人贷款的安全。

关注借新还旧涉及保证情况。借款合同双方当事人协议以新贷偿还旧贷，除保证人知道或应当知道的外，保证人不承担民事责任。因此，借款人借新还旧时，银行与原保证人须重签保证合同。

关注互保和连环担保问题。互保和连环担保在实际操作中往往很难追偿，在经济上行期，企业“抱团取暖”；在经济下行期，风险扩散容易造成“火烧连营”的情况，特别是在风险暴露后，后续的风险化解工作更为复杂，连环追索很容易形成区域金融风险。股东担保是最自然的一种保证担保，对除股东保证以外的保证担保，很可能是借款人与保证人之间互保，信贷调查和审查要多问几个为什么。

关注集团母公司保证。当集团母公司作为保证人时，应重点考察集团母公司自身的经营情况、财务状况和资信情况。不能以合并报表代替母公司报表，分析母公司的保证能力。

银行的担保要求可与借款人的财务能力挂钩。有条件担保或阶段性担保的关键，是将担保条件与借款人的财务能力或项目经济强度联系起来，这一点事实上也较容易被借款人接受。当借款人财务能力较弱时，应相应地要求较高的担保条件；随着借款人财务能力的增强，可逐步放宽担保条件。逐步改变要么全程担保，要么不担保的习惯做法。

东阳一家企业申请破产　杭州一个行业深陷泥潭①

2011年12月，浙江东阳一家名不见经传的建筑公司浙江天煜建设有限公司（以下简称天煜建设）因涉嫌非法集资被法院立案，其全部账户和房产陆续被法院冻结

① 《危险的互保链－浙江民企染上“金融瘟疫”》，经济网，http://www.ceweekly.cn/html/Article/201210224185569113.html，2012-10-22。

查封，此后，该公司的危机通过互保和关联担保链条迅速传染和扩散，造成担保链上众多的企业被银行收贷或追索，引发“多米诺骨牌”效应，不少企业出现财务危机或资金链断裂，引发了行业性和区域性金融风险。

天煜建设发生危机后，因天煜建设与杭州嘉逸集团存在互保关系，引发嘉逸集团及其关联企业华洲集团被8家银行集中收贷1.15亿元，同时出现近1.2亿元的贷款逾期，经营顿时陷入困局。仅就天煜建设而言，它的贷款总额不算太高，大部分的贷款与嘉逸集团互保，直接所涉企业并不太多，它的破产本不足以引起大的危机，但其互保企业嘉逸集团是杭州家具行业的龙头企业，天煜建设点燃的是一个重磅炸弹。以嘉逸集团为原点的二级担保圈包括六大集团，涉及企业超过30家，互保金额总计4.18亿元，其中三家是当地的大型龙头企业，总资产逾55亿元；以华洲集团为原点的二级互保圈涉及5家企业，包括荣事实业、高盛科技、正见建设、中业控股及下属关联公司等。

2012年3月初，与嘉逸集团和华洲集团均有互保关系的浙江荣事实业集团被北京银行收贷3 000万元。荣事实业又是一个地雷，它是国内人造板行业的领军企业。以荣事实业为“传染源”的三级互保圈中，涉及的企业包括虎牌集团、九龙控股、朗华家具、博洋家具、荣业家具、新世纪管道、东新木业等近10家。2012年3月26日，虎牌集团受荣事实业收贷影响，加上自身因收购引发的问题，被华夏银行收贷4 000万元，3月27日被中国银行收贷4 000万元。被卷入第三级担保圈危机中的虎牌集团是浙江地区备受瞩目的明星企业，连续5年跻身“中国民营企业500强”，是拥有绝缘子、电务、电气、电缆及铜业等多板块的多元化控股集团。

与此同时，虎牌集团下游担保圈即第四级担保圈的6家互保企业陆续出现被收贷的情况。例如，互保链上的正邦水电自4月起，短短45天，被4家银行收贷1.05亿元，正邦水电与另一陷入危局的企业中江控股也存在互保关系。在第四级互保圈中，与荣事实业有互保关系的九龙控股和博洋家具等，又与多家企业存在互保关系，如与九龙控股互保的企业有博洋家具、朗华家具、杭州康顺等；与博洋家具互保的企

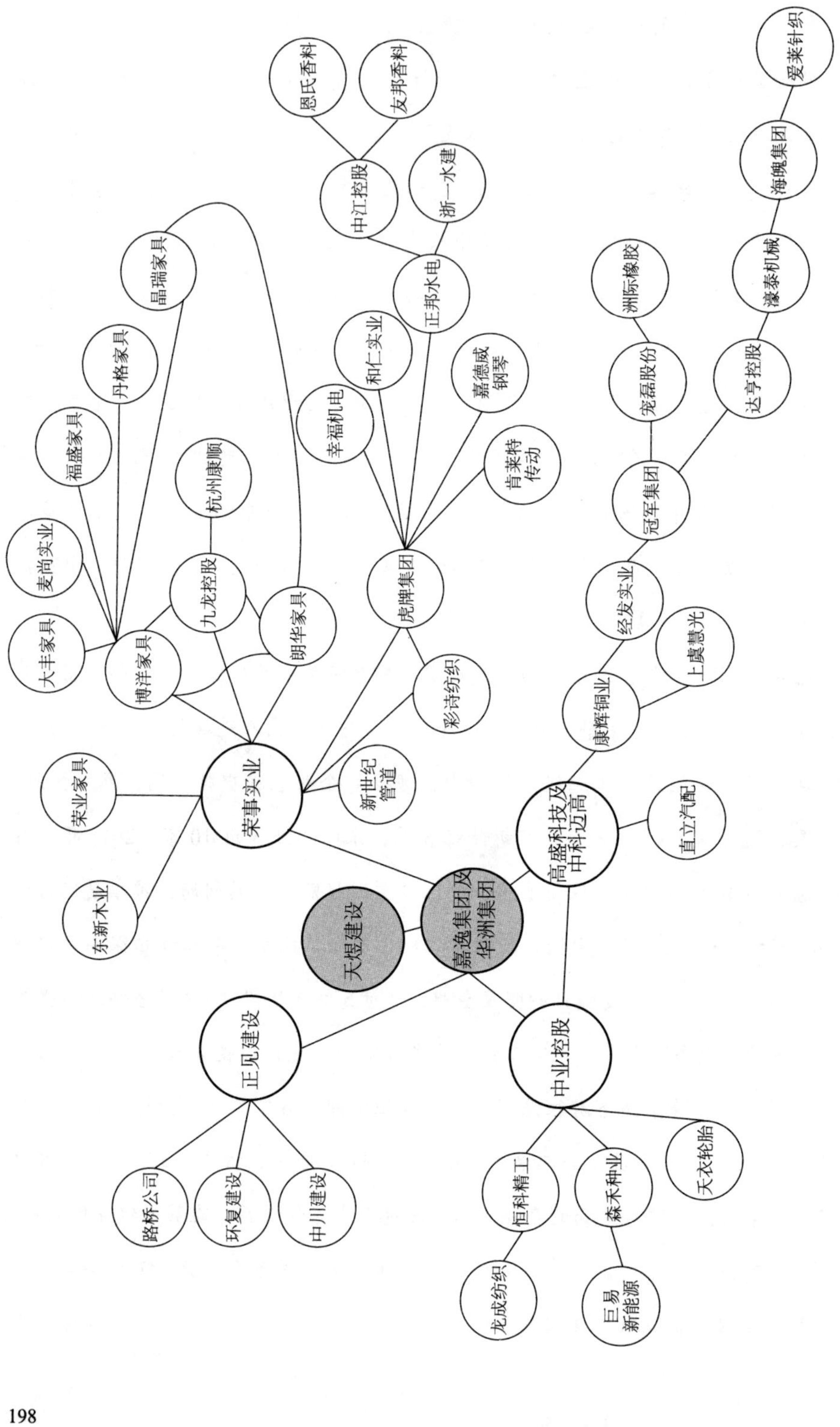

图 6-1 天煜建设引发的互保和联保风险图

业有晶瑞家具、大丰家具、福盛家具、麦尚实业等。

起源于杭州的这场危机持续发酵，蔓延到了距离杭州不远的湖州市。处于此次危机“二级担保圈”中的另一家杭州企业高盛科技，受危机影响，老板洪汉民于 2012 年 3 月跑路加拿大，其实际控制的 9 家企业共留下高达 18 亿元的欠债，其中 10 亿元为银行贷款。洪汉民跑路后，多家银行找到了为其提供担保的康辉铜业，康辉铜业被迫停产，董事长陈德康被当地公安部门控制。康辉铜业处于第三级担保圈，与其存在互保关系、处于第四级担保圈的经发实业、上虞慧光等近 10 家企业岌岌可危，再往下处于第五级担保圈的近 10 家企业日子也非常煎熬。

处于第四级担保圈的经发实业又是一家“中国民营 500 强企业”，注册资本 5.87 亿元，产业涉及旅游、酒店、金融、房地产、纺织制造、对外贸易等众多产业，并参股浙商银行、徽商银行、包商银行等多家银行。康辉铜业出事后，经发实业很快受牵连。坊间传言，经发实业涉及负债近 30 亿，民间借贷近 8 亿，但该数据无法得到核实。鉴于其庞大的经济体量在当地影响巨大，诸暨市政府介入帮助企业重组自救，终得以平稳过渡。

与此同时，与经发集团存在互保关系的冠军集团也陷入焦灼。冠军集团是国内香榧行业的龙头企业，也是国内最大的香榧加工基地和苗木繁育基地。冠军集团的互保企业除经发实业外，还包括达亨控股集团、宏磊股份等 10 家企业，其中为经发实业担保的金额为 1 400 万元，为达亨控股集团担保的金额为 7 500 万元和 330 万美元，真正将冠军集团拖入债务泥潭的是达亨控股集团。

2011 年 11 月，洲际橡胶集团因民间高利贷导致资金链条断裂，与冠军集团存在互保关系的达亨控股和宏磊股份同时也是洲际橡胶集团的互保企业。达亨控股集团为洲际橡胶集团提供了 9 200 万元的贷款担保，因而陷入还贷危局。达亨控股集团是绍兴地区的一家大型制衣企业，年出口创汇超过 1 亿美元。该公司董事长何先永的绝大多数资产投资在海外，无法在短时间内变现偿还债务，2012 年在 6 月，何先永因涉嫌“非法吸收公众存款”被逮捕。

为达亨控股集团提供担保的企业除冠军集团外，还包括濠泰机械、海魄集团、爱莱针织公司等15家企业，担保金额为5.22亿元，这些企业相继陷入危局，并通过担保和互保关系继续向外传染和漫延。

企业风险会通过供销关系、借贷关系、担保关系和关联关系传染给供应商、债权人、保证人和关联方，而这仅仅是浙江和全国庞大的通过互保、联保网络传染风险的一个缩影。

第 24 章　财务限制条款和保护性条款是重要的风险预警线

贷款发放之后，借贷关系的主动权就掌握在借款人手中。银行贷款能否偿还，既取决于借款人的还款能力，也取决于其还款意愿。随着时间的推移，市场环境不断变化，借款人的经营及财务情况也在不断变化，其还款能力和还款意愿也在变化。银行基于未来可能出现的不同情况，通过在事前设立动态的贷后调整机制，并在借款合同中约定相应的财务限制条款和保护性条款（以下简称“两个条款”），可以在一定程度上约束和限制借款人的经营和财务行为，一旦借款人触及上述条款时，可要求借款人追加保障措施或给予银行一定的补偿，以维护银行权益，保障债权安全。

什么是财务限制条款和保护性条款

财务限制条款，是指银行通过合同条款对借款人的财务指标及可能影响财务指标的重大经营及财务行为进行限制和约束，一旦借款人触发相关条款，银行有权采取相应的措施，保障贷款安全；保护性条款，是指银行通过合同条款对借款人除财务指标以外的事项或可能影响贷款偿还的其他重大经营行为进行限制和约束，以切实维护银行权益，一旦借款人触发相关条款，银行有权采取相应的措施，保障贷款安全。上述有关财务限制条款和保护性条款，须在借款合同中加以约定，并要在贷款存续期间持续进行跟踪监测和落实。

银行设置“两个条款”应遵循的原则

银行在设置财务限制条款和保护性条款时，应遵循的以下原则：一是针对性。有关合同条款的设定要有针对性，要根据在信贷调查和审查的过程中发现的问题和风险因素，以及贷款期间借款人可能出现的财务状况变化或可能发生的影响债务偿还的重大经营行为，设定必要的财务限制条款和保护性条款，保障银行贷款安全。二是合理性。有关合同条款的设定应立足于当前借款人的经营情况和财务状况，参考同行业平均水平，既要有利于规避实质风险，又要符合企业实际情况，还要留有一定的余地，体现公平、合理及风险收益匹配的要求。三是有效性。有关合同条款的设定能够有效地规避可预见的风险，抑制借款人潜在的投机行为，有利于保障银行贷款权益，又不至于阻碍企业正常的经营发展。四是可操作性。财务限制指标的设定要易于计算，保护性条款中约定的事项要容易认定，要充分考虑可操作性，且方便于贷后监测和管理。

如何设置财务限制条款

借款人的财务状况直接影响其偿债能力，由于企业财务状况及偿债能力恶化有一个过程，银行通过在借款合同中约定相关的财务限制条款，既可约束企业做出一些不利于债权人的财务及经营行为（如举债、对外投资、出售资产、现金分配利润、非经营性现金支出增加等），也可在企业出现风险苗头（如销售收入下降、利润下滑、资产流动性下降等）的早期进行预警，并及时采取补救措施。银行应在借款合同中明确，一旦企业触及财务限制条款，其可采取包括但不限于以下措施：暂停已签订合同项下的提款；或宣布贷款提前到期，要求借款人提前偿还银行已发放的部分或全部贷款；或要求借款人追加银行认可的合法、有效、可靠的担保措施；或要求借款人提高贷款利率等。银行通常采用的财务限制条款主要包括以下几种。

限制借款人增加债务

借款人增加债务总量，将会削弱其偿债能力，并直接影响原债权人（特别是原无抵押债权人）的利益。限制借款人增加债务的主要条款包括：

1. 限制借款人的资产负债率。如在借款合同中约定：在未清偿本行贷款本息前，每月（季度、半年）根据借款人当期财务报表计算一次资产负债率，资产负债率不得连续 × 次高于 ×%；或直接约定：在未清偿本行贷款本息前，借款人的资产负债率在任一时点均不得高于 ×%。

2. 限制借款人付息债务总额（含银行借款、应付债券、融资租赁、信托等非标融资，下同）与上年（季度、半年、最近 12 个月）营业收入的比率。如在借款合同中约定：在未清偿本行贷款本息前，借款人在任一时点的付息债务总额 / 上年（季度、半年、最近 12 个月）营业收入不得超过 ×%。

3. 限制借款人付息债务总额与 EBITDA（即息税折旧摊销前利润）的比率。如在借款合同中约定：在未清偿本行贷款本息前，借款人在任一时点的付息债务总额与 EBITDA 之比不得高于 ×%。

4. 限制最大财务杠杆比率（即全部付息债务与净资产的比率）。如在借款合同中约定：在未清偿本行贷款本息前，借款人在任一时点的付息债务总额与净资产之比不得超过 ×%。

5. 规定最低债务偿还比例（即 EBITDA 与未来一年内到期长期付息债务的比率），该条款主要针对长期债务。如在借款合同中约定：在未清偿本行固定资产贷款本息前，借款人每一年度的 EBITDA 与未来一年内到期的长期付息债务之比不得低于 ×%。

6. 限制合并负债总额与合并净资产的比率。该条款的主要目的是防止集团过度扩张，提高净资产对负债的保障程度，可在借款合同中约定：在未清偿本行贷款本息前，借款人在任一时点合并负债总额与合并净资产之比不得高于 ×%。

7. 直接限制借款人增加付息债务。如在借款合同中约定：在未清偿本行贷款本息前，未经本行书面同意，借款人不得增加任何付息债务。该条款对借款人的经营及财务情况约束较大，银行在使用该条款时，通常是针对借款人付息债务较重的情形，或针对由本行独家承贷的固定资产贷款，且通常会比较慎重。

8. 限制借款人重复融资条款。为防止借款人以同一项目作为融资平台，重复向多家银行融资，对多家银行均拟介入的竞争性项目，可在借款合同中约定：该项目对外融资总额最高不超过某一数额，否则即视为借款人违约。

限制借款人降低资产流动性

资产流动性是影响企业短期偿债能力的主要因素，为保证借款人的短期偿债能力，必须有足够的流动资产。限制借款人降低资产流动性的主要条款包括：

1. 明确最低流动比率要求。如在借款合同中约定：在未清偿本行贷款本息前，每月（季度、半年）根据借款人当期财务报表计算一次流动比率，借款人流动比率不得连续 × 次低于 ×%。

2. 明确最低应收账款周转率要求。如在借款合同中约定：在未清偿本行贷款本息前，借款人应收账款周转率不得低于 × 次 / 年。

3. 明确最低存货周转率要求。如在借款合同中约定：在未清偿本行贷款本息前，借款人存货周转率不得低于 × 次 / 年。

4. 明确最低流动资产周转率要求。如在借款合同中约定：在未清偿本行贷款本息前，借款人流动资产周转率不得低于 × 次 / 年。

限制借款人现金支付

债务主要是通过现金清偿的，因此，债务总量应与销售收入或经营活动的现金流入量和净流量保持一定的配比关系。限制借款人现金支付的主要条款包括：

1. 明确销售收入对付息负债的最低保障要求。如在借款合同中约定：在未清偿本行贷款本息前，借款人在任一时点的付息负债总额 / 上一年度（或最近 12 个月）销售收入不应大于 ×%（制造业参考值为 100%），或借款人在任一时点的短期付息负债总额 / 上一年度（或最近 12 个月）销售收入不应大于 ×%（制造业参考值为 50%）。

2. 明确经营活动现金净流量对付息负债的最低保障要求。如在借款合同中约定：在未清偿本行贷款本息前，经营活动现金净流量 / 付息负债总额不应小于 ×%（制造业参考值为 5%）。

3. 明确销售归行额对本行贷款的最低保障要求。如在借款合同中约定：在未清偿本行贷款本息前，借款人每年在本行归集的销售收入不得低于本行融资总额的 ×%。

4. 明确最低经营活动现金净流量要求。如在借款合同中约定：在未清偿本行贷款本息前，借款人经营活动现金净流量不得连续 × 年为负值（通常针对中长期项目贷款）。

限制借款人资本支出

借款人资本支出将会减少其现金或实物资产。由于投资回收期通常较长，且不确定性较大，减少现金将直接影响借款人的偿债能力；减少实物资产将影响借款人经营创现能力，进而影响借款人的偿债能力。该类条款主要适用于已知借款人的投资计划，也可作为一般性条款对借款人的资本支出行为进行限制。限制借款人资本支出的主要条款包括：

1. 在借款合同中约定：在未清偿本行贷款本息前，未经本行书面同意，借款人不得进行长期股权投资、兼并收购和购建固定资产等资本性支出。

2. 在借款合同中约定：在未清偿本行贷款本息前，借款人对外股权投资、兼并收购和购建固定资产等资本性支出总额不得超过一定额度。

3. 在借款合同中约定：在未清偿本行贷款本息前，借款人必须一直从事当前的主营业务，或某项业务收入在主营业务收入中的占比不低于 ×%。

限制借款人分配利润

借款人实现的利润是重要的还款来源之一，现金分配利润一方面直接减少了还款来源，另一方面也影响了借款人的积累能力及未来发展能力。借款人减少对股东分配利润有利于提高其偿债能力。限制借款人分配利润的主要条款包括：

1. 在借款合同中约定：在未按约定的还款计划偿还当年到期贷款本息之前，不对股东进行现金分红。

2. 在借款合同中约定：在未清偿本行贷款本息前，借款人分配利润需经银行书面同意，且最高股利支付比例不得高于当期实现净利润的 ×%。

3. 在借款合同中约定：在未清偿本行贷款本息前，借款人每年以股利、管理费或其他形式支付给股东的金额不超过一定数额或一定比例。

限制借款人出售资产

借款人的营业收入和利润是资产创造的，借款人出售运营资产将直接影响其持续创造营业收入和利润的能力，并直接影响到债务的偿还。因此，严格限制借款人出售资产或要求其净资产维持在较高的水平，有利于保障借款人的偿债能力。限制借款人出售资产的主要条款包括：

1. 在借款合同中约定：在未清偿本行贷款本息前，借款人不得出售、变卖、转让或租赁主要的运营资产。

2. 在借款合同中约定：在未清偿本行贷款本息前，借款人净资产不低于一定额度。

3. 在借款合同中约定：在未清偿本行贷款本息前，借款人最高借款余额与净资产的比率不高于 ×%。

如何设置保护性条款

保护性条款通常包括交叉违约条款、关联交易限制条款、控制权转移限制条款、子公司借款限制条款、对外担保限制条款、项目超支限制条款、环保达标条款、资金监管条款、信息披露条款、重大不利事件条款和信用放款保护性条件等。当借款人发生对其履行借款合同项下义务产生不利影响的经营行为时，银行可以根据借款合同约定的上述保护性条款，采取包括但不限于以下的救济措施：暂停已签订合同项下的提款；或宣布贷款提前到期，要求借款人提前偿还本行已发放的部分或全部贷款；或要求借款人追加银行认可的合法、有效、可靠的担保措施；或要求借款人提高贷款利率等。

交叉违约条款

企业在经营恶化的情况下可能会做出高风险的决策，关联企业违约可能是整个集团发生财务危机或出现道德风险的征兆。因此，可在借款合同中增加交叉违约条款，如约定：

1. 借款人所在集团中任一成员企业对债权人的违约，导致其可能无法全额偿还本行债务的，均应视为借款人对本行的违约。

2. 借款人对他行或其他债权人违约，导致其可能无法全额偿还本行债务的，也应视同借款人对本行违约。

3. 借款人在贷款期内涉及诉讼金额超过净资产的 ×%（参考值为 10%）以上时，需及时将诉讼情况、进展、风险及解决方案通知本行。

4. 保证人涉及重大诉讼或银行融资出现违约，借款人应及时将保证人更换为本行认可的其他保证人或提供本行认可的其他担保方式，否则视为借款人对本行的违约。

关联交易限制条款

借款人与关联企业在商品购销、提供劳务、资金往来、资产重组过程中，如果通过制订显失公允的交易价格等方式向股东或关联方输送利益，将会影响其偿债能力。该类条款主要适用于借款人关联关系复杂，特别是以往存在较为频繁或大额的关联交易等情形。关联交易限制条款包括：

1. 在借款合同中约定：借款期限内，当重大关联交易影响债权安全时，应取得本行同意，否则即视为违约。重大关联交易指单笔交易金额占上年末资产总额的 ×% 或占上年营业收入的 ×% 中的较低值。

2. 在借款合同中约定：借款期限内，借款人须确保在关联交易中按公允市场价格和结算方式采购原料（或销售产品）。

3. 在借款合同中约定：借款期限内，当借款人与关联企业间的交易比较频繁且对借款人的偿债能力造成较大负面影响时，本行有权要求借款人协调上下游关联企业提供连带责任保证。较大负面影响是指借款人任一年度经营亏损或营业利润率低于 ×%。

控制权转移限制条款

借款人控股股东或下属核心子公司对借款人的经营情况和偿债能力影响很大，控制权转移限制条款包括限制股东转移对借款人控制权和借款人转移对下属核心子公司控制权两个方面。因此，银行可在借款合同中增加控制权转移限制条款，约定借款期限内，目前控股股东要维持对借款人的控股地位不变，或借款人维持对下属某几家核心子公司的控股地位不变，并维持集团目前的财务资金管理体制不变。

子公司借款限制条款

借款人下属子公司借款将会增加借款人并表债务总额，并影响其偿债能力及再融资能力。因此，可在借款合同中增加子公司借款限制条款，约定在借款期限内，非经本行书面同意，下属子公司不得对外借款，或下属子公司借款总额不得超过一定额度。

对外担保限制条款

对外担保是借款人的或有负债，如借款人对外担保项下的债务到期无法偿还，借款人被要求履行代偿责任，可能造成借款人的经营情况和财务状况在短期内恶化。因此，为保护债权人利益，可在借款合同中增加限制借款人对外担保的条款，如约定：

1. 借款期限内，未经本行书面同意，借款人不得以合同项下借款形成的资产和权益对外设定抵（质）押。

2. 借款期限内，未经本行书面同意，借款人不得向任何第三方提供担保；或对第三方的担保金额限定在上年末净资产的 ×% 以内。

3. 借款期限内，本行有权对抵押物进行重评，如未偿还贷款本金与评估价值之比超过 ×%（参考值为 70%），应追加本行认可的担保措施或提前归还部分贷款本金。

4. 借款期限内，本行有权对保证人的保证能力进行重评，如保证人的保证能力发生重大不利变化（可约定重大不利变化的标准，如资产负债率上升 15 个百分点或净利润下降 50% 等），借款人应追加本行认可的担保措施或提前归还部分贷款本金。

项目超支或延期完工限制条款

项目超支将形成资金缺口，增加借款人或股东的财务负担，并可能影响项目的正常投产。因此，为保护债权人利益，可在借款合同中增加项目超支限制条款，如约定：项目超支部分由股东增资解决；或资金缺口由股东提供长期次级贷款解决；或项目超支部分如需对外融资，则资本金比例不得低于原资本金比例等。项目延期往往也会间接带来项目超支（如计入总投资的资本化的利息不断增加），同时还加大了市场风险，推迟了还款计划，增加了还款风险。为此，可在借款合同中约定：当项目投产日期晚于某一约定日期时，借款人需及时将该事项及相关风险因素通知本行，本行有权要求借款人就本行贷款风险控制问题提供进一步的解决方案。

环保达标条款

借款人环保违规违法行为可能引发信用风险和声誉风险，要认真贯彻监管部门有关绿色信贷的政策，加强对企业环保风险的监测管理，信贷调查和审查时对有色、化工、水泥、制革、制浆造纸、印染、制糖、植物油加工、印制电路板、电镀等环境敏感行业或可能存在环保风险隐患的客户，可要求在借款合同中增加下列环保达标条款，一旦企业触发相关条款，银行可及时采取前述保护性措施。如：

1. 建设项目环境影响评价报告未获得有权部门批准。

2. 建设项目不符合“三同时”制度（同时设计、同时施工、同时投产）或未通过环保“三同时”验收。

3. 企业未取得有效排污许可证；危险废物经营企业，未取得危险废物经营许可证。

4. 企业污染物超标排放或存在偷排偷放、故意直排情况。

5. 企业环保治理设施不完善或无法正常运转。

6. 企业涉及环保、居民或职工健康等群体性事件。

资金监管条款

借款人的账户行为及资金监管是否到位对贷款偿还有重大影响，特别是对于借款人第二还款来源保障程度相对较弱，或本行贷款偿还直接来源于特定的销售收入或应收款项（如打包贷款、保理、发票融资等）。因此，为保护债权人利益，可在借款合同中增加资金监管条款，约定：

1. 贷款资金的支付方式和贷款人受托支付的金额标准。

2. 借款人在本行开立资金监管账户，销售收入按不低于本行贷款占比归集本行监管账户，并授权本行对账户资金进行监管，优先用于按约定偿还本行贷款本息。

3. 如果借款人特定收入（即本笔业务的还款来源）提前实现，本行有权根据借款人资金回笼情况提前收回贷款（主要针对贸易融资）。

4. 借款人应将在本行开立的账户作为 ×× 企业（购货方）回款或拨款单位拨款的唯一合法账户。

5. 如果借款人连续 × 月（季度）在本行回笼的资金低于一定额度或一定比例，并对本行贷款安全产生不利影响，本行有权宣布贷款提前到期。

信息披露条款

借款人按规定向债权银行披露有关信息是银行了解其经营情况和财务状况，判断其偿债能力的重要途径。因此，为保护债权人利益，可在借款合同中增加信息披露条款，约定借款人应及时向本行提供财务报表和其他相关资料；或借款人应及时、准确、全面地向本行披露包括关联关系、关联交易及对外担保情况等信息。当借款人不履行上述信息披露义务时，本行有权采取借款合同项下约定的或法律规定的救济措施。

重大不利事件条款

在银企双方签订借款合同后，借款人发生可能影响其偿债能力的重大不利事件，如继续履行合同，可能会危及银行贷款安全。因此，为保护债权人利益，可在借款合同中增加重大不利事件条款，约定在合同签订后提款前，如借款人发生经营情况和财务状况严重恶化，或资产质量明显劣变等重大不利事件，导致借款人无法履行其在借款合同项下规定义务时，银行有权中止执行借款合同。

信用放款保护性条款

信用放款是指银行仅凭借款人的信用而无须提供抵质押物的贷款，发放信用放款的风险相对较高，因而往往需要视借款人的财务状况、偿债能力和贷款风险收益情况附加一定的条件。如约定：

1. 借款人应与本行签订账户监管协议，借款人销售回笼现金须归集银行指定账户，并授权银行进行账户资金监管；

2. 未经本行书面同意，借款人不得以其有效经营资产向其他债权人设定抵质押或对外提供担保；

3. 设定相关财务限制条款、贷款提前到期条款和交叉违约条款；

4. 借款人承诺在本行的存款、结算、中间业务占比不低于本行融资同业占比等，通过提高客户综合收益弥补或减小实际风险敞口。对于阶段性信用放款的，应明确约定贷款办理抵质押或保证手续的最后期限，在借款人可以提供抵质押物或保证人能够提供担保时，须及时办妥合法、有效、可靠的担保手续。

银行要重视通过设置“两个条款”控制贷款风险

笔者在实际工作中注意到，一些国外银行牵头筹组的银团贷款，对贷款发放后借款人可能发生的不利于债权人的经营及财务行为有严格的限制、对企业借款后的预期业绩有明确的要求、对企业违约或未达到相关指标时银行可采取的救济措施有明确的约定，并事先在借款合同中详细地列明了有关财务限制条款和保护性条款。事实上，由于内部人行为的普遍存在，借款人在取得银行贷款后，债权人一直处于被动的地位。为保障债权人的利益，必须对借款人的一些经营及财务行为进行严格的约束。当前，一方面，国内银行经营还比较粗放，有时还缺乏将信贷调查和审查发现的问题和不确定性因素，转化为细致的合同条款安排以控制贷款风险的意识；另一方面，当前国内银行过度竞争，竞相放宽贷款条件，银行有时也很难提出能够有效地约束和限制借款人行为的措施，造成企业向银行借钱后，在贷款的使用上随意性较大，有些本该受到约束的经营和财务行为并无约束，损害或侵犯债权人利益的情况时有发生。因而，从精细化管控风险的角度，银行要重视通过设置并在合同中约定“两个条款”，作为贷后管理的定量指标和重要抓手，一旦客户触及风险预警线，应及时采取措施，保障银行贷款安全。

某银团贷款的财务限制条款和保护性条款

2003 年 4 月，某著名国际银行牵头为国内某外商投资项目筹组银团贷款，《银团贷款合同》中约定的有关财务限制条款及保护性条款如下：

1. 借款人财务约定。（1）在贷款本息清偿完毕前的任何时间，借款人的总负债（不包括借款人股东贷款的本息）与借款人的总资产的比例不超过 65%；（2）在贷款本息清偿完毕前的任何时间，借款人的速动比率不低于 100%；（3）在贷款本息清偿完毕前的任何时间，借款人的负债合计与 EBITDA 之比不得高于 2.98；（4）在每一财务年度结束之日计算的该财务年度内的偿债保证比不低于 2.55，2005 年当年的亏损总额不得超过 2 000 万美元，2006 年当年的亏损总额不得超过 3 000 万美元，2007 年当年应不发生亏损。

2. 利润分配及归还股东借款。如果借款人同时满足下列条件，即使借款人未优先清偿全体贷款人的全部贷款本息，借款人仍有权归还部分股东贷款，惟借款人应在归还部分股东贷款日前 15 个营业日内给予各贷款人书面通知：（1）扣除借款人计划归还之部分股东贷款，剩余之股东贷款余额不得低于 2 亿美元，且仍继续从属于本项目贷款（但股东贷款直接转为注入借款人的等额资本金的情况除外）；（2）借款人在各贷款人处已开立的偿债储备专户内余额不低于两期偿债储备资金；（3）借款人归还股东贷款的资金须非来源于借款人与贷款人以外的其他任何银行所签署的任何贷款协议所借贷之资金。在借款人已经发生累计盈利（即已经弥补往年所有亏损且有盈余）的情况下，如果借款人已在各贷款人处开立的偿债储备专户内存入两期偿债储备资金，则借款人可以进行利润分配。

3. 担保限制条款。（1）抵押人同意，将房地产抵押给各债权人，作为对主债权的担保；抵押人同意，将设备抵押给债权人，作为对主债权的担保。“设备”指抵押人在本协议签署之日拥有所有权的所有设备，以及抵押人拥有所有权的任何其他设备。（2）借款人应保证自己及其各子公司不会在其全部或任何资产上设置或允许存续除许可的优先权益之外的任何优先权益。（3）除非本协议签署后全部债权人另行书面同意，否则，仅当各债权人的主债权已经完全得到满足以及抵押代理行和各债权人为设定和实现本协议项下的抵押而发生的全部费用得以全部清偿，并经抵押代理行（按照各贷款人的指示）书面认可后，本协议项下的抵押方可解除。（4）本次提款拟提取的贷款金额加上已提取但尚未归还的贷款金额与在担保文件项下已经办妥抵押登记的房地产和设备的价值的比例小于60%。

4. 对外投资限制条款。借款人不得做出除本项目以外的任何投资。

5. 对保证人的财务约定和非财务约定。（1）财务约定。①合并有形资产净值不低于10亿美元。②合并借款净额对合并有形资产净值之比在2007年6月30日前并包括该日的期间不超过50%，在2007年6月30日后不超过40%；③合并借款净额对前4个季度的EBITDA之比在2007年6月30日前并包括该日的期间不超过1.50，在2007年6月30日后不超过1.30。（2）非财务约定。①担保人承诺维持对借款人的100%的股权。②在没有获得多数贷款人书面同意的情况下，担保人不应该抵押或分配任何资产和股份。③在担保人没有事先得到大多数贷款人书面同意的情况下，任何会计年度不应该出售、转移或处置超过净资产价值5%的资产。④在贷款期间，如没有获得大多数贷款人的同意，担保人不应合并。⑤担保人应该维持在纽约证券交易所上市的地位。⑥担保人应该在其经营范围方面不做任何实质性的改变。⑦担保人应该保证借款人为收到销售额账单的实体（独立核算）直到经营期满；⑧担保人应该为它的交易和资产向保险公司投保。⑨担保人应该遵守所有的相关法律。⑩担保人应该在5个营业日内通报代理行任何现在的或潜在的违约事件。

可见，该项目银团贷款对借款人及担保人的财务及非财务情况做出了诸多限制，债权人的权益得到了较好的保障。国内由于银行自身的产能过剩、过度竞争、优质客户的融资渠道众多以及历史文化传统等因素，往往很难约定类似严格的财务限制条款和保护性条款。因而，借款人在借款后做出一些不利于债权人的行为，往往并未得到有效约束；借款人出现风险苗头的一些早期预警信号，往往也未引起银行重视，从而加大了债权人的风险，或错失了早期处置风险的机会。

第七部分　融资方案篇

银行在综合权衡贷款的第一还款来源和第二还款来源、风险和收益的基础上，应明确提出贷与不贷的意见。经调查审查同意的贷款，应提出最终的融资方案。完整的融资方案一般包括金额、用途、期限、利率、贷款方式（担保条件）和还款安排等贷款要素，以及提款前提条件和合同约束条款等。

本部分重点讨论银行该如何确定融资方案的问题。由于用途、担保、财务限制条款和保护性条款等已在前面章节进行过讨论，本部分将主要探讨设定贷款金额、期限、利率和还款安排等贷款要素时应重点关注的问题。合理的融资方案既要有利于提升本行的竞争力，又要有利于控制贷款风险。

第25章　好苹果吃一半

贷款金额一般是在借款人申请借款额度的基础上，银行根据借款人的还款能力、参考担保条件和同业竞争状况等因素确定的。但对于流动资金贷款、固定资产贷款和并购贷款等不同的贷款品种，确定贷款金额时需要考虑的因素又有所不同。对于单一客户或单笔业务而言，小微企业或小额贷款可不考虑同业占比，但要考虑贷款额度的合理性；对大型客户、集团客户或重大固定资产投资项目而言，“好苹果吃一半”，控制好贷款总量及同业占比，就显得尤其重要。

为什么“好苹果吃一半”

首先,“好”和“坏”是辩证的。任何“坏苹果”都是从“好苹果”演变而来的，现在好并不代表未来好，一时好并不代表永远好。当前市场变化太快，现在的“好苹果”，随着市场变化将来有可能变成“坏苹果”。如2010年前后光伏、煤炭、钢铁等行业中很多企业都是“好苹果”，但现在都变成了“坏苹果”。二是收益和风险是对称的。当你获得了全部利益时，也意味着承担了全部风险。一旦“好苹果”变成“坏苹果”，过去的收益就变成现在的风险。三是有些项目自己拿不太准时，多看看别人的态度是有帮助的。在当前国内银行同业竞争激烈，且风险偏好严重趋同的背景下，好客户和好项目一般难以做到由一家银行全额承贷。如果一个客户或一个项目，其他银行均未介入，则要反过来思考本行的客户和项目选择是否有问题。一些拿不太准的业务，多看看其他银行的态度、介入意愿以及分析问题的角度，也有助于自己进行风险决策。

流动资金贷款额度的确定

企业流动资金贷款需求量通常按日常生产经营所需营运资金与现有流动资金的差额（即流动资金缺口）确定，银监会明确要求银行“应合理测算借款人营运资金需求，审慎确定借款人的流动资金授信总额及具体贷款的额度，不得超过借款人的实际需求发放流动资金贷款”。一般而言，影响流动资金需求的关键因素为存货、现金、应收应付账款和预收预付账款等及其周转速度。银监会《流动资金贷款管理暂行办法》（以下简称《办法》）规定了测算企业流动资金贷款需求量的参考公式，在定量测算的基础上，考虑借款人所属行业、发展阶段、谈判地位等因素的影响，同时关注借款人本次借款金额与其经营规模是否匹配、与对应购销合同（订单）确定的货物品种、数量和价格是否匹配等，判断借款人借款额度的合理性。

银监会新增流动资金贷款额度的测算公式

1. 估算借款人营运资金量

营运资金量 = 上年度销售收入 ×（1– 上年度销售利润率）×（1+ 预计销售收入年增长率）/ 营运资金周转次数

其中：

营运资金周转次数 =360/（存货周转天数 + 应收账款周转天数 – 应付账款周转天数 + 预付账款周转天数 – 预收账款周转天数）

周转天数 =360/ 周转次数

应收账款周转次数 = 销售收入 / 平均应收账款余额

预收账款周转次数 = 销售收入 / 平均预收账款余额

存货周转次数 = 销售成本 / 平均存货余额

预付账款周转次数 = 销售成本 / 平均预付账款余额

应付账款周转次数 = 销售成本 / 平均应付账款余额

2. 估算新增流动资金贷款额度

将估算出的借款人营运资金需求量扣除借款人自有资金、现有流动资金贷款以及其他融资，即可估算出新增流动资金贷款额度。

新增流动资金贷款额度 = 营运资金量 – 借款人自有资金 – 现有流动资金贷款 – 其他渠道提供的营运资金

3. 需要考虑的其他因素

在上述定量测算的基础上，银行在确定企业流动资金贷款额度时还需考虑下列因素：一是各银行业金融机构应根据实际情况和未来发展情况（如借款人所属行业、规模、发展阶段、谈判地位等）分别合理预测借款人应收账款、存货和应付账款的周转天数，并可考虑一定的保险系数。二是对集团关联客户，可采用合并报表估算流动资金贷款额度，原则上纳入合并报表范围内的成员企业流动资金贷款总和不能超过估算值。三是对小企业融资、订单融资、预付租金或者临时大额债项融资等情况，可在交易真实性的基础上，确保有效控制用途和回款情况下，根据实际交易需求确定流动资金额度。四是对季节性生产借款人，可按每年的连续生产时段作为计算周期估算流动资金需求，贷款期限应根据回款周期合理确定。

银监会新增流动资金贷款额度测算公式的局限性

1. 关于对应收票据等部分营运资金占用项目考虑不够充分的问题。如果企业的应收票据、应付票据、应付薪酬、应付税金等科目的余额较大，或其他应收款、其他应付款等科目中与经营活动相关的资金量较大，则应考虑上述科目对企业营运资金需求量的影响，特别是不少企业中承兑汇票是其主要的结算方式，在测算营运资金周转次数时应考虑上述因素的影响，否则按银监会公式测算出来的营运需求量会与实际情况差距较大。

2. 关于存货、应付账款和预付账款中非营运资金占用问题。如企业正在进行固定资产投资项目或技术改造项目建设，存货中可能包含与日常原材料、燃料无关的存货，应付账款和预付账款中也可能包含项目设施设备购置款和建设施工款，在计算平均应收账款余额等平均资金占用余额时，应将涉及项目建设的投入剔除。

3. 关于平均资金占用的误差问题。公式中平均存货余额、平均应收账款余额、平均预收账款余额等平均资金占用问题，如用年初数和年末数简单求算术平均数，由于年末年初特定时点数受季节性因素及人为操纵等非正常因素的影响较大，其测算结果可能误差较大。为提高测算结果的准确性，上述科目的平均资金占用余额最好采用每月末的数据，然后取其算术平均数。

4. 关于其他渠道提供的营运资金问题。《办法》提到的“其他渠道提供的营运资金”概念过于宽泛，在实际操作中不易掌握。目前企业营运资金来源非常宽泛，包括银行、非银行金融机构（如信托公司等）、债券市场（如发行短期融资券、超短期融资券）及结算渠道提供的营运资金等，而银行在计算新增流动资金贷款额度时，通常假设“其他渠道提供的营运资金”为0，并不符合实际。

5. 关于借款人自有资金的测算问题。《办法》并未对何为“借款人自有资金”做出明确规定，在实践中主要有以下三种处理方法，一是直接取借款人账面货币资金；二是取借款人流动资产与流动负债的差额；三是取借款人所有者权益与长期负债之和与长期资产的差额。理论上，“借款人自有资金”是指借款人所有者权益中用于企业日常营运的部分，但在实际操作中不容易认定。

6. 关于测算结果与客户逆向选择问题。由于借款人营运资金需求量的主要影响因素包括存货、应收应付账款、预收预付账款和周转速度，上述指标越劣，则营运资金需求量越大。因此，根据上述测算结果，越是劣质企业，越需要流动资金贷款，而优质企业反而不需要流动资金贷款，造成客户的逆向选择问题。

固定资产贷款额度的确定

固定资产投资项目的贷款额度通常是项目总投资与资本金之间的差额，银行可根据项目风险收益匹配情况，选择是全额参与还是部分参与。一般而言，银行对小项目不一定要削减参贷额度，但应注意本行对借款人及其所在集团的融资占比及其合理性；但对重大项目和大额融资，银行要考虑同业占比并尽可能采取银团贷款方式，参考项目还款能力、担保情况和同业竞争状况，做到“好苹果吃一半”。对于风险偏大的项目，还可要求借款人适当提高资本金比例，以降低贷款份额。银行还要防止借款人通过做大项目总投资，套取银行贷款，用于关联企业或其他项目出资。对于与同类项目相比总投资畸高的项目，要把企业套取银行贷款的水分挤出来。

重大项目或大额融资应尽量采取银团贷款形式，反对大包大揽。银行业协会提倡：为单一客户或单一项目提供融资总额超过 10 亿元的，原则上通过组建银团贷款的方式提供融资；为单一客户或单一项目提供融资总额超过 30 亿元的，应通过组建银团贷款的方式提供融资；融资总额在 10 亿元以下，但风险较大的业务，争取通过银团贷款方式解决。银团贷款的好处包括：一是有利于分散风险，实现风险共担；二是有利于资金监管，抑制借款人多头融资和过度融资。借款人多头融资和过度融资既增大了债权人的信用风险，也容易造成贷款资金被挪作他用的情况；三是有利于提高借款人违约成本，抑制其违约行为。四是有利于协调各家银行的利益，缓解同业恶性竞争。特别是在经济下行时期，银团贷款有利于成员行共同应对客户经营困难，减少各自为政和抽贷行为。此外，同一项目同时向多家银行申请贷款且未采取银团贷款的，信贷调查和审查时都要认真核实他行介入该项目的情况、审批进度及贷款条件，确保本行的期限、利率、担保和还款安排等主要贷款条件不弱于他行，并在借款合同中明确约定各家银行贷款的总额不得超过项目的实际融资需求（即总投资扣除资本金后的部分），否则也容易造成重复融资和过度融资问题。

并购贷款额度的确定

根据监管要求，并购贷款金额不得超过并购交易总额的60%，并购方自筹资金应先于本行贷款到位，或根据并购协议约定的支付进度，在每期支付的并购价款中，自筹资金应与银行贷款同比例支付，不得在并购方自筹资金未到位的情况下，先行以并购贷款支付并购交易价款。对于大额并购融资，应尽可能采取银团贷款方式分散风险。对于风险相对较大的并购业务，应要求并购方适当提高自筹资金比例，减少并购贷款的金额及比例。

银行在确定贷款金额时应关注的其他问题

银行在确定贷款金额时，还要关注借款人在本行的融资金额及占比应与其在本行办理的综合金融业务相匹配。如果借款人的全部借款均由本行提供，则应明确要求借款人在本行开立基本账户，销售收入应全额回笼至本行指定账户，借款人的存款、结算、网银、代收付，甚至个金业务原则上均应在本行办理。如借款人在多家银行开立账户并回笼销售收入的，原则上本行不应向其提供全部融资。

集团母公司流动资金贷款需求不应以合并报表作为测算依据

A集团是一家从事机械制造、矿山开采、物流、贸易及房地产开发的多元化集团公司，集团母公司主要从事机械制造，并行使集团投资管理职能。该集团实行分权化的财务管理体制，下属子公司经集团总部批准后独立融资、自行偿还。2016年初，A集团母公司向B银行申请流动资金贷款1亿元，期限1年，用于企业经营周转。经办行在按照银监会公式测算企业流动资金贷款需求时，直接采用了合并报表数据，测算结果为该公司新增流动资金贷款需求量为3亿元。但如果按集团母公司报表数据测算，测算出的流动资金需求量则为负数。由于该笔贷款的借款主体是集团母公司，以集团合并报表测算集团母公司的流动资金贷款需求量是不妥当的。

企业不同意筹组银团，造成多头融资和过度融资

2011 年，某矿业集团三级子公司某煤业公司为建设年产 120 万吨煤矿及选煤厂项目，向 A 银行申请 6 亿元贷款。该煤矿所在井田可采面积 36 平方公里，可采储量约 12 500 万吨，煤层厚度平均约 5 米，煤质为主焦煤和少量 1/3 焦煤，矿井设计生产能力为 120 万吨 / 年，服务年限 40.3 年，配套建设选煤厂一座。项目总投资 14.7 亿元，其中固定资产投资 14.4 亿元，资本金 4.4 亿元，资本金比例 30.6%，银行贷款 10 亿元；流动资金投资 3 000 万元，由股东投入解决。项目计划 2012 年初建成投产，预计项目投产后年可实现销售收入 10 亿元，利税 2 亿元。

A 银行在营销该项目贷款的过程中，曾建议由该行牵头筹措银团为煤业公司提供 10 亿元贷款。当时煤炭行业形势良好，煤炭价格高涨，煤业公司为当地同业竞争性优质客户，谈判能力强，该公司不同意筹组银团。出于适当分散风险考虑，A 银行最终审批同意对该项目发放不超过 4 亿元贷款，贷款期限不超过 7 年，前提条件包括：（1）资本金与银行贷款同比例到位；（2）项目所需他行贷款已经落实，且与本行贷款大致同比例投入使用。项目最终融资总额不得超过 10 亿元，防止过度融资；（3）以项目采矿权抵押，A 银行按贷款份额享有抵押权益，办妥合法、有效、可靠的抵押手续；（4）项目建成后，销售收入按不低于 A 银行同业占比归集该行，并接受 A 银行对账户资金的监管，优先用于按约定归还贷款本息。

该煤炭公司于 2012 年 5 月建成投产。由于近年煤炭行业形势发生了很大变化，该公司 2014 年全年实际实现销售收入 4.7 亿元，亏损 1.8 亿元。A 银行在对该项目的贷后检查中发现，先后有 5 家银行对该项目发放了 18 亿元贷款，其中至少有 6 亿

元资金转入到集团关联企业账户，被集团挪作他用，项目实际到位资本金仅2.4亿元。A银行批准该项目贷款后，经办行在项目资本金未按比例到位、他行贷款已超额发放的情况下，分三次全额投放了4亿元贷款。目前煤业公司仅能勉强维持付息，各家银行贷款均处于高风险状态之中。

第 26 章　期限越长不确定性越大

《巴塞尔协议 III》的内部评级法中，每项资产的信用风险水平是由贷款违约率（Probability of Default，PD）、违约损失率（Loss Given Default，LGD）、到期日（Maturity）和违约风险暴露（Exposure at Default，EAD）4 个风险要素决定，期限是影响一笔贷款风险权重及资本计提的重要因素。贷款的期限越长，不确定性越大，风险越大。例如，标准普尔 AAA 级客户，一年期违约率为 0，5 年期累计违约率约为 0.24%，10 年期累计违约率达到 1.24%。即使是最优秀的客户，当时间拉长后，也可能违约。

贷款期限与风险、收益和流动性

贷款期限既影响贷款风险，又影响贷款收益，还影响银行资产的流动性。首先，在其他条件不变的情况下，贷款的期限越长，借款人、抵押物和保证人可能发生的变化越大，市场可能发生的变化越大，各种影响贷款偿还的不确定性越大，贷款风险越大。其次，贷款期限越长，资金来源的成本越高。虽然当前贷款利率的上下浮空间已经打开，但目前人民银行公布的 5 年期以上贷款基准利率只有一档，在贷款利率通常还与基准利率挂钩的情况下，利率对长期贷款的风险补偿并不充分。再次，在目前存款期限趋于短期化的背景下，贷款期限越长，越加剧存贷款期限错配，越容易造成流动性风险和利率风险（重定价风险）。银行表外理财业务也存在类似的问题。因此合理确定贷款的期限尤其重要。

贷款期限划分

贷款期限分为狭义和广义两种，狭义的贷款期限是指从银行将贷款发放给借款人起到约定的最后还款日止之间的期限；广义的贷款期限是指从银行承诺向借款人提供贷款到约定的最后还款日止之间的期限，即从签订合同到合同结束的整个期间。广义的贷款期限一般可划分为三个时期，即提款期 、宽限期和还款期。（1）提款期。提款期也称承诺期，是指借款人可以提取贷款的有效期限，通常从借款合同生效之日开始，至合同约定的提款期到期日止。如果借款人在提款期到期日没有提取全部贷款，未提取部分的金额就会自动取消。（2）宽限期。宽限期是指从借款人首次提款至首次归还贷款本金之间的时段，在这期间，借款人只要按合同约定向银行支付利息，而无须偿还贷款本金；或本息都不用偿还，但是银行仍应按规定计算利息，直至还款期才向借款人收取。（3）还款期。还款期是指从合同约定的第一次还本日起至全部贷款本息清偿完毕止的期间。在整个还款期内，贷款本金可以分若干次在每个付息日偿还。

贷款按期限长短划分为短期贷款、中期贷款和长期贷款。短期贷款指贷款期限在 1 年（含）以内的贷款，中期贷款指贷款期限在 1 年（不含）以上 5 年（含）以下的贷款，长期贷款指贷款期限在 5 年（不含）以上的贷款。借款人不能按期归还贷款的，应当在贷款到期日之前向银行申请贷款展期。短期贷款展期期限累计不得超过原贷款期限，中期贷款展期期限累计不得超过原贷款期限的一半，长期贷款展期期限累计不得超过 3 年。借款人申请展期未得到批准的，其贷款从到期日次日起转入逾期贷款账户。

贷款期限的设定

贷款期限通常根据借款人的生产经营周期、还款能力和银行流动性管理需要等，由借贷双方共同商议后确定，并在借款合同中载明。具体而言，短期贷款一般根据还款来源预期到账时间，确定贷款期限；中长期项目贷款一般根据借款人或项目预期现金流对贷款本息的覆盖情况（即借款人或项目的偿债能力），参考按最大还款能力测算的项目贷款偿还期、他行对本项目贷款的期限和借款人存量融资的期限分布等因素，确定本项目贷款的期限。国内银行中长期项目贷款大多会选择持有直到到期，不考虑借款人再融资的因素，这样计算出来的贷款偿还期普遍都偏长。国外银行一般通过以下三种方法解决贷款期限过长的问题：一是发放短期贷款，到期后再融资，并通过设定一系列严格的财务限制条款，持续监测借款人的偿债能力；二是通过资产证券化，转移贷款所有权和风险；三是通过信用衍生工具转移贷款的信用风险，但不转移所有权（表外交易）。

制造业由于技术进步、消费升级、产品替代和市场变化很快，对制造业客户的贷款期限一般不宜过长，而且贷款期限越长，保证人和抵押物情况变化越大，从而也将影响第二还款来源的可靠性，因此在现金流允许的情况下，应尽量缩短贷款期限。一般而言，制造业固定资产贷款的期限原则上不宜超过 5 年。对评估测算偿还期较长的制造业项目贷款，要持谨慎的态度，要通过要求股东增加资本金等方式，削减贷款额度，缩短贷款期限。如多家银行对同一项目发放贷款，则本行贷款期限一般不应长于他行。在当前国内银行普遍采取持有直至到期的情况下，中长期固定资产贷款对银行流动性的影响较大，对期限、利率均比较敏感的中小银行普遍难以参与长期限的基础设施项目贷款。

宽限期的设定

固定资产贷款的期限设定通常还涉及宽限期。固定资产贷款的宽限期通常指贷款期内借款人只付息不还本的阶段。由于项目建设期没有现金流入，项目建设期的贷款利息作为项目总投资的组成部分，实际上是由资本金或银行贷款支付的。因此，项目贷款的宽限期一般根据项目建设期确定，且原则上不应超过项目建设期。但许多基础设施项目甚至在营运初期仍不具备还本付息能力，如果仅仅是不能还本，银行可适当延长宽限期；如果不能支付利息，则需要由股东提供现金短缺支持。宽限期越长，借款人后期的还款压力就越大，实际上银行承担了延迟还款的风险。因此，当项目建成后自身开始产生现金流时，就应以自身的效益开始还本付息，并设定合理的分期还款额度和还款间隔期。而对于以借款人综合效益还贷的项目，一般不应再设置宽限期。

贷款期限与项目特许经营期限

基础设施和公用事业的特许经营，是指政府采用竞争方式依法授权境内外的法人或者其他组织，通过协议明确权利义务和风险分担，约定其在一定期限和范围内可投资、建设和运营基础设施和公用事业并获得收益。对涉及特许经营的项目，银行贷款期限须短于项目特许经营期限。一般而言，特许经营期限较测算的项目贷款偿还期越长，贷款的安全性越高。一旦贷款不能在约定期限内全部偿还，还可通过适当延长贷款期限的方式对贷款进行期限重组。考虑到基础设施项目现金流的特点，特许经营期后期往往对项目效益及贷款偿还具有更重要的意义。例如，高速公路、水电、火电等基础设施领域项目，如果项目对应的原有债务已清偿还毕或大部分清偿还毕，而项目剩余收费期限还较长，这其中就蕴藏着一些市场机会，银行可在项目偿债能力范围内置换剩余存量债务并适当增加一部分融资，以满足客户盘活存量资产、提高资金运营效益的需求。

贷款期限管理不合理案例

1. 贷款宽限期设置不够合理。如，某港务集团实施的 2#–5# 泊位工程项目，该项目于 2014 年 1 月正式开工建设，计划在 1 年内完工。银行在审批该项目贷款时，将贷款宽限期设置为 3 年，超过了建设期；又如，某投资控股公司实施的某会展中心项目，该公司向银行申请 1.5 亿元项目贷款，银行在审批该笔业务时，该会展中心项目已基本建成，但银行仍设置了 2 年的宽限期；再如，某大厦固定资产支持融资项目，该项目为成熟的经营性物业，但银行在审批该笔业务时，仍设置了 1 年的宽限期。上述业务中，银行在设置贷款宽限期时存在的主要问题是，未在企业能产生现金流时要求其及时还款，银行因此承担了企业延迟还款的风险。

2. 贷款期限设置不够合理。某包装材料公司收购某化工企业持有的某复合材料公司 75% 股权，向 A 银行申请并购贷款 3 亿元，期限 5 年。借款人当时的经营情况较好，A 银行按照 5 年贷款期测算，本笔业务的综合偿债保证比为 2.31，A 银行遂按借款人申请的 5 年期限，审批同意了该笔业务。但如果将本笔贷款的期限压缩为 3 年，借款人综合偿债保证比仍可达 1.35。因此，从控制风险的角度，如本笔贷款的期限缩短至 3 年，则更有利于降低银行的贷款风险。

3. 贷款期限管理不够合理。贸易融资具有自偿性，一般债项对应的贸易交易实现了贷款回笼，银行就应收回贷款，因此，贷款期限与回款周期是对应的。如果贷款期限长于回款周期，就容易发生贸易回款被借款人挪用的情况，从而给融资带来风险。然而，在实践中，贸易融资往往存在期限管理长期化的倾向。据银监会的一份通报，在某城商行 2013 年末国内贸易融资业务中，融资期限在 180 天以上的贷款占比 62%；融资期限在 90~180 天的贷款占比 37%；融资期限在 90 天以下的贷款占比不到 1%。在该行 2013 年末分类为不良的国内贸易融资中，融资期限在 180 天以上的不良贷款占比 53%，融资期限在 150 天以上的不良贷款占比 96%，可见，期限管理在贸易融资中的重要性。如果贷款期限与贸易周期不匹配，就容易造成贸易融资流贷化，实际上也就是虚假贸易融资。

第27章　下浮利率就相当于等额减少了利润

利率是资金的价格，是重要的宏观和微观经济变量，也是具体信贷业务中除风险以外需要考量的最重要的因素。价格具有综合性，银行在对影响一笔业务的各种因素进行综合权衡和判断后，最终要体现在精准的定价上，银行的定价能力与风险管理能力和盈利能力直接相关。

贷款定价能力是银行核心竞争力之一

利率市场化要求银行提升定价能力。前些年，在利率市场化推进之前，由于银行存贷款利率是管制的，浮动区间小，银行的净息差基本上是有保障的，因此银行经营的重心是追求规模扩张，无须过多关注贷款定价问题。但近年来，随着利率市场化的快速推进，人民银行已全面放开金融机构存贷款利率管制，如何定价变成了商业银行自主的经营行为，价格也已成为产品的重要属性。利率市场化后，银行净息差的波动加大且呈下降趋势，银行盈利能力面临严峻考验，迫切需要加强存贷款定价管理，提升定价能力。

客户差异化要求银行提升定价能力。客户资信情况和风险状况是有差异的，在经济下行时期，客户分化进一步加剧，利率阶梯要能反映客户风险差异化的状况，这就要求银行对客户的风险状况有深刻的洞察力，并能转化为对客户的价格要求，即贷款定价既要覆盖风险，又要具有竞争力。此外，当前客户的经营活动越来越复杂，也要求银行在利率与贷款期限、用途、担保和还款安排等方面的组合更具有灵活性、更具有弹性，能够为企业提供更加贴近其生产经营和资金运作状况的个性化方案，这些都对银行的定价能力及综合服务能力提出了很高的要求。

竞争白热化要求银行提升定价能力。一方面，银行的产能过剩，且产品高度同质化，同业竞争日益激烈，客户的选择余地越来越大；另一方面，客户的财务管理越来越精细化，成本控制要求越来越高，对贷款的利率非常敏感。竞争是影响定价的重要因素，银行贷款定价既要响应客户降低成本的要求，又要兼顾自身的盈利要求，这些都在考验银行的定价能力。

总之，由于每家银行的资金来源成本不同，客户群体有区别，风险偏好有差异，因此其利率政策也应该是不同的。实际上，贷款定价能力在一定程度上体现了银行对客户及其风险的综合把控能力，是银行核心竞争力之一。定价不准确，该挣的钱没有挣到，影响了盈利能力；不该挣的钱挣了，带来了风险。在当前经济下行、金融脱媒、利率市场化的大背影下，银行迫切需要结合自身的特点，提升定价能力，加强定价标准的精细化管理。

贷款定价的主要方法

贷款定价是商业银行根据自身资金成本、运营成本、贷款风险（预期损失）和盈利目标，结合市场资金供求状况和同业竞争等因素，综合确定贷款利率的过程。

成本加成贷款定价模型

该模型贷款价格是由成本加目标利润形成的，目的是要使贷款价格足以弥补银行提供贷款服务的成本，并能从中获取一定的利润。该模型的贷款价格通常包括以下 4 个部分：（1）资金成本。即银行筹集贷款资金的成本。（2）运营成本。包括贷款直接费用，如尽职调查、尽职审查和贷后管理需要付出的人力、财力成本，以及银行为发放贷款需要分摊的其他成本，如银行经营场所、设备、办公用品等方面的开支等。(3)风险成本。通常包括违约风险补偿费和期限风险补偿费，前者与信用评级相关，后者与贷款期限相关，贷款期限越长，所要求的期限风险补偿费越高。(4)目标利润。即为达到股东的最低资本回报要求所必须达到的利润水平。根据以上分析，成本加成贷款定价模型下贷款最低利率的公式为：

贷款利率＝资金成本＋运用成本＋风险成本(即预期损失)＋目标利润

成本加成贷款定价模型属于“内向型”定价模式，它主要考虑银行自身的成本、费用和承担的风险，未考虑客户需求、同业竞争和市场利率水平等因素的影响，一般适用于市场地位和谈判能力强的银行。此外，该模型要求银行必须准确地计算、归集和分配各种成本费用，对银行的管理水平及系统支持要求较高。

基准利率加点定价模型

该模型是国内银行广泛采用的一种贷款定价方法，具体操作中需要先确定市场基准性利率(如央行基准贷款利率)，再加上违约风险补偿和期限风险补偿。该模型的贷款利率计算公式为：

贷款利率＝基准利率＋风险加点(包括客户违约风险溢价和期限风险溢价)

基准利率加点定价模型是一种“市场导向型”的定价模型，它以市场一般价格水平为出发点，制定出的贷款价格更贴近市场；缺点是没有充分考虑借款人的综合贡献和银行的真实成本，中小银行采用这种模式定价，往往会在竞争中处于不利地位。采用这种方法的关键在于基准利率的选择，在实际操作中，西方国家商业银行的基准利率通常会选择国际市场同业拆借利率或国债利率等，而国内银行通常选择的是央行基准贷款利率，随着利率市场化，今后金融市场和机构将更多地使用诸如上海银行间同业拆放利率(SHIBOR)、短期回购利率、国债收益率、基础利率等市场利率作为产品定价的基础，逐步弱化对央行基准贷款利率的依赖。

全面客户关系贷款定价模型

该模型的要点为，银行在为每笔贷款定价时，应考虑客户与银行的整体关系，即应全面考虑客户给银行带来的收益以及银行付出的成本，在此基础上，根据银行目标利润给客户贷款定价。用公式表示为：

银行从客户获得的总收入 ≥ 为该客户提供服务的成本 + 银行的目标利润

全面客户关系贷款定价模型包括三大要素：（1）银行从客户获得的总收入。主要包括：贷款的利息净收入、客户存款账户收入、结算手续费收入、其他服务费收入。（2）为客户提供服务发生的总成本。主要包括：贷款资金成本、运营成本、风险成本、客户存款的利息支出、账户管理成本等。（3）银行的目标利润。该模型从客户维度而不是从单笔业务角度对贷款进行定价，体现了银行以客户为中心的经营理念，例如客户经常在本行保有大量的存款余额，且大部分结算业务也在本行，那么银行可给予该客户相对较低的贷款利率，进而吸引和留住为本行带来利润的优质客户。同时该方法也要求银行具备先进的管理会计体系及系统支持，能计算出客户维度的综合贡献情况，并能对成本费用进行科学的分摊。

当前贷款定价管理中应该重点关注的几个问题

贷款利率很难覆盖高风险业务的成本

信用风险带来的损失分为两类，一类是预期损失，用拨备覆盖；一类为非预期损失，用资本覆盖。理论上，只要利息足够高，是可以覆盖预期损失的。但现实中，一方面，即使是预期损失，实际上也很难准确估计，过去与未来很多时候没有相关性。如过去几年中，国内已实行内部评级法的银行，普遍对预期损失的估计严重不足；另一方面，由于风险的复杂性，而人的认识是有局限的，对风险估计不足，利率就很难做到与风险匹配。以信贷收益覆盖信贷风险，往往也就很难实现。事实上，高风险客户群体的融资需求，本来就不应由银行满足，银行的客户群体天然应具有风险较低的特征。但在我国以间接融资为主的金融体系中，银行超出自己的能力承担了很多社会融资的职能，加上转型经济中信贷的预期损失和非预期损失都较大，造成银行集中了全社会较多的风险。

贷款利率很难覆盖长期限业务的成本

目前人民银行发布的基准利率仍是银行定价的最主要的参考指标，但5年期以上贷款的基准利率只有一档（即5年1个月期贷款和20年期贷款的基准利率是相同的），根据利率风险管理原则，如果贷款的期限越长，则贷款风险越大，风险溢价就越高，利率也就越高。然而，在国内银行贷款定价中却常常出现中长期贷款利率低于短期贷款利率的现象。与长期以来投资主导的经济增长模式相适应，目前国内银行中长期贷款的占比仍达60%左右，部分基础设施及重大制造业项目贷款的期限都很长，有些电力、公路、港口项目贷款期限甚至超过20年，部分铁路项目贷款期限甚至超过30年，但这类贷款中有很大部分仍在执行5年期以上贷款基准利率，甚至下浮利率，显然，利率对长期贷款的风险补偿是不充分的。此外，长期贷款可能跨越经济周期，而周期性风险中有很大部分与非预期损失相关，这部分风险也难以通过利率进行补偿。

削价竞争是把双刃剑

任何贷款定价模型测算得出的利率，只能是一个定价区间，最终的贷款价格需要借贷双方通过谈判确定。银行谈判确定价格的原则，是要在确保定价区间下限（即价格底线）不被突破的基础上，尽量争取较高的价格。当前银行业的竞争异常激烈，过度竞争既影响风险判断，也影响贷款定价。削价竞争是把双刃剑，价格下降在扩大市场份额的同时，其对银行盈利能力的伤害是巨大的，特别是对银行利润的影响要远远大于其对收入的影响。在其他条件不变的情况下，下浮利率相当于等额减少了利润。

积极争取以贷款带动更多的业务机会和综合收益

信贷是同质化程度很高的产品，但不同银行的综合服务能力却差别很大。银行根据自身特点和优势，扬长避短，为企业订制个性化的综合金融解决方案。同时以贷款为契机，努力挖掘客户的金融需求，创造更多的业务场景和机会，积极争取存款、结算、投行、信用卡、电子银行、企业年金、代发工资、代理保险及理财产品销售等业务，并加强交叉销售和捆绑销售，通过引导客户更多地使用本行的产品和服务，努力提高本行的综合收益。

削价竞争是把双刃剑　贷款规模增加但利润反降

2012 年 6 月，A 银行对 B 公司发放了 1 亿元流动资金贷款，期限 1 年，利率按人民银行规定的对应期限贷款基准利率执行，当时一年期贷款的基准利率为 6.31%，A 银行对应期限的内部资金转移定价（FTP）为 3.5%，贷款到期后，A 银行实现毛利 281 万元。B 公司是国务院国资委直管的某大型央企的全资子公司，是国内重型装备制造领域的主要生产企业之一，经营情况和财务状况良好，当地同业竞争十分激烈。2013 年 6 月，当 B 公司偿还 A 银行到期贷款后，因生产规模扩大，拟再借入 2 亿元营运资金贷款。虽然 A 银行给予 B 公司的授信额度充足，但 B 公司明确表示，其将视各家银行给予的贷款利率优惠幅度决定提取各家银行贷款的额度，为此，A 银行不得不将贷款利率调整为基准利率下浮 10%，并获取了 1.4 亿元的贷款份额。当时一年期贷款的基准利率为 6%，A 银行对应期限的内部资金转移定价仍为 3.5%，贷款到期后，A 银行实现毛利 266 万元。贷款利率调整后，A 银行对 B 公司的贷款规模增加了40%，但利润总额反而下降了5%。可见，下浮利率对利润的影响是巨大的，A银行虽然扩大了市场份额，但是侵蚀了利润基础。

银行过度放贷“喂撑”优质企业导致违约

A公司是东部某省一家专注于食品、饮料等金属易拉罐包装产品生产和销售的民营企业，经营情况和财务状况较好。截至2011年末，该公司资产总额8.5亿元，负债总额5.8亿元，2011年实现销售收入7.8亿元，利润1.3亿元，经营活动产生的现金净流量1.7亿元，是当地银行同业竞争性优质客户。各家银行给予该公司的授信总额超过15亿元，贷款利率普遍为基准利率下浮5%~10%之间。在各家银行竞相营销下，2011年4月，该公司决定投资5亿元建设“马口铁制罐和底盖生产线”和“马口铁涂印、制罐生产线升级改造”等两个项目，同时还以经营周转的名义借入流动资金贷款2亿元，用于民间借贷，贷款年利率为35%。2013年6月，当地民间借贷崩盘，加上前期投资建设的两个项目未达到预期效益，A公司开始违约，当地6家银行对该公司的10.2亿元贷款先后形成不良，当初的好客户变成了坏客户。

银行融资额度超过企业的实际资金需求，是企业另一种形式的过度融资。在当前银行流动性过剩，信贷资源贫乏，银行信贷资金竞相追逐优质客户的情况下，上述案例具有普遍意义。其可能造成的危害如下：（1）用途真实性有瑕疵，存在合规风险。在融资超过企业实际经营需要的情况下，企业融资的实际用途很可能与借款合同约定的用途不一致。借款人不按合同约定使用贷款资金，既违反了有关监管要求，又容易引发信用风险。（2）资金过分充裕，可能误导企业经营决策。由于这类企业的经营情况和财务状况较好，是银行竞争性优质客户。银行过度放贷的结果，造成企业钱来得太过于容易，滋长了企业乐观的情绪。如果企业自制能力又较差，经营决策不够慎重，很容易造成盲目投资，从而引发财务风险。（3）充当融资平台，可能引发关联风险。由于借款人自身资信情况较好，这类企业往往作为集团的融资平台，向银行融资后再转借给财务状况较差的关联企业。一旦关联企业的经营恶化，很容易引发关联风险。（4）涉足资金运作，风险转嫁银行。如果较容易获得银行融资的优质企业，将借入的超过实际生产经营需要的资金挪作他用，或进行类金融化操作，投入高利贷领域、转借给担保公司、小额贷款公司或流向民间借贷，一旦投资失败或资金链条断裂，客户违约风险就很容易传递或转嫁给银行。

第28章　大额或长期贷款到期一次性偿还是还不了的

借款人如何还款与银行贷款风险密切相关，合理选择还款方式（包括宽限期、每期还款金额、还本或付息间隔期等）是银行控制贷款风险的重要内容。还款方式要兼顾企业现金流的特点，并与企业现金流强度相匹配。大额或长期贷款必须采取分期还款的方式，通过分期还款逐步减少银行风险敞口，到期一次性偿还是还不了的。

企业贷款常见的还款方式

等额本金还款方式。将贷款期限分成不同的还款间隔期（如按月、季、半年、年），然后将本金平均分摊到每期内。借款人每期还本金额相同，每期还息随着所欠本金的减少而减少。这种还款方式的前期还本付息压力较重，但随着本金的逐步减少，后期利息支出逐期递减。一些基础设施项目贷款通常采取等额本金的还款方式。

等额本息还款方式。是指把贷款本金与利息总额相加，然后平均分摊到还款期限内的每期中，每期的还款额是固定的，但每期还款额中的本金比重逐期递增、利息比重逐期递减。采用这种还款方式，每期还款的金额相同，操作方便；缺点是前期偿还本金较少，利息支出较高，银行资金占用时间长，利息支出总额较高。等额本息还款方式适合收入稳定的借款人，按揭贷款通常采取该还款方式。

按期付息，到期一次还本方式。指借款人在还款期内按期支付利息，到期一次性偿还本金，这种还款方式常见于短期贷款。对于借款金额小、期限短的贷款，有时也采取到期后一次性还本付息的方式。此外，企业发行公司债、企业债和债务融资工具等，通常也采取到期一次性还本的方式。

按约定还本付息方式。银行根据借款人现金流及还款来源的特点，与借款人协商确定还款方式（包括宽限期、每期还款金额、还本或付息间隔期等），通常包括加速还贷、递增还贷和不规则还贷等三种方式。

分期还款的意义

在大额贷款或长期贷款中推行分期还款方式，具有特别重要的意义：从企业的角度看，分期还款可以减轻财务压力，避免大额贷款集中到期，降低财务风险；从银行的角度看，一是可逐步降低银行的风险敞口，提高抵押的覆盖率或保证的可靠性，降低贷款风险；二是严格执行分期还款还有利于银行尽早发现贷款风险苗头，一旦借款人不能按期还本付息，银行可及早采取相应措施。

分期还款计划的确定

贸易融资具有自偿性，通常采取到期一次性还本方式，一般根据还款来源预期到账时间确定贷款期限及还款计划。短期流动资金贷款通常也采取到期一次性还本的方式，通过一次或一年的生产经营所产生的现金回流得到偿还，一般根据借款人生产经营周转情况及预期销售款回笼情况确定还款计划，视借款人的资信情况通常可给予一定的灵活性。但对于大额贷款或一年期以上的流动资金贷款，则应判断借款人经营的可持续性及发展前景，尽量落实分期还款，并根据借款人财务状况和销售现金流的回笼情况，制订分期还款计划。对应特定还款来源的短期融资，如特定还款来源提前回笼，原则上无论本行融资是否到期，均应用于归还本行融资；或将上述资金纳入专户管理，专项用于归还本行融资。

固定资产贷款等中长期贷款主要依据借款人或项目预期现金流在时间序列上的分布强度确定还款安排。中长期贷款的期限通常较长，必须采取分期还款的方式，还款间隔期根据具体情况一般可设定为每月、每季度、每半年或每年，分期还贷方式一般分为等额还贷、递减还贷（加速还贷）和递增还贷等三种，从银行的角度看，前两种方式更有利于银行逐步降低风险。银行应根据借款人或项目预期现金流强度，严格匹配还款方式、还款间隔期和分期还款额度。一般而言，基础设施项目（如公路）的现金流有逐步增强后趋于稳定的趋势，但随着时间的推移，项目本身的维护成本通常也会不断增加。基础设施项目达到正常运营且现金流量比较稳定后，通常可采取等额还款或适当递增还款的方式；与基础设施不同，加工制造业项目现金流量的特点往往是先强后弱，因此在还款安排上，可采取加速还款的方式。加工制造业与经济周期的相关性较强，而且受市场变化、需求因素、技术进步的影响很大。因此，在现金流支持的情况下，应尽量缩短加工制造业项目贷款的期限。

分期还款期次及额度的确定还要考虑借款人存量债务的情况，包括他行贷款及其他付息负债的期限、担保方式、还款安排和限制性约定等，避免贷款集中到期。此外，同一笔贷款，部分采用担保方式，部分采用信用方式的，在安排还款计划时，信用贷款部分应先于担保贷款部分偿还。银企双方确定的分期还款安排最终要落实到合同条款上，要在借款合同中列明分期还款的各期还款日期和还款金额，并在信贷管理系统中对分期还款安排进行刚性控制，一旦违约可及时进行预警。

还款安排不合理是中长期贷款形成风险的重要原因

中长期项目贷款要根据借款人或项目现金流的强度，合理确定分期还款计划。一般而言，项目从产生现金流开始就要考虑分期还款，前期项目现金流较弱，还款额度可以少一些；随着项目现金流逐步增强，还款额度也可逐步加大。企业有现金不还款、无分期还款计划或未根据现金流强度合理确定分期还款的金额，往往会造成本应还款的资金，被借款人挪作他用，从而形成贷款风险。过去很多技改贷款、固定资产贷款等中长期贷款约定到期一次性还本，是历史上形成不良贷款的重要原因。还有就是项目有效益时，银行舍不得企业还款，后来随着市场变化，产品出现滞销或项目效益欠佳，银行又会急于收回贷款，而此时，企业却往往没钱还款了，这也是形成不良贷款的重要原因。当前中长期贷款约定到期一次性还款的情况比以前少了，但突出的问题是还款安排不均衡，形式上是做到了分期还款，但实际上在分期还款安排方面前少后多，把大部分的贷款份额都安排在最后一两年还款。这突出地反映了部分银行或其分支机构注重当期业绩的倾向，但这种做法为后期留下了很大的风险隐患。还款安排上的不合理，常常造成银行面临这样的困境：银行在经济好的时候放贷，经济不好的时候，贷款集中到期了；或是企业好的时候，银行舍不得企业还款，企业不好的时候，又要不回来了。老信贷常说，贷款到期不要，就可能永远要不到了，是很有道理的。

进一步说，如果中长期贷款无分期还款计划，或还款安排不合理，则企业手中就会不断积累本该用于还款的现金，从借款人的角度而言，它需要提高资金的运用效益，是不会将资金大量闲置的，未用于还款的现金，就有可能被借款人用于项目建设、并购、对外股权投资，甚至分红或费用支出。从银行的角度而言，分红或费用支出直接减少了还款来源，如借款人将还款资金用于项目建设、并购或对外股权投资等资本性支出并撬动更多债务，则会导致企业债务规模的进一步上升，并为企业未来经营带来更多的不确定性；一旦原贷款对应的项目后期效益欠佳，或新的对外投资失败，则原项目贷款到期后就可能没有还款来源。

总之，合理设定分期还款计划，是银行控制大额贷款和长期贷款风险的重要安排。大额贷款或长期贷款要求到期一次性偿还，通常是还不了的。

还款安排不合理及贷后管理不到位引发贷款风险

2009年5月，A银行对某煤业公司（以下简称煤业公司）年产90万吨煤矿及选煤厂项目发放4.2亿元贷款，以该煤矿采矿权抵押，期限6年（含宽限期2年），宽限期满后按约定分年还款，每年还款金额分别为6 000万元、8 000万元、1亿元和1.8亿元。

煤业公司为民营企业，注册资本3 000万元，实际控制人为自然人甲某，该公司原拥有两座煤矿，合计产能为120万吨/年。本项目于2010年底顺利建成，并实现了预期效益，该公司合计产能达到210万吨/年。当时全国煤炭市场形势火热，煤业公司为进一步扩大生产规模，于2011年3月并购了内蒙古一家煤炭企业，交易价款12亿元，首期支付6亿元，余款分3年等额支付，被并购方名下仅有一座煤矿的探矿权，可采储量约4亿吨，但未取得有关核准、用地、环评、安评等审批手续，暂不具备开采条件。2012年5月，A银行首笔6 000万元到期后，煤业公司以须支付并购价款为由申请展期，A银行同意该笔贷款展期2年。2013年5月，煤业公司勉强偿还了8 000万元；2014年5月，由于煤炭市场发生了重大变化，煤业公司的经营效益大幅下降，煤炭销售不畅，货款回笼困难，煤业公司在偿还展期到期贷款后，对当年到期的1亿元贷款再次申请展期2年。2015年2月，因煤炭市场持续恶化，且煤业公司在收购内蒙古某煤矿的过程中借入了大量民间资金，高额的利息支出导致其资金链断裂，A银行剩余贷款开始欠息，此后全部形成不良。

本笔贷款审批及贷后管理主要存在以下几方面问题：（1）分期还款安排不合理。本笔贷款采取前少后多、还款金额主要集中在最后一年的还款安排不妥，造成了风险后延。从风险控制的角度来说，应采取按年等额还款或前多后少的加速还贷安排。此外，每年还款一次的还款间隔期过长，客观上造成了本笔贷款的实际宽限期为3年。还款间隔期应设为每季度或每半年还款一次。（2）面对企业实施不利于债权人的行为时，A 银行未及时采取措施。本笔贷款发放后，煤业公司发生了大额资本支出，超越自身的财务能力，收购了短期内无法形成产能的煤矿探矿权，并造成了沉重的利息负担，在这种情况下，A 银行仍未要求煤业公司追加贷款保障措施或提前偿还部分贷款。（3）在企业有能力还款时，A 银行未按约定及时收贷。2012 年 5 月，A 银行首笔 6 000 万元到期后，同意煤业公司以支付并购价款为由展期 2 年是不妥的，导致本应缩小的风险敞口并未缩小。总之，本笔贷款的还款安排不合理，加上贷后管理不到位，在煤炭市场形势好的时候未及时收贷，在煤炭市场形势不好的时候无法还款，最终酿成了重大风险。

第八部分　贷后管理篇

我们常说“三分贷、七分管”，说的是客户选择和贷款审批固然重要，但这仅仅是把住了业务准入的关口，而从贷款发放到贷款收回，整个过程的时间跨度更大，面临的不确定性更多，更需要银行加强管理，根据变化了的市场形势、客户情况及担保状况等，相机抉择管控风险，才能保障银行的债权安全。

本部分重点讨论银行贷后管理需要关注的主要问题，提出银行对客户销售回笼资金的监管及对现金流的控制，是贷后管理的核心，探讨了银行相机抉择管控风险的重要性、贷后管理中常见的风险预警信号、银行相机抉择处置风险的主要措施等。

第 29 章　控制不了现金就控制不了现实的还款来源

银行发放贷款后，贷后管理需要有一个抓手。抓住这个“牛鼻子”，就能够达到提纲挈领、纲举目张的效应。从多年的信贷工作实践中，笔者感觉到对企业销售回笼资金的监管及对现金流的控制，可能是贷后管理“牛鼻子”，是银行贷后管理的抓手和钥匙。资金是企业的血液，企业资金流动的背后，反映的是物流，是交易，是企业经营行为和经营意图，是企业的还款来源和还款能力，是机会和风险。控制不了现金，就控制不了现实的还款来源。

企业资金流动是现实经营的价值反映

企业生产经营中产生物流，必然对应相应的资金流，后者是前者不同的表现形式，有多少物流就有多少资金流，而企业之间的资金收付主要是通过银行进行的，银行是资金流天然的汇集中心，客户任何资金的流动，都会在银行留下痕迹及数据。因此，银行有可能透过这些痕迹及数据，还原客户的产、供、销状况，财务资金状况和还款能力等。

例如，银行通过分析贷款资金的流向，可以发现借款人是否按约定用途使用贷款；银行通过分析借款人的收付款对象，结合交易背景，能够掌握借款人上下游主要交易对手的情况（包括供应商、采购商、经销商和最终用户）；银行通过分析借款人的资金汇划路径，结合对相关企业在资金往来、相互担保、还本付息等方面的监控，银行能够大致摸清企业之间的关联关系；又如，客户存款、结算能够第一时间反映其生产经营及收款付款的变化情况。很多客户在贷款劣变前，通常都会有非正常的结算交易或存款转移，银行通过将客户目前的销售回款、存款、结算数据与历史数据对比，可以分析判断客户目前的生产经营是否正常，以及银行贷款是否存在风险隐患；再如，客户在银行留下的数据，以及客户与银行交易形成的数据，往往都是“硬数据”，较客户提供的其他数据的可靠性更好。银行通过将这些数据与客户财务数据、纳税数据、水电费缴纳数据等交叉验证，可分析判断企业的实际经营及财务状况，及早识别客户风险并采取相应措施。

总之，客户资金流动和汇划过程中隐含着很多对银行风险判断有用的信息，我们以前对这些信息的价值认识和挖掘利用均不足。资金在银行间的流动实际上就是客户现实生产经营的价值表现形式，银行利用自身的优势并以此作为抓手，贷后管理就纲举目张了。

对企业资金结算和资金流向的监控是银行贷后管理的核心

如果企业只在一家银行开户，企业在银行的流水就是现金流量表，现金流量表可用来检验资产负债表和利润表。银行面临的主要困难是，企业除本行外可能还在多家银行开户。因此，一家银行掌握客户资金流动的信息就不够完整，银行只能依据客户在本行资金流动的痕迹，去推测判断客户的经营行为和财务状况。银行加强对客户资金结算和资金流向的监控，采取各种措施促使客户尽可能将销售收入和资金回笼在本行，对提高收益和控制风险都显得尤其重要。为此，银行要重点做好以下 5 项工作：

一是要争取客户在本行开立基本账户。账户是企业的“钱包”，也是银行提供各种金融服务载体和进行风险管理的基础。客户未在本行开立账户，银行所有的金融服务就无从谈起。在互联网金融领域，甚至将账户提升到“得账户者得天下”的高度。基本账户是客户的主要存款账户，也是客户开立其他银行结算账户的前提，一家企业只能选择一家银行申请开立一个基本账户，但根据资金性质和管理需要可在多家银行开立多个一般账户，基本账户和一般账户最主要的区别是后者不能办理现金支取。银行首先要争取尽可能多的客户在本行开立结算账户，而对新成立的企业或对本行贷款同业占比最高客户，应要求在本行开立基本账户。

二是要争取客户尽可能将销售收入回笼至本行。如果客户仅在本行融资，应尽量要求客户将全部销售收入回笼至本行，并尽可能使用本行能够提供的各种金融服务；如果客户在多家银行融资，则应要求客户在本行的存款、结算、销售收入归集应与本行的贷款占比相匹配，努力提高货款归行率。严禁客户在本行贷款，销售收入及资金却主要归集在他行的情形发生。特别是对于信用放款，如果不能有效地控制现金，则贷后管理就没有任何抓手。

三是要争取贷款资金尽可能在本行体系内循环。贷款资金按要求需要受托支付的，银行应积极争取借款人协调交易对手也在本行开立账户，使贷款资金尽可能在本行体系内循环。以贷款为契机，银行还应积极争取借款人上下游企业和保证人也在本行开户及回笼资金。

四是要积极争取企业高管和员工在本行开立账户和使用本行的金融产品。企业高管和员工在本行的金融行为，也是银行监控客户风险的重要维度。如银行争取了企业的代发工资业务，就为企业高管及其员工个人信贷业务、信用卡业务及其风险控制打下了很好的基础。

五是构建客户资金结算及流动的信息监测支持系统。利用大数据挖掘分析手段，整合行业内外各专业、各领域数据。通过对客户资金结算及流向分析，结合借款人财务数据、担保情况、履约记录等数据，构建风险事件库和预警模型，对信用违约风险进行预警和监控。

“裸贷”和资金结算异常是银行贷款出现风险的重要信号

“裸贷”是指客户在本行贷款，但存款、结算业务及销售货款的回笼却主要在他行的情形。一般而言，企业期末沉淀在本行的存款余额占本行对其贷款余额的比重（即企业在本行的存贷比）应该在15%~20%左右。如果企业在本行的存贷比明显小于上述比例，就可认定是“裸贷”客户。银行还可通过计算客户货币资金余额占其全部银行贷款余额的比重，看客户在本行的存贷比与其总的存货比是否大致匹配。“裸贷”是困扰当前银行信贷经营的主要问题之一。客户资金总是逐利的，贷款银行不加强管理，存款与结算资源就可能流失。部分银行及其分支机构“裸贷”的客户数量过大，占比过高，直接影响了银行公司存款规模及收益水平。同时“裸贷”不仅弱化了贷款对借款人存款、资金结算及销售货款回笼的带动作用，也弱化了银行对信贷资金的监控要求，加剧了银企之间的信息不对称，加大了银行的风险。因此，治理“裸贷”，既是提高收益的要求，也是控制风险的要求。

从控制贷款风险的角度，银行需要特别关注资金结算异常的信息。主要包括以下8种情形：一是客户在本行存款沉淀少，存贷比小于5%，这是典型的“裸贷”特征。二是客户在本行的结算量小，或结算次数少。上述情况要结合客户的财务数据进行分析，是客户经营出问题了，还是结算业务主要在他行。但由于客户结算量小，结算次数少，银行通常难以据此掌握客户的实际经营情况，加大了防范贷款风险的难度。三是客户最近月份销售回笼本行的资金大幅下降。上述情况通常是客户将存款和结算转移至他行或存货滞销的重要特征。四是客户近6个月销售回笼本行的资金数量持续下降。上述情况通常表明客户销售不畅、主营萎缩，也可能是客户逐步将销售归集或资金结算转移至他行所致。五是客户资金在同名账户或关联账户之间划转频繁。上述情况通常是客户虚构销售收入或拆东墙补西墙的重要信号。六是客户资金在公私账户划转频繁。上述情况可能是因为客户涉及民间借贷、套取银行资金、类金融化操作或规避监管等情形。七是企业代发工资总量大幅下降或日期推迟。上述情况可能表明客户经营形势恶化、资金链条紧张等。八是客户通过银行代缴的水、电、气各项费用大幅下降等。上述情况可能表明企业开工率下降，生产出了问题。总之，银行应该重视客户上述资金结算异常的信息，通常都是银行贷款出现风险的信号。

债权债务关系的终结，是以借款人以现金清偿债务为主要标志的。银行控制不住现金，就控制不住客户真实的还款来源。因此，在贷后管理中加强对借款人销售回笼、资金结算和资金流向的监控，是无论如何强调都不过分的。

销售归行监管缺失　引发风险事件

A 银行 2015 年初在核定某商贸公司的年度授信时，客户经理提供的该公司 2014 年销售收入为 3 800 万元，利润 200 万元，销售归行额为 2 100 万元，因此授信审批部门核定维持该公司存量授信额度 950 万元。但就在此后不足 1 个月，客户发生了违约。经事后排查客户近一年来的资金交易流水发现，在客户回笼本行的资金中，来源于经常性销售收入的金额持续下降，客户经理反映的借款人 2 100 万元的销售归行额中，有 1 200 万元来源于 3 户关联企业，这 3 户企业主要股东分别为该商贸公司法人代表的妻子、岳母和堂弟，剔除关联往来外，实际销售归行额仅 900 万元。由于贷后管理忽视了早期风险信号，错过了及时采取措施的时间窗口，最终导致风险事件的发生。

贸易融资“回款专户”形同虚设　造成贷款违约

应收账款类融资，如订单融资、国内保理和发票融资等，均要求开立回款专户，并指定为购货方支付回款的唯一合法账户，以实现融资对应现金流的封闭管理。但现实中专户管理的不到位，已成为此类贸易融资发生风险的重要原因。如，2013 年 5 月，A 银行为某农业发展公司办理 500 万元国内发票融资业务，期限 4 个月，但经办行未约定销货方（借款人）在该行开立的应收账款专户为购货方支付回款的唯一合法账户，造成贷款在他行回笼后被借款人挪作他用，A 银行贷款到期后发生违约。

又如，2012~2013 年期间，A 银行多次为某商业机械公司办理保理业务，虽然借款人在 A 银行开立了回款专户，并指定其为购货方支付回款的唯一合法账户，但该专户并没有任何货款回笼记录，A 银行贷款到期后均由关联企业划入资金偿还，应收账款专户形同虚设。

排查客户资金异常情况　及早识别潜在风险

Z 银行在对 B 公司 5 000 万元流动资金贷款办理再融资的过程中，通过对 B 公司资金结算及资金流向情况进行排查发现：（1）B 公司贷款到期后，均由 A 公司划入资金帮助其偿还贷款，平时 B 公司无销售回笼，无存款沉淀，是典型的“裸贷”户；（2）B、C、D、E 等公司之间互相为对方融资提供担保；（3）上述几家公司的银行借款，最终均提供给 A 公司使用；（4）A 公司通过与 B 公司等 10 多家企业之间的资金对倒，虚构销售收入，并据此向银行提供虚假报表。

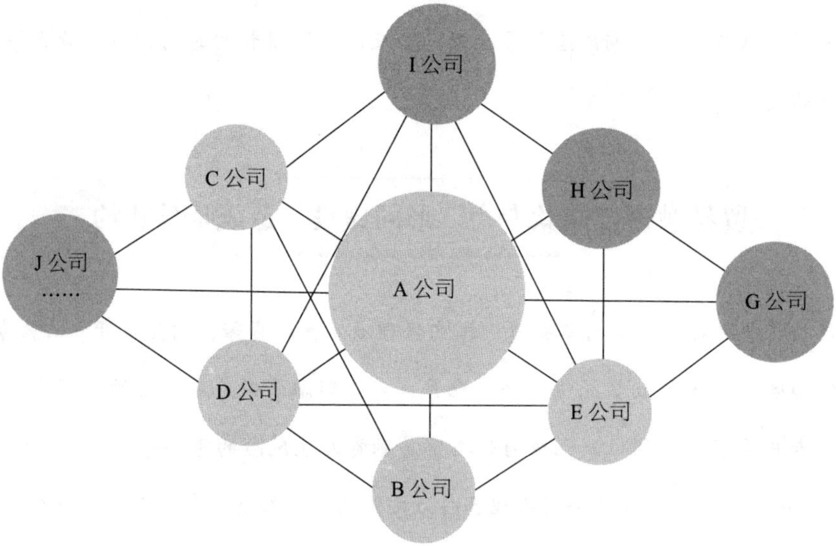

图 8–1　B 公司资金流向及关联关系图

银行加强对企业资金结算及资金流向的监管具有重要意义。企业的资金结算及销售归行情况，是反映企业经营情况及贷款风险状况的重要指标，很多贷款在出现风险之前，往往都存在借款人资金结算异常、销售归行额或销售归行率持续下降的情形，只是这些信号有时并未引起银行的足够重视并及时采取有效措施。就本案例而言，通过对 B 公司资金结算情况的监控，可以清楚地看到 B 公司无销售回笼，无存款沉淀，是典型的“裸贷”客户；同时通过对 B 公司资金流向的监控，可以发现 B 公司与 10 多家企业之间的关联关系。总之，银行通过对 B 公司资金结算及存款等方面情况的监控，能够及早识别客户的风险。

第 30 章　贷后要相机抉择管控风险

我们常说“三分贷、七分管”，说的是客户选择和贷款审批固然重要，但这仅仅是把住了业务准入的关口，而从贷款发放到贷款收回，整个过程的时间跨度更大，面临的不确定性更多，更需要银行加强管理，根据变化了的市场形势、客户情况及担保状况等，相机抉择管控风险，才能保障银行债权安全。而在实践中，贷后管理[①]弱化又是一个比较普遍的现象，也是威胁银行信贷资产质量的重大安全隐患。

重贷轻管是贷款形成风险的重要原因

长期以来，银行信贷经营的重心偏向市场扩展。由于信贷扩张对各项业务及银行经营业绩的带动作用明显，银行的各项资源配置及激励措施均偏向市场，客户经理的主要精力亦放在市场营销和客户关系的维护方面，加上经济繁荣时期企业经营业绩尚可，再融资环境比较宽松，即使贷款到期后企业不能通过自身效益偿还，企业通过加杠杆等方式，总能偿还到期债务，因此银行贷款的总体违约率较低，贷后管理在信贷风险控制中的重要作用未能体现出来，更助长了银行重贷轻管的倾向。

企业前期正常还本付息容易使银行形成“火鸡的错觉”。当前一笔贷款要通过银行审批并不容易，在审批时点，借款人通常都还是好企业，在贷款发放的初期，借款人一般均能按时还本付息，加上贷款可能有保证或抵押，这就使得客户经理思想

---

① 本文中贷后阶段泛指贷款审批后从落实贷款前提条件、办理抵质手续、贷款发放到贷款回收的整个过程。

麻痹，放松了警惕，贷后管理往往流于形式，忽略了随着时间的推移，好企业也可能变成坏企业这一道理。

贷后管理是一项基础性工作，不能带来任何规模增量，不容易出业绩。而且贷后管理工作难以量化，时间跨度长，风险又具有一定的隐蔽性，其工作成效往往一时难以凸显，甚至贷后管理的努力与成果之间不一定成正比，有时贷后管理很努力，但一个“黑天鹅”事件，企业就出问题了。加上业绩考核及激励等因素，从客户经理的角度看，从事贷后管理工作不如从事市场拓展更能展示和实现自我价值。因此，银行要求贷后管理精细化，但客户经理往往缺乏内在的动力。

风险预警信息处置不当，往往延误了最佳退出时机。一是贷后管理的专业性强，如果客户经理不够警觉、不够专业，一些早期的风险信号可能被忽略了；二是客户经理发现了借款人早期的风险隐患，但其无权收回贷款，在风险预警信息逐级传递的过程中，既耽误了时间，又造成了信息衰减；三是风险具有不确定性，而当期的收益是确定的，经营考核的压力是现实的，因此在当期收益、考核压力与长期的可能性风险之间，银行各级分支机构的管理者更倾向于选择前者，从而延误了最佳退出时机。

责任追究和分担不够合理，也造成了贷后管理约束不强。目前银行信贷责任的追究机制是，一旦贷款发生违约，倒查整个链条各环节的责任，但在实践中往往演变为各环节均有责任，演变为“签名有罪”。责任认定中往往未清晰地划分主观和客观、主要和次要、信用风险和操作风险（如部分由操作环节引发的风险事件，信用风险审查环节往往也需承担责任）等界限，造成本应由贷后管理承担主要责任的损失事件，均分到了整个流程的各个环节承担，特别是从事后可预见性的角度出发，尽职调查和审查总是能找到一些瑕疵，因此也可能承担更重的责任。

单纯依靠授信审批是控制不住风险的

在信贷管理的贷前、贷中和贷后三个阶段中，贷中授信审批无疑是一个重要的分界线，此前银企双方没有实质性关系，此后从落实贷款前提条件、办理抵质押手续及发放贷款开始，银企双方开始发生实质性关系，贷款发放更是将信贷资金的使用权从银行让渡给了企业，借贷双方的主被动关系也开始发生实质性的变化，因此，授信审批是贷前最后一个把控风险的关口，是贷与不贷的分界线。因此，作为贷款业务准入的总闸门，授信审批在风险控制中的重要性是不容易置疑的。

但是仅靠授信审批把关又是管不住风险的，当前各行普遍对通过授信审批控制风险寄予过多过高的期望。我自己从事授信审批工作多年，深感其中的责任重大，同时面对基层行和前台部门的期望，很多时候又感到力不从心。授信审批是在一个特定时点下做决策，而宏观经济、市场环境和企业经营时刻都在变化，特别是贷后阶段时间跨度大，在漫长的贷后管理过程中，市场和风险瞬息万变，比如产品市场（尤其是大宗商品市场）的价格波动一点儿也不比股票市场小，而当前又是一个大变革、大调整、大转型时期，各种变化比过去任何时候都要快，指望信贷审批一劳永逸地控制全部风险是不现实的。因此，客户经理、基层行、前台营销部门和贷后管理部门都要有相机管理风险的意识。太多的现实风险案例表明，疏于管理不仅会提高借款人的违约倾向，还会错过采取补救措施的时间窗口。贷后管理不落实、不及时、不到位是贷款发生风险的重要原因。

所谓相机抉择管理风险，是指根据变化了的市场环境和客户情况，及时采取相应的风险控制措施，如决定后续贷款是否发放，是否需要提前收回部分或全部贷款，是否需要追加保证、抵押、质押等增信措施，是否需要提高利率覆盖风险，是否需要提前行使合同约定的其他权利，是否需要采取诉讼等法律手段等，以保障贷款安全或减少损失等。

贷后要相机抉择管控风险

贷款通过审批后，信贷风险管理就进入了一个新的阶段。风险管理的重心从此前决策贷与不贷，转变为此后如何把贷款顺利地收回来，而严格落实贷款条件、精细化的贷后管理、相机抉择管控过程风险是高质量信贷资产的必由之路。

贷后管理的对象、方法和重点环节

贷后管理的对象包括宏观经济、中观行业和微观客户及利益相关方三个层面，后者应放在前两者的大框架下进行考察。客户及利益相关方包括借款人、保证人、抵押人（押品）、股东及上下游重要交易对手等。当借款人为集团成员时，股东及集团整体情况实际上就是借款人的"家庭背景"，上述"家庭背景"对借款人的偿债能力影响很大；上下游重要交易对手影响借款人的原料来源、产品销售及对应的收付款管理，其违约可能会连累借款人违约，如购货方不能支付货款，就可能导致借款人不能偿还到期借款，因此除借款人、保证人和抵押人（押品）外，应将股东及上下游重要交易对手也列入贷后管理监控对象。

贷后管理的方法包括现场检查和非现场监测两种方法，现场检查包括首次检查、定期走访和异常情况核查等；非现场监测主要依托信贷管理系统及大数据开发风险监控模型，识别客户早期的风险预警信号，及时化解和处置客户的潜在风险。不少银行都积累了海量的客户行为数据、交易数据及经营数据，具备利用大数据进行风险管理的条件。如工商银行成立了信贷监督中心，利用大数据建立风控模型进行信用风险的监测和管理。

贷款发放及贷后管理包括以下 6 个重点环节：一是贷款前提条件落实环节。授信审批时提出的前提条件不落实，是很多贷款形成风险的重要原因。因此，银行放款前必须逐条严格落实授信审批方案中提出的贷款前提条件和管理要求。二是合同要素审核环节。借款人出现风险或违约时，银行维护自身权益的主要工具是合同条款，可见合同条款的重要性，必须确保借款合同、抵押合同和保证合同等相关合同或协议无法律瑕疵，同时授信审批时提出的个性化的风险控制措施、财务限制条款和保护性条款，必须在相关合同协议中得到体现。三是资金支付环节。该环节是信贷资金流出银行的最后一道关口，因此要严格审核资金用途与合同约定用途一致，确保支付方式符合监管规定，且贷款资金流向合同约定的账户和借款人交易对手。四是押品管理环节。确保在贷前或约定时点前办妥相关抵押登记手续或质物转移手续，并做好押品实物、价值和权属等方面的动态管理，确保押品价值在贷款期间任一时点均可覆盖债权金额。五是贷款偿还环节。银行贷后监测检查的全部目的是判断借款人能否按期还款，并提前采取应对措施。贷款到期前，银行应按约定提前通知客户准备资金还款。一旦到期时借款人违约，应立即启动风险处置预案。六是档案管理环节。信贷档案看似无用，但用时大用。要按权证类、要件类、管理类、保全类和综合类等做好分类管理，健全档案的收集、整理、保管、移交、查阅、借用和归还制度，确保用时可查可用。

风险预警信号与相机抉择处置风险

银行在贷后管理过程中，常见的风险预警信号如下表。当企业出现风险预警信号时，银行要相机抉择，及时采取有效措施处置风险，保障银行债权安全或减少贷款损失。

表 8–1　贷后管理中常见的风险预警信号

序号	风险类别	风险预警信号的主要表现	相机抉择处置风险
1	资金用途异常	1. 借款人挪用资金或改变贷款用途； 2. 受托支付贷款资金回流至借款人或关联企业账户； 3. 贷款资金流入股市、房地产或民间借贷等领域。	1. 采取符合监管规定的支付方式，尽可能通过受托支付方式将贷款资金支付至真实交易对手； 2. 要求借款人立即纠正不按约定用途使用贷款的行为； 3. 宣布贷款提前到期，要求借款人提前偿还贷款。
2	资金结算异常	1. 近 6 个月通过本行结算的资金大幅下降或波动频繁； 2. 存款沉淀大幅减少，存贷比很低； 3. 与新增交易对手的结算量大； 4. 关联企业间交易频繁，虚增交易量； 5. 代发工资异常。	1. 核实资金结算异常的原因，如经营萎缩，应提前做好贷款风险处置预案；如转移到他行，应要求在借款人在本行的结算量与本行融资占比相匹配； 2. 如发现借款人涉嫌经营造假，应尽快退出。

（续表）

序号	风险类别	风险预警信号的主要表现	相机抉择处置风险
3	信贷造假及欺诈	1. 贸易背景造假，如假合同、假发票、假单据； 2. 银行流水造假； 3. 签名印鉴造假； 4. 财务造假，如报表勾稽关系异常，提供给银行与提供给其他机构间的报表不能互相印证，报表数据与现实经营数据脱节。	1. 核实信贷造假的情况，评估严重性及其影响程度； 2. 不对借款人发放新增贷款，存量贷款做好风险处置预案，实现有序退出； 3. 恶意信贷欺诈事件报司法机关处置。
4	财务状况恶化	1. 客户应收账款、存货高企； 2. 收入萎缩、成本大幅上升； 3. 对外投资出现重大失误； 4. 经营亏损； 5. 经营活动现金净流出量大，资金链紧张。	1. 切实加强企业销售回笼资金管理，加强现金流控制； 2. 摸清企业及其实际控制人的资产状况，必要时追加资产抵押； 3. 做好贷款有序退出方案，保障债权安全。
5	过度扩张及过度融资	1. 负债增速远高于资产增速； 2. 对外投资金额过大，长期投资超过所有者权益； 3. 企业债务在短期内快速增长； 4. 债务总量过大，超过其偿还能力； 5. 债务与收入、利润、现金流的关系失调。	1. 对快速扩张的企业，银行总体上要保持谨慎的态度； 2. 借款人已过度融资的，要停止对其发放新增贷款，存量贷款到期收回； 暂时不能收回的，要减少余额．追加增信措施或提高利率，实现有序退出。
6	项目建设及投产情况异常	1. 项目资本金未按期到位； 2. 项目建设资金不落实； 3. 项目建设进度滞后； 4. 工程形象进度与资金投入不匹配； 5. 项目未按期投产或大幅超支； 6. 项目投产后产品质量有瑕疵等。	1. 严格落实银行贷款与资本金同比例到位，本行贷款与他行贷款大致同比例到位，督促借款人或股东按期投入资本金； 2. 对工程进度严重滞后的项目或形象进度与资金投入不匹配的项目，原则上暂不允许企业后续提款，应要求企业先投入资本金； 3. 项目超支应由借款人或股东自筹解决；确需增加融资的，应提高资本金比例； 4. 对项目投产后产品质量不达标或市场情况欠佳的，应要求借款人追加担保或抵押。
7	担保情况异常	1. 保证人经营情况恶化； 2. 保证人债务违约； 3. 保证人或借款人对外担保增长过快； 4. 关联担保或互保情况过多； 5. 抵押物权属争议．毁损或价值大幅贬值。	1. 要求借款人追加抵押物或追加保证人； 2. 要求借款人置换抵押物或更换保证人； 3. 提前收回部分或全部贷款； 4. 要求借款人提供其他增信措施。

（续表）

序号	风险类别	风险预警信号的主要表现	相机抉择处置风险
8	涉嫌民间借贷	1. 企业资金在公私账户间往来频繁； 2. 资金汇划时，用途多为“还款”“投资”等； 3. 借款人财务费用高企，与表内借款金额不匹配； 4. 企业财产为非表内借款设定了抵押。	1. 核实企业涉及民间借贷的原因、金额及其影响程度； 2. 核查借款手续、担保手续、抵质押物实物及权属状况，确保无法律瑕疵； 3. 对企业因资金链紧张参与民间借贷的，要尽早制订风险处置预案，加强对企业现金流控制，实现有序退出。
9	交联交易异常	1. 关联企业数量多、关联交易频繁、交易金额大； 2. 关联定价不合理； 3. 关联账户资金对倒频繁，资金流与物流异常； 4. 通过关联交易虚构收入及流水，掩盖经营及财务困难。	1. 审核关联交易清单、挤压非正常关联交易水分； 2. 根据还原后的财务状况，决定信贷策略； 3. 对涉及通过交易关联虚构收入及利润的企业，不对其发放新增贷款，存量贷款及早退出。
10	有违约记录	1. 对他行违约； 2. 对上下游交易对手违约； 3. 在本行有逾期欠息记录等。	1. 高度重视违约信息，核实违约原因； 2. 对借款人因经营财务情况恶化无力履约的，要尽早做好风险处置预案，尽可能追加抵押或保证措施，实现有序退出或减少损失。
11	负面信息过多	1. 媒体报道企业或实际控制人负面信息多； 2. 银行同业对借款人的评价不佳； 3. 上下游合作伙伴对借款人的评价不佳； 4. 员工对企业及实际控制人评价不佳。	1. 核实负面信息的真实性及其对借款人的影响程度； 2. 高度重视涉及借款人及其实际控制人的经营造假、信贷欺诈、不良信用记录等方面的负面信息，原则上不对其发放新增贷款。
12	企业行为异常	1. 不好联系，如企业负责人、财务人员联系不畅、频繁更换手机号码和谎称在外地等； 2. 不提供资料，如不愿提供财务报表及明细、交易流水、纳税情况和水电费等； 3. 不配合检查，如关键人员避而不见、以各种理由搪塞银行检查存货、抵押物等； 4. 企业实际控制人和财务负责人及员工的精神面貌差。	1. 多渠道核实企业发生异常行为的原因； 2. 援引有关合同约定，严肃告知企业不配合银行核实有关情况的后果及银行可能采取的措施； 3. 如企业行为异常背后的原因是经营恶化，要及早制订风险处置预案，防范贷款风险。

（续表）

序号	风险类别	风险预警信号的主要表现	相机抉择处置风险
13	企业出现不稳定因素	1. 频繁更换财务主管、会计人员等； 2. 核心岗位或关键管理人员纷纷离职； 3. 主要股东退出； 4. 家族股权纠纷； 5. 客户流失。	1. 评估企业上述不稳定因素对借款人的影响程度； 2. 严格控制借款人的新增贷款； 3. 加强对借款人现金流的控制，争取为存量贷款追加增信措施，逐步压缩存量贷款余额。
14	涉及纠纷或诉讼	1. 因违约或诚信等原因产生纠纷； 2. 因重大质量、技术事故引起诉讼或仲裁； 3. 为他人担保引起纠纷； 4. 民间借贷引发纠纷。	1. 核实纠纷及诉讼原因、涉及金额及对借款人的影响； 2. 对涉及金额大，对借款人影响大的纠纷或诉讼，要及早制订风险处置预案； 3. 对涉及金额及影响较小的，可暂不采取措施，但要将其列入重点监测客户名单，加强跟踪监测。

1941 年，美国工程师赫伯特 · 威廉 · 海因里希（Herbert William Heinrich）从对许多灾害的统计中提出了 300 ∶ 29 ∶ 1 的著名的海因里希法则（Heinrich's Law），即一起重大的伤亡事故背后，必有 29 起轻度的事故，以及 300 起潜在的隐患。要防止重大事故的发生，就必须减少和消除无伤害事故，重视事故的苗头和未遂事故，否则终会酿成大祸。套用在银行贷后管理中，就是一起贷款损失事件，在其形成损失前，必然会出现很多风险苗头和预警信号，银行必须重视这些信号，并相机抉择及时采取有效措施处置风险，就有可能避免或减少损失，否则终会酿成大祸。

贷后管理流于形式，未能相机抉择管控风险

1. 对客户负面传闻未引起重视，从而酿成风险。2014 年 3 月，A 银行对某房地产企业发放了 2 亿元开发贷款，期限 2 年。2014 年 8 月起，陆续有媒体报道了借款人及其法定代表人的负面信息，并有其涉及民间借贷的传闻，但客户经理及经办行主管领导均未引起足够的警觉，仅向公司财务部门负责人简单了解了有关情况，而未及时对借款人的经营情况和财务状况、资金回笼情况、抵押物情况进行认真排查。

此后，有关传闻得到证实，他行和民间债权人相继查封了借款人财产（包括A银行的抵押物），导致A银行在后续风险贷款的清收和处置中处于非常被动的境地。

2. 对客户资金结算及押品管理不到位，从而引发风险。某物流公司为进一步扩大生产经营规模，拟通过租赁土地建立了仓储基地，2015年3月和6月，A银行先后对其发放了1 300万元和1 000万元两笔贷款，期限1年，抵押物为借款人名下的一块工业用地和三处房产。2016年3月贷款到期后，企业因生产经营状况不佳无法偿还贷款本息。经事后排查发现，A银行两笔贷款发放的时间间隔仅为3个月，期间借款人在A银行基本无货款回笼，A银行仍继续对物流公司发放了第二笔贷款；而且在A银行贷款发放不久，因借款人担保的关联企业违约，借款人提供的三处抵押房产中，有两处已被法院查封，A银行直到借款人违约后，才知晓抵押物被查封事宜。

3. 对市场变化不敏感，对他行退出客户增加贷款。某电线电缆生产企业是当地龙头企业，也是A银行的传统客户。近几年该公司扩张较快，但均为低水平重复建设，债务重，经营效益一般。2013年11月，A银行对该公司发放1.5亿元流动资金贷款，2014年2月起，该公司开始逐月欠息。实际上，2013年初，当地某大型银行等金融同业就开始对借款人收紧融资，但A银行对风险凸显的行业及企业分析不够深入，未有效缩减对该公司的贷款规模，仍对其新增融资，导致贷款发放不到半年便出现了风险。

拼盘项目经办行急于放贷，出现风险后“一行独大”

2009年4月，A公司为建设年产500万吨煤矿项目向各家银行申请20亿元固定资产贷款，B银行审批同意对该项目发放8亿元贷款，期限7年（含宽限期2年），建设期由股东为银团贷款提供担保，在借款人取得采矿权证后置换为采矿权抵押，B银行按贷款占比享有抵押权益，同时要求经办行要关注他行贷款发放的进度，确保项目融资总额不突破 20 亿元。当时本项目同业竞争激烈，除 B 银行外，还有 5 家银行合计审批同意对该项目发放 30 亿元贷款。此后，由于项目配套的电厂建设滞后等原因，该煤矿直到 2015 年末仍未建成，工程进度约 70%，资本金到位比例约 55%，初步估计因工程延期、材料涨价及建设期利息等原因，项目至少超支 20% 以上，且建成后的市场环境与原贷款评审时已发生重大变化，但此时 B 银行已累计对该项目发放了 7 亿元贷款，提款比例 88%，同业占 60%，该部分贷款面临较大的风险。

本笔业务在贷款发放和贷后管理中存在以下问题：（1）截至 2015 年末，B 银行项目贷款的提款比例远高于资本金到位比例、他行贷款的发放进度和工程建设进度；（2）固定资产投资项目的资本金应先期到位或至少与银行贷款同比例到位，否则就容易出现“空手套白狼”的情形。本项目工程建设严重滞后，借款人通过加速提取 B 银行贷款，替换了本应由资本金支付的工程欠款；（3）对于由各家银行拼盘且看不太准的贷款项目，本行贷款的发放进度应大致与他行一致、与工程建设进度一致。但在本案例中，经办行出于项目已经报上级行审批、当地信贷资源贫乏及考核压力等多方面考虑，无视项目建设进度严重滞后和市场环境发生重大变化等现实情况，也未核实他行贷款未能及时到位的原因，便急于投放项目贷款，造成贷款出现风险时“一行独大”的局面。

市场环境发生了重大变化，经办行仍按原批复条件放款

2011 年 3 月，A 银行审批同意对某合成氨及尿素项目发放不超过 4 亿元的贷款，期限 7 年（含宽限 1.5 年），宽限期满后按年等额还款，每半年还款一次。当时本项目同业竞争激烈，B 银行和 C 银行也分别审批同意对该项目发放 3 亿元和 5 亿元贷款。本项目 2012 年 1 月首次提款，6 月中旬项目试车，10 月，A 银行审批同意对借款人发放 1 亿元流动资金贷款，12 月中旬项目正式投产。2013 年，借款人实现销售收入 4.2 亿元，亏损 3.8 亿元。2014 年 1 月，借款人石脑油储罐发生爆炸，停产 6 个月，当年

继续亏损3.5亿元。

2014年4月，A银行在借款人发生爆炸事故后对该行贷款进行了全面的风险排查，发现本笔业务在贷款发放和贷后管理中存在以下问题：（1）用于项目建设的固定资产贷款，在项目建成后原则上就不允许再继续提款。但2012年底本项目正式投产后，且在他行贷款未到位的情况下，当地分行还陆续对该项目发放了3亿元的固定资产贷款。（2）借款人2013年上半年巨亏2.5亿元后，当地分行还先后对借款人发放了剩余2亿元的固定资产贷款，最后一次提款发生在2014年3月。（3）经办行在具体操作过程中，擅自将宽限期调整为2.5年，并相应调整了分期还款金额。（4）A银行原审批本项目时，尿素价格持续走高，但在此后三年中，尿素价格从峰值2 800元/吨跌至1 700元/吨以下，跌幅近40%。当地分行在项目的建设条件及市场环境发生了重大变化的情况下，没有相机抉择管控风险的意识，仍按原批复条件继续为借款人办理提款，从而造成了重大的风险隐患。（5）在本项目尚处于试运行阶段，所需项目贷款尚未完全到位的情况下，当地分行急于介入流动资金贷款，进一步扩大了风险敞口。

第九部分　财务分析篇

财务报表是企业所有经济活动的综合反映。虽然人们对财务报表的诟病很多，但它仍然是我们以最快速度了解企业经营情况、财务状况和现金流量的主要途径，是我们分析企业的起点和基础。

财务报表分析是银行对公信贷人员的基本功，无论是贷前、贷中还是贷后，信贷人员都需要跟企业财务报表打交道，从中分析判断企业的还款能力、发现风险并管理风险。本部分主要从债务人的视角，对企业的财务报表进行分析与解读，特别是对集团授信、债券承销和理财投资业务中经常涉及的集团母公司报表和合并报表进行了探讨，并对财务报表分析中的常见误区进行了澄清。

第 31 章　财务报表分析与银行信贷决策

银行看企业财务报表，必须强化债权人视角，必须服从和服务于信用风险控制的要求。银行债权人看企业财务报表的全部目的，是透过企业财务报表，分析、判断和推测企业的还款能力，银行的全部努力，都应围绕这一目的展开。本文试图从债权人的立场，从银行信贷的视角，对企业财务报表进行分析与解读。

信贷视角下三张报表的关系

要读懂企业财务报表，银行债权人需要从整体上把握三张报表的关系。资产负债表、利润表和现金流量表三张报表被形象地比喻为“底子”“面子”和“日子”。资产是企业经营的前提和基础，资产的形成有两种来源，即股东的投入和债权人的投入。

资产负债表是“底子”，表示企业有多少“家底（资产）”，以及“家底”中有多少是欠别人的，有多少是真正属于自己的。简单地说，资产负债表右侧是资金来源，左侧是资金运用，讲的是“钱（包括股东的钱和借来的钱）”如何变成“物”的故事。从股东和债权人的角度看，资产负债表是反映投入的报表，所有的投入未来都是要回收回来的。利润表是反映产出的报表，资产负债表上股东投入和债权人投入所形成的资产，最终都要转移到利润表中去，构成利润表的成本费用，靠利润表来回收。

利润表讲的是资产负债表中的“物”如何变成利润表中的“钱”的故事，即存货如何变成收入，以及收入扣除成本费用后有无利润。利润表是“面子”，表示企业一年（月、季）来经营得怎么样，有利润就有“面子”，没有利润就没有“面子”。由于企业利润的高低与资产转移的快慢有关，而资产转移的快慢一定程度上是可以操纵的，所以很多企业为了“面子”，会操纵资产往利润表转移的速度。现金流量表是“日子”，由于收入与现金不同步，企业要“过日子”，就必须要有充足的现金，保持足够的流动性。现金流量表是反映企业现金收支的报表，即企业的钱从哪里来，又去了哪里，是企业“过日子”的报表。

企业三张报表的关系：（1）企业的三张报表构建了两个体系，一个体系由资产负债表和利润表构成；另一个体系由现金流量表构成。两个体系描述了同样的经济活动，但它们描述企业经济活动的方式是不同的，前者采取的是权责发生制，后者采取的是收付实现制。前者与后者相比多提供了一个信息，即每项经济活动是否与未来有关，凡是对未来有用的支出都记录在资产负债表上，凡是与未来无关的支出都被记录在利润表上[①]；（2）资产负债表是基础报表，利润表是由资产负债表决定的，有什么样的资产负债表就有什么样的利润表，有什么样的资产结构就对应什么样的盈利模式，两者之间有非常深刻的匹配关系和互动关系。例如，当企业为了“面子”粉饰利润表时，往往也就需要同时粉饰资产负债表。当利润最大化时，资产也就最大化，反之亦然。资产转移得越慢（如不提折旧），利润往往就膨胀得越快，同时资产回收也就越慢，在资产最大化的同时还降低了资产负债率，但这对债权人而言是巨大的风险。现金流量表是用来验证前两张报表中资产质量和利润质量的报表，现金流量表科目与资产负债表和利润表科目之间有很多勾稽关系，三张报表的互动，可从不同角度验证会计报表信息的质量及真实性。（3）资产负债表和利润表告诉我们企业是否赚钱，现金流量表告诉我们企业是否有钱，由于收入与现金不同步，赚钱的企业不一定真正有钱。一旦企业的现金流出现问题，就有可能导致企业破产。从银行信贷风险收益的角度看，资产负债表和利润表更多地反映了企业的收益状况，

① 《一本书读懂财报》，第 176~177 页，肖星，浙江大学出版社 2014 年 7 月版。

而现金流量表更多地反映了企业的风险状况。

从债权人的角度看，企业在什么条件下才可以利用杠杆呢？杠杆是把“双刃剑”，企业能否利用杠杆与其盈利能力有密切关系。杜邦分析体系表明：企业提升盈利能力的途径，主要包括提升毛利率、加速资产周转和加杠杆等三个方面。杜邦财务分析方法的公式为：

净资产收益率（ROE）= 净利润 / 股东权益

=（净利润 / 销售收入）×（销售收入 / 总资产）×（总资产 / 股东权益）

= 销售净利率 × 资产周转率 × 权益乘数（财务杠杆）

通俗地说，企业要赚钱，要么提升单位产品的毛利率，要么加快资产周转速度，在此基础上合理利用杠杆，其中前两项一般不可兼得，即毛利率很高的产品，一般很难周转很快；周转很快的产品，一般毛利率也不可能很高。因此，只有毛利率或资产周转率至少有一项很强的企业，或者两项都还尚可的企业，利用杠杆才有意义。也就是说，企业负债要能形成高质量的资产，并能创造更多的收入和利润，否则企业利用杠杆就会造成财务负担。很多企业在经济上行时期拼命加杠杆，结果在经济下行时期资产周转不行，盈利能力也不行，而杠杆还在，结果企业就破产了。

银行信贷与企业的三张报表密切相关。银企借贷关系的本质是借债还钱。企业借债还钱涉及两个过程，前一个过程是企业借债后“钱”变成了“物”，与资产负债表相关；后一个过程是企业还钱时需要将“物”变成“钱”，跨越了资产负债表和利润表。从资产负债表的角度看，企业利用杠杆从银行借钱后，借款的使用一定会形成资产负债表左侧的资产，也就是“钱变物”。企业资产靠利润表回收，要一点点转到利润表去，企业的所有资产都是为创造收入（包括主营业务收入、其他业务收入和投资收益）服务的。因此，贷款形成资产的质量就非常重要，贷款只有形成有效的资产，才能从利润表得到回收，利用杠杆才是可行的。如果借款形成的是闲置资产、无效资产或不良资产，就不仅难以创造收入，还要往利润表转移成本和费用，是利润的减项。从利润表角度看，资产往利润表转移并不是一件容易的事情，资产越大的企业或投资越重的企业，回收往往就越慢，财务负担往往也就越重。同时，实物形态的资产要变成货币形态的收入也不是一件容易的事情，既与资产质量相关，又与市场形势相关。如果存货不能变成收入，“物”不能变成“钱”，资产就无法完成周转的过程，企业就无法还款。银企债权债务关系的终结，是以借款人以现金清偿债务为主要标志的。因此，借款人的现实偿债能力，还与收入有无现金支持密切相关。

企业负债扩张的模式在经济下行期存在很大的财务风险。在过去经济上行时期，很多企业的思维方式是有钱就想投资，或拼命利用杠杆借钱投资，很多企业已经习惯“满仓操作”，把所有的钱变为资产，而且经济繁荣时期产销链条比较顺畅，“满仓资产”也被证明是有效的赚钱途径。但在当前经济下行时期，已经投下去的钱就很难变现，过去利用杠杆形成的产能大量闲置，开工率不足，更少的有效资产和收入要对应经济繁荣时期形成的高额债务，还款的压力就非常大。当前企业“去产能”“去库存”“去杠杆”均面临很大的困难，过去“满仓操作”留下的财务隐患很大。

报表可靠性、会计核算原则、政策、估计等对损益的影响

我们在分析企业的财务报表时，往往不太重视对报表可靠性的审核，且经常忽略会计政策、估计、变更等对损益的影响。实际上，报表可靠性是财务分析的前提和基础，企业财务报表的编制依赖于一系列的假设、原则、政策、估计，且受会计人员的职业判断影响很大。会计编制过程中会计原则执行、会计政策选择、会计估计运用、会计计价方式和核算方法不同，报表的结果就不一样。因此，银行在使用企业报表进行信用风险管理时必须考虑上述因素影响。

财务报表可靠性审核

只有财务报表的数据可靠，财务分析才能得出正确的结论，银行在进行报表分

析前需要对财务报表的可靠性进行审核。财务报表审核内容包括对财务报表的形式审核、报表勾稽关系审核、重要会计科目审核和异常情况审核等，其中财务报表的形式审核包括审计报告的形式审核、审计报告结论审核（无保留意见、带强调事段的无保留意见、保留意见、无法表示意见和否定意见）、会计师事务所的形式审核、合计报表及附注的形式审核、验资报告的形式审核、合并会计报表的形式审核；报表勾稽关系审核主要对资产负债表、利润表、现金流量表和利润分配表四者科目之间的对应关系进行审核；重要会计科目审核是指通过对重点会计科目的审查核实，判断会计报表在重大方面所反映财务状况的真实性；财务报表异常情况审核指对财务报表数据所反映的财务情况超过了正常情况下置信区间的情况进行审核，包括静态的财务极端优秀值和动态的短期大幅变化及销售购买循环异常。在对财务报表审核的基础上，要对财务报表的可靠性做出判断，并酌情合理调整报表，挤压其中水分，情节严重的直接否决其信贷业务。

会计核算的基本假设与一般原则

会计假设是企业会计确认、计量、记录和报告的前提。会计基本假设包括会计主体、持续经营、会计分期和货币计量。会计主体不同于法律主体，一般来说，法律主体必然是会计主体，但会计主体不一定是法律主体。例如，企业集团不是一个法律主体，但为全面反映一个企业集团的财务状况、经营成果和现金流量，就有必要将企业集团作为一个会计主体，编制合并财务报表。再如，基金公司管理的证券投资基金，每只基金尽管不属于法律主体，但需要单独核算，属于会计主体，应当对每只基金进行会计确认、计量和报告。持续经营是会计人员选择会计原则和会计方法的基础，如果假定企业可以持续经营，会计人员就可将固定资产按历史成本进行记录，并采用折旧的方法，将历史成本分摊到各个会计期间和相关产品的成本中。会计分期，正是有了当期、以前期间和以后期间的差别，才使不同类型的会计主体有了记账的基准，进而出现了折旧、摊销等会计处理方法。货币是商品的一般等价物，是衡量一般商品价值的共同尺度，货币计量是指企业在会计核算中要以货币作为主要的计量尺度，记录和反映企业生产经营过程和经营成果。难以用货币计量的因素，如股东背景、研发能力、市场竞争力等，均无法反映到会计系统中，此外货币计量还隐含币值稳定的假设。

会计核算的一般原则有12项，其中对会计信息质量的要求有8项：客观性原则、相关性原则、明晰性原则、可比性原则、实质重于形式原则、重要性原则、谨慎性原则、及时性原则；其他4项：即历史成本原则、配比原则、划分收益性支出与资本性支出原则、权责发生制原则。要特别关注权责发生制原则和历史成本原则。权责发生制与收付实现制相对应，是会计记账的基础和核算原则。权责发生制是指当期的收入或费用，不论款项是否收付，均计入当期，反之则不计入。如商品已经发出，发票也已开出，即使未收到现金，也应确认为当期收入；企业收到一笔现金，但商品尚未发出，发票也尚未开出，也不应确认为当期收入。历史成本是一切资产据以入账的基础，也是其以后分摊结转为费用的基础。

会计政策、会计估计、会计变更及对损益的影响

会计政策、会计估计、会计变更及对损益的影响很大。信贷调查和审查人员在拿到报表时，要先看企业采取的会计政策和会计估计是谨慎的还是冒进的，前者夯实了资产，但减少了利润；后者往往夸大了资产并粉饰了利润，但对银行债权人的风险是很大的。不同的会计政策选择和会计估计运用，将直接影响资产估价（账面价值）、经营成果和企业税收负担。银行债权人要充分关注上述因素对企业偿债能力的影响。

会计政策是指企业进行会计核算和编制会计报表时所采用的具体原则、方法和程序，企业所选择的会计政策构成企业会计制度的一个重要方面。常见的会计政策包括：（1）发出存货成本的计量方法，包括先进先出法、后进先出法、加权平均法、移动平均法、个别计价法等。期初存货计价方法为历史成本法，期末存货计价

方法为成本与市价孰低法；（2）长期股权投资的计量方法，包括成本法或权益法；（3）投资性房地产的后续计量方法，包括成本模式或公允价值模式；（4）固定资产的初始计量方法，通常采用历史成本法进行计量，对于盘盈、盘亏、毁损的固定资产按固定资产原始价值或重置完全价值减去已提折旧后的净额计量，对实质上具有融资性质的固定资产成本以购买价款的现值为基础进行计量。固定资产的后续计量与折旧方法有关，折旧方法包括年限平均法（直线法）、工作量法、双倍余额递减法和年数总和法等；（5）无形资产的确认，如研发项目支出是确认为无形资产，还是计入当期损益等；（6）收入的确认，是指收入确认所采用的会计原则。收入是导致资产增加或负债减少或二者兼而有之的一种经济事项，它是企业利润的来源。收入确认的原则、时间和标准，对企业账面利润的影响很大。由于收入确认的多样性和复杂性，应否确认为收入和何时确认为收入，还与会计人员的职业判断有很大的关系；（7）借款费用的处理，是指借款费用的会计处理方法，即是采用资本化，还是采用费用化；（8）合并政策，是指编制合并报表所采取的原则，例如，母公司与子公司的会计年度不一致的处理原则，合并范围的确定原则等。

会计估计是指对结果不确定的交易或事项以可以利用的信息为基础所做出的判断。会计估计也是企业进行利润操纵的主要手段之一，常见的需要进行会计估计的事项包括：（1）坏账是否发生以及坏账的数额。坏账准备的计提方法包括余额百分比法、账龄分析法、销货百分比法和个别认定法。（2）存货的毁损和过时损失。（3）固定资产的使用年限和残值大小。（4）无形资产的受益期。（5）长期待摊费用的摊销期。（6）收入能否实现以及实现的金额。（7）或有损失和或有收益是否发生以及发生的数额。（8）8 种准备的计提方式：如坏账准备、存货跌价准备、短期投资跌价准备、长期投资减值准备、委托贷款减值准备、固定资产减值准备、无形资产减值准备、在建工程减值准备等。资产减值准则规定，已计提的减值准备不允许转回。

会计政策变更，是指企业对相同的交易或事项由原来采用的会计政策改用另一会计政策的行为，如企业改变发出存货成本的计量方法；会计估计变更，是指由于资产和负债的当前状况及预期经济利益和义务发生了变化，从而对资产或负债的账面价值或者资产的定期消耗金额进行调整，如企业改变固定资产的使用寿命、预计净残值和折旧方法。会计政策、会计估计的变更，会影响企业资产的账面价值及损益状况，并导致不同年度间的会计信息不可比。会计差错更正，是指对企业在会计核算中，由于计量、确认、记录等方面出现的错误进行的纠正，如会计政策、会计估计错误，漏计已完成的交易，资本性支出与收益性支出划分差错，提前确认尚未实现的收入或不确认已实现的收入等。部分企业利用会计政策、会计估计的变更和会计差错更正，来调节年度间的利润或粉饰报表。

债权人视角的三张报表分析与解读①

资产负债表

资产负债表是某一天给企业照的一张照片。既然是照片，它就可能与企业真实的情况差别很大。资产负债表的主要缺陷是：（1）资产负债表是时点报表。既不能反映资产、负债、所有者权益变化的过程和原因，也不能反映企业特定时点后的实际经营情况和财务状况。如企业在该时点后又发生了借款、担保或投资，或收回了大额应收账款或卖出了大量存货；企业面临的风险可能跟报表反映的情况完全不一样。（2）资产主要按历史成本计价，市场价值可能与账面价值严重不符。有些资产的价值可能被严重低估，如持有上市公司的原始股；有些资产的价值又可能被严重

① 部分内容参考了周纳教授的有关讲议及教材，包括：清华总裁班财务分析讲义《企业会计报表分析》，周纳，http://doc.mbalib.com/view/c18a61a97394ff842fd7137f63aab830.html；《银行业如何看透企业会计报表专题讲义》，百度文库，http://wenku.baidu.com；企业会计报告分析与识别，周纳、王宛秋：企业管理出版社，2004年版。本文有关观点，如资产负债表与利润表是投入产出关系，资产负债表的投入需要通过利润表来回收，以及将企业过度扩张形象比喻为“满仓操作”等，均源自周纳教授的观点，这些观点有助于更好地把握银行信贷与企业经营及财务的本质关系，特向周纳教授致谢。

高估，如过时的机器设备，而资产价值不准确可能会导致对资产负债表和利润表信息的严重误判。因此，银行要尽可能取得企业最新一期的资产负债报表，并结合利润表、现金流量表和报表附注，分析资产科目变动的原因，判断资产的质量，挤压资产的水分，评估企业的实际价值。仅看资产负债率，不分析企业资产的内容和质量，就没有任何意义。

资产负债表的核心是资产的质量。资产是企业赚钱的平台和偿债的保障。对银行债权人而言，资产负债表中的债务是刚性的，而资产和权益的质量存在较大的不确定性，刚性债务可能对应劣质资产。债务是靠资产创造的收入或资产本身变现来偿还的，资产负债表中所有的资产都是投入，最终都会形成利润表的成本和费用，依靠利润表来回收，因此资产的质量尤其重要。资产质量主要体现在变现性、被利用性、增值性、与其他资产组合的增值能力和资产的整体质量等 5 个方面。（1）变现性，即资产转化为现金的能力及难易程度。银行在分析企业流动资产各科目的质量时，应重点关注其变现能力，如应收账款的可回收性，存货的周转与变现能力等。企业经营效率与资产的周转能力密切相关，资产只有周转起来才能实现企业目的。从银行债权人的角度看，高流动性资产或较易处置的资产，都是客户偿债能力的后备军，主要包括三个层次：第一个层次是现金及准现金资产，如货币资金、应收票据（银行承兑汇票）及交易性金融资产等；第二个层次是流动资产中对大企业的应收账款、畅销的产成品存货等；第三个层次是非流动性资产中可供出售的金融资产、持有至到期投资、持有上市公司的无限售条件流通股、持有金融机构的股权、持有繁华地段的商业物业等。（2）被利用性，即银行在分析企业非流动资产各科目（特别是固定资产和无形资产等经营性资产）的质量时，应重点关注其被利用性，即资产的利用率和产生增量利润的能力。资产只有被利用才能转移到利润表，才能得到回收和补偿。企业管理的最高境界，应该体现在最大限度地降低不良资产占用，加快资产周转，并最终获取盈利能力。有些资产的物理质量很好，但是闲置率很高，也难以产生利润，这些资产应该归属不良资产。（3）增值性。由于资产主要是按历史成本计价的，要关注资产账面价值与实际价值（市场价值）之间有无增值空间。在经济下行的背景下，很多资产的实际价值与账面价值相比都是贬值的，因此银行应根据企业资产质量，评估企业资产的实际价值以及企业真实的资产负债状况。（4）组合增值能力。资产与资产之间要有组合增值能力，产生 1+1>2 的功能，如水泥熟料生产线协同余热发电和垃圾处理，资产之间的协同效应就非常良好，而不是资产之间互不关联。（5）资产的整体质量。前述 4 项主要反映的是个体资产的质量，即满足企业对特定资产个性需求的能力。资产的整体质量是指资产在整体上满足企业发展目标的能力，即能否为股东权益增值做出贡献。衡量资产整体质量的指标通常包括反映运营效率的总资产周转率（销售收入 / 平均总资产）和反映运营效益的总资产报酬率（[利润总额 + 利息支出] / 平均总资产）。总资产周转率实际上就是投入产出比，制造业企业的投入产出比大致在 0.4~0.6 之间，总资产报酬率反映了企业的获利能力，制造业企业的总资产报酬率通常在 5%~10% 左右。

资产负债表是对企业财务状况的结构性描述。资产是按流动性由大到小排列，债务按偿还期（偿还的紧迫性）由短到长排列，所有者权益按变动性由小到大排列，资产负债结构应大致在合理范围内。应重点关注以下三个方面的结构：（1）资产负债结构。企业所有者和债权人均是企业资金的提供者，企业资金来源的性质和期限大致上要与资金运用的性质和期限相匹配，即企业的资产结构必须与资本结构（即债务资本与股权资本的比例关系）相匹配，生产性企业的资产负债率一般不应高于 65%。简单地说，资产负债表两端的结构应“短对短”“长对长”，即流动负债应主要形成流动资产，长期资产（即非流动资产，主要包括固定资产、长期投资和无形资产等）应主要来源于或与长期负债和所有者权益对应，如企业短期借款大于流动资产，则说明企业短贷长用的情况比较严重。“短贷长用”“短贷长投”都是不稳定的财务状态，容易形成流动性风险。（2）资产结构。资产结构受行业差异及企业发展阶段等多方面因素的影响，通常制造业中固定资产所占的比重较大，而高科技企业则是无形资产所占的比重较大；成长期的企业固定资产比重较大，而成熟企业生产经营所需的流动资产比重较大。根据上述特征及与企业资产负债结构对应的盈利模式，企业类型大致可分为以下 4 类，见表 9–1。

表 9–1　资产结构特征与企业类型

企业类型	某类资产	某类资产在总资产中占比
贸易型企业	流动资产	一般大于 70%
生产型企业	固定资产	一般大于 50%
投资型企业	长期股权投资	一般大于 70%
高科技企业	无形资产	一般大于 35%

一是贸易型企业。主要特征是流动资产占比在 70% 以上，固定资产很少。贸易型企业的利润率较低，主要依靠快速周转获利，贸易型企业的总资产周转率大致应该在 1.5~2 左右，贸易型企业没有制造费用，银行应重点关注企业存货和应收账款周转情况；二是生产性企业。主要特征是企业固定资产、在建工程及无形资产三项合计占比一般超过 50%。重点关注开工率、产销率和货款归行率情况，生产性企业的固定资产周转率一般不应低于 0.6 ；三是投资性企业。主要特征是长期股权投资、交易性金融资产、可供出售金融资产和持有至到期投资 4 项合计占比一般超过 70%（有时企业的其他应收款及预付账款也具有投资性质）。投资收益与上述 4 个科目是投入产出关系，所以应重点关注投资收益与上述 4 个科目之间是否匹配；四是高科技企业。技术及研发投入较大，固定资产占比较小，无形资产的占比通常大于 35%。

（3）负债与所有者权益结构。一般认为，如果流动负债在总资本中的占比较高，表明资本结构的稳定性欠佳；如果长期负债及所有者权益在总资本中的占比较高，则表明资本结构的稳定性较好。从资本结构与财务稳定性关系看，大致可分为以下三种情况，见表 9–2。

表 9–2 资本结构与财务稳定性

资金来源	各类资金来源在总资本中的占比	资本结构稳定性
流动负债	比例高	不稳定
长期负债	比例高	稳定
净资产	比例高	稳定

负债结构中，一是要关注付息债务与非付息债务比例。一般认为，付息负债的占比越高，商业信用的占比越低，企业经营对银行融资的依赖就越大；二是要关注短期借款与长期借款的比例。短期融资占比越高的企业，财务结构就越脆弱。银行对短期融资畸重的企业要更加谨慎；所有者权益结构中，实收资本、资本公积和未分配利润比例大致应为 20：20：10 的关系。如未分配利润比例高于所有者权益的 20%，应在借款合同中约定，在未偿还当年到期贷款本息前不得现金分红。

资产负债表中的重点科目审核

资产不实，利润就不实。因此银行债权人需要对资产负债表中余额较大或占比较高的重点科目进行详细的审核分析，并评估其对企业损益及偿债能力的影响：（1）货币资金。主要包括库存现金、银行存款和其他货币资金等三部分。银行存款主要包括结算账户的存款和用于开立银行承兑汇票、保函、信用证等向银行缴纳的保证金存款，对存在较多保证金存款的企业，要进一步审核保证金比例，并与对应的融资进行配比核对。货币资金一般不能低于总资产的 10%（不包括保证金部分），考虑到货币资金中很大一部分要用于支付下个月的工资、税金、福利费及利息等，货币资金太少就可能出现流动性风险。（2）应收票据。重点关注银票和商票的构成情况。货币资金及企业持有的银票，是反映企业即时偿债能力的重要指标。（3）应收账款。应收账款的确认与主营业务收入的确认密切相关，审核时要与收入确认的条件、企业的销售对象、销售策略、议价能力等相结合，分析判断企业的谈判地位、交易对手的付款能力和应收账款的质量。应尽可能要求企业提供大额应收账款明细表，明细表至少应包括以下内容：付款单位名称、金额、经济内容、账龄和可收回性，明细表所列余额应达到应收账款总额的一定比例，如果下游客户较为分散，可列明前五或前十名的销售对象，然后根据应收账款明细表对以下情况进行判断：通过应收账款对应单位名称及经济内容，判断该款项是否与公司主营业务相关；根据企业的经营特点，判断应收账款的账期是否合理，有无长期挂账应收款项，是否有提取坏账的准备；结合主营业务收入变动情况，判断应收账款的变动是否合理。制造业企业的应收账款周转率一般不应低于 4 次，即应收账款的收账期原则上不应高于三个月。（4）存货。主要包括原材料、在产品、半成品、产成品、商品以及包装物、低值易耗品等，不同行业和不同类型的企业之间存货差异较大，由于存货的存在状态和分布地域等原因，银行通常较难进行实地盘点，且存货单价难以确定，也很难通过存货单位价值和存货量来核实存货账面价值，一般只能通过综合分析的方法（条件允许的情况下可抽查部分存货）来进行审核。主要方法包括：要求企业提供存货分类明细表，审查存货的主要构成；根据存货分类明细表和企业规模，分析存货总量以及存货增减变动情况是否与企业经营规模和商业模式匹配；对于期末时点存货总额异常增加的情况，要了解企业是由于销售不畅导致存货大量积压，还是随市场因素而调整生产策略，集中大量备货所致。制造业存货的周转率一般不应低于 6 次，即企业存货周期原则上不应高于 2 个月，或存货合理占用量大致应为主营业务成本除以 6。（5）其他应收款。主要包括企业主营业务以外发生的各种应收、垫付款项，如备用金、职工预支的差旅费、存出保证金、先行垫付的赔款、罚款等。通常其他应收款金额不会太大，如金额较大，要分析其内容，判断款项的性质。从实际情况看，许多企业把对股东的借款、与关联企业之间的往来款项都放在该科目。应特别关注应收往来款的对象，如为应收股东或其他关联方的款项，应分析是否存在股东抽逃注册资本或关联方不合理地长期占用企业生产经营资金的可能；如为非关联方往来款，要了解款项形成的原因及其合理性，以及是否存在虚列资产的可能；（6）长期投资。应重点关注长期投资的内容及投资收益情况。长期投资占总资产的比例一般不应高于20%，且长期股权投资的余额不应超过所有者权益。长期投资是回收最慢的资产，长期投资占比过高，投资风险较大；另外如长期股权投资超过所有者权益，就说明自有资金被投出去了，或者利用债务进行股权投资。如控股性投资较多，说明企业为实体性投资人；如参股型投资多，则说明企业为财务性投资人。（7）固定资产。固定资产既是企业实力的重要标志，也是可供抵押资产的重要出处，其折旧还是偿债资金的重要来源。重点关注：一是要了解企业固定资产的规模、成新率及其先进程度，如企业固定资产原值大、净值低，说明企业的设备老化，需警惕其可能发生大额更新性资本支出，或设备维护费用支出过大；二是审核固定资产折旧方法、折旧年限是否合理、是否遵守一贯性原则，是否存在少提折旧、不提折旧以虚增利润的现象等；三是要关注是否存在固定资产评估增值事项。若有，应要求企业提供相关的评估报告，并进一步审核资产原值、增值额及其公允性，并对对应的资本公积科目进行进一步分析。（8）在建工程。应重点审核企业在建工程的主要项目是否真实存在，以及在建工程规模及其资金来源构成。在建工程一般不应超过固定资产的40%。在建工程余额过大，不仅会造成当前的财务压力较大，也会造成企业未来财务的不确定性较大。（9）投资性房地产。投资性房地产是指为赚取租金或资本增值，或两者兼有而持有的房地产。主要分为三类：出租的土地使用权、长期持有并准备增值后转让的土地使用权、企业拥有并已出租的建筑物。可要求企业提供投资性房地产明细表，根据明细表对以下情况进行判断：核实投资性房地产的构成、初始计量的入账依据（须按成本初始计量），判断其合理性；审核投资性房地产的租赁协议，租金水平、租金是否按时收到；审核投资性房地产的后续计量，其后续计量可采用成本模式或公允价值计量模式，计量模式一经确定，不得随意变动。对采用公允价值计量模式的，在会计年度末，公允价值与账面价值的差额应计入当期损益，且不予折旧、摊销和减值。银行须关注公允价值的合理性；对采用成本模式进行后续计量的，其折旧、摊销和减值政策应和一般固定资产或无形资产一致。（10）无形资产。无形资产主要包括5项权利，即商标权、专利权、著作权、土地使用权和矿业权，以及非专利技术和商誉等。要了解无形资产的内容、取得形式和支付对价情况，以及是否存在评估增值情况等。无形资产占总资产的比例一般不应高于 20%，超过该比例则须认真核实无形资产的构成及其真实价值。（11）对外融资规模。通常包括短期借款、长期借款、应付票据、应付债务和应付融资租赁款等。对外融资规模是银行债权人应该核实清楚的核心指标，否则就无法准确判断企业的还款能力。企业的债务融资渠道主要包括以下三个方面：一是银行渠道，包括表内融资和表外融资，通过人民银行征信系统可以查询到有关情况。前者反映在企业财务报表中，如流动资金贷款、项目贷款、银行承兑汇票等；后者未反映在企业财务报表中，包括信用证、保函等；二是债券市场，主要包括交易所债券市场和银行间债券市场，如企业债、公司债和债务融资工具等；三是其他渠道，如通过信托公司、基金、券商和保险子公司发行信托计划、资产管理计划等方式进行债务融资，以及租赁融资、保理融资和民间借贷等其他来源。（12）应付账款。是指因购买材料、商品或接受劳务供应等而发生的债务，应重点关注金额占比较大的客户是否与企业上游客户一致，是否符合企业的采购政策等。（13）预收账款。通常房地产企业在签订售房合同但未交房的情况下，会将收到的售房款计入该科目，导致该科目金额较大；其他企业在一般情况下，预收账款金额占总负债的比例不大，银行可结合企业类型和销售模式进行分析。一般认为，如果应付账款和预收账款等经营性负债占比较高，则说明企业的市场地位较高，可获得上下游企业提供的低成本资金。（14）实收资本。银行应查询企业工商登记信息，核实股东投入资本的实际情况。股东投入资本既可以以现金形式投入，也可以以实物资产和无形资产形式投入，对于以实物资产和无形资产投入的，可结合验资报告中依据的资产评估报告等，判断作价依据是否充分。（15）资本公积。指企业在经营过程中由于接受捐赠、股本溢价以及法定财产重估增值等原因所形成的公积金。资本公积是与企业收益无关而与资本相关的贷项。从债权人角度来说，须重点关注大额资本公积形成的原因及其合理性，重点关注三类资本公积的形成：一是股本溢价，通常说明投资者对企业的发展前景比较认可；

二是资产评估增值。对该类资本公积，应重点审核其评估价值的合理性。如果资产为自用，而不是在资产重组转让等涉及实物资产产权变更的过程中发生，那么，这种评估增值与我国现行会计核算规定不符，不应予以认可；三是接受捐赠或债务豁免。对于接受捐赠或债务豁免形成的资本公积，主要应审查相关的捐赠协议或债权人放弃债权的书面文件，并关注是否在关联公司的账面有所反映。

银行要关注企业产生不良资产的主要区域。企业的债务都是靠资产创造的收入或资产本身变现偿还的。企业的每部分资产都同时对应债务和权益，不良资产通常不能创造收入，也难以变现，这意味着更少的有效资产对应同样的债务，间接增加了企业的债务负担，削弱了偿债保障。企业的不良资产主要包括：（1）难以回收的商业债权和滞待的存货。经济下行时期，银行的流动资金贷款和贸易融资最容易变成企业的存货和应收账款。难以变现的商业债权不仅占用了企业大量的资金，还可能造成价值贬值（应收账款也是有时间价值的）、增加机会成本及税收成本。因此，凡是应收账款收款模式不好的企业，不能成为银行的客户；存货长期积压卖不出去，可能导致存货过时、贬值和毁损，也是利润的减项。（2）闲置的固定资产。在投资主导的经济增长模式下，企业过度投资的情况比比皆是，长期过度投资和重复建设形成了大量过剩产能，产能过剩在企业中的具体表现，就是固定资产闲置或开工率不足。固定资产闲置和开工率不足，闲置产能对应的债务很可能就形成不良贷款。当前企业前期扩张形成的大量固定资产闲置已成为企业的“新常态”，对银行贷款安全造成很大影响。（3）对外投资失败。表现为企业对外投资的余额巨大，但利润表中的投资收益很小，或现金流量表中取得投资收益收到的现金很少，不能分红的投资都是泡沫投资。股权投资是企业所有资产中回收最慢的，必须以自有资金（权益性资金）进行股权投资。如果企业长期股权投资余额超过所有者权益，就是利用债务进行股权投资。对债权人而言，企业以债务性资金进行股权投资的风险巨大。（4）其他应收款。其他应收款实际上是企业借出去的各项款项，如果长年无法回收一直挂账，就是企业的不良资产。一般认为，对股东的长期应收款很难回收，合并报表与母公司报表其他应收款的差额，也很难回收。（5）长期不结转的在建工程。此种情形很可能是项目投资失败，此前的投入全部形成沉淀成本；或是企业粉饰报表，因为在建工程建成后长期不结转，一方面，借款利息不计入当期损益，利息不断资本化，企业资产总额不断增加；另一方面，只要在建工程不结转，固定资产就无须提折旧，从两方面虚增利润。需要特别关注的是，在建工程的后续建设投入、资金来源以及建成后能否发挥效益，均会使企业的经营及财务面临很大的不确定性。目前在建工程很多都是在以前经济高涨时做的决策，当前的经济环境和市场环境较项目开工时均发生了很大变化，凡是借款人在建工程余额很大的企业，银行都要更加谨慎地对待。（6）待摊费用。待摊费用是虚拟资产，是资本化了的费用。如大型商场的装修装饰费用，一次支付后分期摊销。此类资产实际上是已经发生的费用，但还未摊销完，未来根本无法变现，如额度过大，需要作为资产、权益和利润的减项。（7）无形资产。有些无形资产的价值很难认定，或市场上并无公允价值；有些无形资产取得的成本很低，存在评估大幅增值并计入资本公积的情况，很多无形资产实际上并不能为企业创造更多的收益。上述 7 项是企业不良资产的主要区域，如果企业的不良资产总额接近或超过净资产，则说明企业的持续经营能力可能出现问题。

企业的财务风险主要来源于负债过重和资产质量差。债务都是刚性的，有固定期限，到期必须偿还。要关注债务的总量、期限结构和或有负债（对外担保）情况。企业违约可能是因为债务总量过大、期限结构不合理以及或有负债成为现实负债引起的，也可能是因为资产质量差引起的。资产质量差，将导致资产不能创造收入，或收入不足于抵补成本费用，最终造成企业违约。

利润表

利润表是总括地反映企业一定期间内经营成果的会计报表，也是一张揭示企业资产利用效果的报表。所谓资产利用效果，就是资产不断往利润表转移的过程中，收入在扣除成本费用后是否有利润。如果说资产负债表是企业某一时点的一张照片，利润表则是企业某一时期的一段录像。利润表反映了企业是否赚钱，以及在哪里赚（亏）钱两方面的信息。利润表是由资产负债表决定的，资产负债表上任何一项投资决策，未来都会转成利润表的财务负担，且还须匹配当期费用。利润表不仅反映产出，而且要承担资产负债表上所有的投入。因此，企业任何投入应该都是很审慎的。

我国企业普遍采取多步式利润表，利润表的收入和费用按不同性质分类且科目之间有配比关系。银行债权人重点关注以下方面：一是看收入来源及构成。收入包括主营业务收入、其他业务收入、投资收益和营业外收入，其中前两项收入一般应占总收入的 80% 以上。收入最重要，没有收入，即便企业把成本费用压缩到最低也没有用。收入结构及质量分析应重点关注企业“卖什么”“卖给谁”和“靠什么”等三个问题。“卖什么”是指收入的产品构成，要关注企业主要产品的市场竞争状况、生命周期、技术含量和销售前景等；“卖给谁”是指收入的客户及地区构成，要关注企业产品的目标市场、目标客户及主要交易对手，判断企业销售的稳定性及货款回笼的可靠性；“靠什么”是指企业获取收入的主要途径，比如是靠市场、靠关联方，还是靠政府补贴等获取收入。只有依靠自身实力参与竞争的客户才有发展前景，如果企业销售收入中主营产品收入下降，其他业务收入或营业外收入增加，则通常表明企业主营业务或生产经营出了问题①；二是看成本、费用、税金的比例和构成。制造业销售成本一般不低于 75%，即毛利率通常不高于 25% 左右，毛利率与企业的盈利模式和竞争战略相关；三是看企业利润及其与所得税的配比关系。企业各项收入减去各种成本、费用和税收后，就是净利润。由于企业有很多科目是不得在税前列支的，比如超过营业收入 15% 的广告支出不能在税前列支，所有的资产减值准备一律不得在税前列支，因此税务利润通常会大于会计利润。一般而言，如果利润表反

① 《从报表看企业》，第 40~41 页，张新民，中国人民大学出版社 2012 年版。

映企业实现利润但未缴纳所得税，或所得税负率远小于 25%，企业利润的可信度就很低，银行就要更加谨慎；四是分析企业盈利或亏损的原因。对银行债权人而言，亏损的报表并不可怕，可怕的是虚盈实亏的报表，特别是虚盈实分红。例如，企业慢慢计提成本（折旧）和费用，所有的资产慢慢往利润表转移，利润就出来了。然后，企业就开始分配利润，特别是向银行借款后以现金方式分配利润，最后就把企业掏空了。在这个过程中，银行债权人的风险巨大。

利润表的缺陷：一是利润表是以权责发生制为基础编制的报表，包含了太多的会计操作手法及会计人员的职业判断，如会计政策选择、会计估计运用、支出是资本化还是费用化等等；二是收入和成本费用很容易受人为控制，短期业绩很容易操纵。它是一张人为调整出来的报表，如通过关联交易虚构收入，不结转或少结转成本费用等，都可以制造短期业绩；三是不同来源、不同性质的利润，其质量差别很大。企业利润（亏损）的来源日趋多元化，包括主营业务利润、其他业务利润、投资收益、公允价值变动损益、资产减值损失、非流动资产处置损失、补贴收入和营业外收支净额等。利润需要追溯来源，才能判断其质量；四是利润表科目的真实性较难验证，如成本费用的数额及真实性均很难核实。这些缺陷导致利润表的有用性大大减弱了。

利润表是企业财务粉饰的主要指向和目的。利润表是评价企业经营成果及业绩的报表，我们通常用净利润来衡量一个企业经营的好坏，于是企业也通常通过粉饰利润表来虚增业绩，因此，利润表往往最不可信。粉饰利润表需要资产负债表的配合，比如企业要虚增业绩，资产负债表中的资产就要转得慢一些，如折旧少一些，成本费用不结转或少结转，各种准备少提一些，因此当利润最大化时，资产一定最大化，资产中的水分也一定最大化。因此，把资产负债表的水分挤掉了，也就把利润表的水分挤掉了。

资产负债表的结构决定了利润表的结构及盈利模式，企业的盈利来源及对应的获利资产情况如表 9–3 所示。

表 9–3　企业利润来源及对应的获利资产

<table>
<tr><th colspan="2">利润结构</th><th>赖以获利资产</th><th>利润来源</th></tr>
<tr><td rowspan="3">营业利润</td><td>主营业务利润</td><td rowspan="2">经营性资产</td><td rowspan="2">依靠自身经营</td></tr>
<tr><td>其他业务利润</td></tr>
<tr><td>投资收益</td><td>长期股权投资、长期债权投资、短期投资</td><td>靠别人经营</td></tr>
<tr><td rowspan="2">非经常性损益</td><td>补贴收入</td><td>无</td><td>靠政府</td></tr>
<tr><td>营业外收入</td><td>无</td><td>靠运气</td></tr>
</table>

上表为企业利润来源的排序，由上到下的排列原则是“利润来源的稳定性及重要程度”，越排在上方的利润来源对企业越重要。利润的质量主要体现在利润的经常性、现金性和连续性方面。利润的经常性是指企业的主业应该是鲜明的，利润应来自主业，不能来自非经常性损益。如果企业的主营业务不能产生利润，就是“不务正业”。利润的现金性是指企业的利润，必须有现金支持，企业经营活动产生的现金净流量应为其经营利润（即营业利润扣除投资收益的部分）的 1.2~1.5 倍，经营活动净现金流应大于净利润。当收入有银行存款支持时，一般是经常性的，是可靠的；收入没有银行流水支持，利润就可能是虚增的。利润的连续性是指企业利润在年度间的变化应该大致是连续的和稳定的，不能表现为今年盈利，明年巨亏，后年又盈利。

企业操纵收入和利润的方式很多。现行的会计核算制度主要是按照权责发生制以及收入成本匹配原则进行核算的，在确认收入和成本匹配时通常会有较大的主观成分，还有就是资产账面价值与市场价值之间会有较大差异，为人为调节财务数据留下了较大空间。企业操纵利润的手法通常包括：（1）提前确认收入或制造虚假销售收入。如将预收事项提前确认为收入，确认没有真实交易基础的销售活动，利用赊销或关联销售达到虚增销售和当期利润的目的。（2）少计成本和费用。具体包括：少结转成本，少提或不提折旧，已经发生的当期支出暂不入账，不提或少提各项资产减值准备，采用不审慎的会计估计计提坏账准备、存货跌价准备及资产减值准备，递延摊销费用，违背费用资本化的原则将本应计入损益的费用资本化，少列费用虚增利润等。(3）利用关联交易虚增利润。低价从关联方购入或高价向关联方销售商品、劳务、资产等，利用资产重组或出售虚增利润。(4）已形成损失的资产长期挂账。如将已实际形成呆账死账的应收账款长期挂账，不及时核销受损资产，财产损失长期挂账。(5）制造非经常性损益。如依靠其他业务利润或营业外净收入（如政府补贴、资产公允价值变动）实现盈利。(6）利用会计政策、会计估计的变更虚增利润。如随意变更预计折旧年限、折旧方法和无形资产摊销期限；调整发出存货的计价方法；在资产减值准备的提取和冲回上，随意调节提取比例；改变长期股权投资的核算方法等。(7）变更合并范围等。

现金流量表

现金流量表是反映企业在一定时期现金流入和流出动态状况的报表，反映了企业的钱从何而来，又用于何处。通俗地说，现金流量表就是一张流水账单，假设一个企业只在一家银行开户，所有收支均通过这个账户进行，那么银行的对账单，就是企业的现金流量表。此外，企业出纳管的现金日记账和银行存款日记账，反映了企业现金收支的情况，实质上也是企业的现金流量表。

现金流量表将企业经济活动分为经营、投资和筹资三个维度，记录了企业现金流入和流出的情况，描述了现金的来龙去脉。重点关注以下四个方面：(1）现金与现金等价物的净增加额。现金流量表的结果实际上就是揭示资产负债表上货币资金的变动过程，现金流量表中“现金与现金等价物净增加额”等于资产负债表货币资金的年末余额减年初余额。现金与现金等价物的净增加额（或净减少额）反映企业在本报告期内取得现金的数量或损失现金的数量，从绝对数上反映企业一定时期内资金状况是盈余或短缺状况。现金关系到企业的生死存亡，现金流量表实际上反映了企业的风险状况。因此，一个经营周期内企业的现金与现金等价物净增加是好事。我们通常所说的“企业的资金链断了”，就是资产负债表中的货币资金没有了。一般认为，企业资产负债表货币资金的余额不能少于总资产的10%（不包括保证金等不能自由动用的资金）。我们既要关注企业现金的状况，也要关注企业现金的来源。"现金为王"中的"现金"，不是指企业筹资活动产生的现金，而主要是指企业经营活动创造的和取得投资收益所收到的现金，上述两项来源带来资产负债表上现金的增加才是健康的、可持续的[①]，也是分析企业现金流质量的核心。（2）经营活动现金净流量。经营活动的现金盈余是企业持续发展的内部动力，是企业自我造血功能的重要表现，是企业经营具有活力的主要标志。一般来说，企业经营活动的现金流入，至少要能满足日常原材料采购、支付职工工资、缴纳税款等方面的需要；而经营活动的现金净流量，则承担了更多的用途，经营活动现金净流量是收付实现制下的"净利润"，其首先要用于补偿固定资产折旧和无形资产摊销（固定资产贷款还款来源），以及支付融资利息；若仍有盈余，可用于现金分配股利或用于扩大再生产[②]，企业经营活动的现金盈余越强大，可以覆盖的各项支出就越多。若经营活动不能产生现金盈余，则上述各项支出就无从谈起。特别是对于银行债权人而言，企业支付银行贷款利息和偿还固定资产贷款本金的资金，均需来源于经营活动现金流量净额[③]。如果企业经营活动不能产生现金盈余，则企业通常只能依靠借新债还旧债（假如无投资活动现金净流入或吸收权益性投资所收到的现金）。如果企业经营活动现金净流量为负，但又进行了利润分配，则一定是借银行的钱分配利润；此外，银行分析企业经营活动现金流量时，还要排除大额其他应收款对经营活动现金流量净额的干扰。

---

① 投资活动产生的现金净流量通常来自两方面，一是处置资产，包括固定资产、无形资产和子公司股权；二是投资收益，包括金融资产的投资收益和实业投资收益（即分红）。只有来自实业投资收益的现金流，才是可持续的。

② 《从报表看企业》，第96页，张新民，中国人民大学出版社2012年7月版。固定资产投资项目建设期间的利息资本化，该项利息支出通常在"吸收投资所收到的现金"和"取得借款所收到的现金"中包含了。因此，大致地，除资本化的利息支出外，企业所有融资的利息均需要由经营活动的现金净流量承担。

③ 流动资金贷款具有自偿性，通常在经营现金流入可覆盖经营现金流出时便可得到补偿，无须用经营活动产生的现金盈余补偿，但流动资金贷款的利息需要通过经营活动产生的现金盈余补偿。

（3）投资活动现金净流量。投资活动的现金净流量代表了企业扩张或收缩战略。购建固定资产和无形资产是对内扩大再生产，对外长期股权投资是对外扩张，投资活动现金净流出与企业未来的财务状况密切相关。但任何投资都需要一定周期才能产生效益，而在产生效益前，企业一直往外流出资金，而且投资项目未来能否产生效益，也还存在很大的不确定性，因此企业扩张的风险是很大的。现实中一家原本经营不错的企业，因为投资失误破产倒闭的案例比比皆是。企业对外投资或购建固定资产的资金应主要来源于经营活动产生的现金净流量和吸收权益性投资所收到的现金。如果企业无吸收权益性投资收到的现金，且经营活动的现金净流量为负，那么企业对外投资或购建固定资产的资金就可能全部来自银行融资，债权人承担了全部风险。（4）筹资活动的现金净流量。筹资活动现金流入有两个渠道：吸收权益性投资所收到的现金和对外借款（或发债），前者有利于降低债权人风险。筹资活动现金净流量为正，通常表明企业加杠杆（在没有权益性资金注入的情况下），筹资活动现金净流量为负，通常表明企业偿还了银行借款（在没有分配股利的情况下）。企业的筹资活动既影响当前的现金流量，也影响着未来现金流量和企业资本结构。过去经济上行时期，很多企业的投资活动现金净流量持续为负，筹资活动的现金净流量持续为正，经营活动现金净流量仅够支付利息甚至持续为负，则表明企业既负债扩张，又借新还旧。

现金是企业的血液，企业的任何经营活动都始于现金和终于现金。现金流量表是银行债权人的第一报表，企业没有利润尚可活下去，但没有现金就活不下去了。企业缺钱通常是由两种原因造成的：一是不合理占用，如存货和应收账款占用太高；二是“满仓操作”，即企业一有钱就要投资，要把钱变成物，变成资产。绝大多数出现资金链条断裂的企业，都可从中找到原因。对银行债权人而言，企业大量赊销、存货积压、投资冲动及过度扩张的风险都是难以控制的，此类客户都是银行要尽量避免介入的客户。现金流量表也是跟企业资金结算和银行流水勾稽关系最密切的一张报表，银行的对账单，就是企业的现金流量表。因此，银行债权人要更加注重企业与银行之间交易形成的硬数据，上述数据可与报表数据之间进行交叉验证（难点主要在于企业可能在多家银行开户）。银行信贷管理的核心，是确保本行对客户的融资总额与客户回笼到本行的现金之间要匹配。一般认为，企业在一家银行的存贷比，应该大致在 20% 左右；企业回笼到本行的销售收入，应至少与本行贷款的同业占比相匹配。同时，企业回笼到本行的现金必须是持续的，也即企业的银行流水必须是由真实的经营活动带来的，不能是关联交易或关联企业之间资金对倒形成的。现金流量表告诉银行客户有没有现实的偿债能力，只有回笼到本行的现金，才是最现实的还款来源。控制不了现金，就控制不了现实的还款来源。这也是很多银行下大力气治理“裸贷”的重要原因。

当然，银行债权人也要辩证看待现金流量表的优点和缺点。现金流量表的主要优点：一是能够了解客户的现金收支状况及现金压力。企业最大的风险是资金链断裂的风险，而不是实际意义上的亏损。现金流量表为银行债权人提供了持续监控客户现金流状况的途径，是银行评价客户风险与管理贷款风险的重要手段。二是可以验证企业盈利质量。如果企业盈利没有现金支持，则表明利润的质量欠佳，其原因可能是企业赊销政策有问题，也可能是企业财务造假。三是可以检验企业资产质量。如果企业的经营活动不能产生净现金流量，或投资性企业无取得投资收益所收到的现金，则表明企业的资产质量及创现能力欠佳。四是可以对企业的清偿债务能力、投资发展能力和支付股利的能力进行评价。现金流量表的主要缺陷：一是现金流量表与资产负债表一样是时点报表，是对资产负债表货币资金余额变动成因的分析报表，特定时点的货币资金余额也是可以操纵的；二是现金流量表是按收付实现制编制的，不揭示现金流动背后的收入成本匹配及损益归属问题，它是排斥商业信用交易的，不稳定的商业回款可能导致经营活动现金净流量比净利润的波动更大；三是现金流量表属短期报表范畴，对判断短期偿债能力是有帮助的，但企业的长期偿债能力仍主要由资产及其质量决定；四是当前大多数企业的现金流量表仍采取间接法编制，现金流量表实际上是一张以利润表为基础，还原利润表中那些不影响现金流量的因素以及资产负债表上的权责发生制科目而调整出来的一张报表，并不是对每项业务现金收付的反映，其准确性和可靠性因此受到较大影响。

集团母公司报表与合并报表的分析与解读

集团母公司报表的分析与解读

当前，集团母公司越来越多成为借款主体、发债主体（如发行公司债、企业债和债务融资工具）或回购（兑付）主体（如信托计划、资产管理计划、基金份额的兑付主体）。如何分析及解读集团母公司的偿债能力，成为摆在银行债权人面前非常迫切的问题。

集团母公司的典型财务特征，通常包括以下三个方面：一是集团母公司通常是集团的管理总部和融资主体，但没有实体性经营；二是集团母公司财务结构通常比较简单，其资产通常包括货币资金、其他应收款和长期股权投资；负债包括长短期借款和应付债券等；三是对外担保较多，下属财务实力较弱的子公司或项目公司融资，通常由集团母公司提供担保。

从银行债权人的角度看，集团母公司的财务风险主要包括以下五个方面：一是无营业收入或营业收入很少，收入及盈利都主要依靠投资收益。二是付息债务负担普遍很重，与自身财务能力不匹配。集团母公司的商业信用通常很少，银行借款或发债资金通常被转借给下属子公司使用或用于对外投资，体现在资产负债表中就是其他应收款和长期股权投资余额很大，并造成资产与负债在用途与期限方面的错配。三是长期投资往往超过所有者权益，部分债务（甚至包括银行融资或发债资金）被用于权益性投资。集团母公司借短用长或债务用于权益性投资的问题突出，进一步加剧了流动性风险。四是投资收益以及取得投资收益所收到的现金通常欠佳，依靠投资收益无法偿还集团母公司自身的付息债务。五是集团母公司对下属子公司担保较多，可能增加集团层面的财务风险。

由于集团母公司通常无营业收入，使得银行贷款或债券通过收入偿还变得不现实，因此，集团母公司的偿债能力更多地取决于资产质量、变现能力及市场价值。影响集团母公司偿债能力的主要因素包括：一是投资收益以及取得投资收益所收到的现金。投资收益是集团母公司最主要的经常性还款来源，但由于长期投资的回收期通常很长，依靠投资收益往往远不足以偿还集团母公司自身的债务。此外，银行债权人还应更多地关注集团母公司取得投资收益所收到的现金，而不仅仅是利润表中的投资收益。二是集团母公司对下属子公司债权的质量，即集团母公司的其他应收款能不能收回来。这通常取决于用款企业（即集团子公司）的经营情况、财务状况和偿债能力；还要特别关注其他应收款中有多少实际为长期投资，通常这部分投资的回收期较借款更长，风险更大。三是集团母公司对外投资的质量。要关注对外投资的内容、对象、长期股权投资的变现能力以及账面价值与市场价值的差额。集团母公司持有上市公司的股权，通常被认为是较好的资产；但持有的非上市公司股权及其他资产，该部分投资的实际价值往往很难确定，且处置或变现的难度较大。此外，还要特别关注母公司利用债务进行长期股权投资的问题，报表合并后就看不到上述问题了。四是集团的财务管理体制和再融资能力。很多集团总部采取资金集中管理、收支两条线的财务管理模式，对下属子公司的财务及资金的控制能力较强，也有助于提升集团母公司的偿债能力。

当前集团母公司的融资中，银行还要重点关注以下带有普遍性的几个问题：（1）集团母公司的偿债能力不等于集团并表整体的偿债能力。集团母公司是法律主体，集团母公司违约时，银行只能追索其自身的资产（如其他应收款和持有子公司的股权等），并不能直接追索子公司，即不能处置子公司的资产或要求子公司代为偿还。（2）警惕集团母公司的融资成为债务重组时削债的对象。当前很多集团母公司的债务负担都很重，严重过度融资，不仅集团母公司自身不具备偿债能力，而且集团整体的经营情况也欠佳，如不少大型钢铁或煤炭企业集团，都存在上述问题。由于集团母公司的融资通常以流动资金贷款和发债为主，未对应到特定资产或项目，且通常采用信用方式，一旦企业无法偿还到期债务，需要进行债务重组时，上述未对应到特定资产或项目的融资，很可能就会成为削债的主要对象，过去银行在这方面吃了很多亏。因此，银行应审慎对待集团母公司一般性流动资金贷款或无特定用途的融资。（3）集团母公司融资时一般应要求客户同时提供母公司报表和合并报表，必要时还应提供核心企业或用款企业报表。银行在分析集团母公司还款能力时，应以分析集团母公司的报表为主，分析合并报表和用款企业报表为辅；但当并表子公司均为全资子公司或控股比例很高的子公司时，也可重点分析合并报表。银行分析集团母公司报表时应重点关注其他应收款能不能收回来，关注长期股权投资的投资收益情况、变现能力及市场价值，关注取得投资收益所收到的现金，而不是机械地分析集团母公司有没有经营活动产生的现金净流量。（4）要关注集团母公司的融资用途。集团母公司融资用途主要包括以下四个方面：一是偿还自身的存量贷款。要关注客户原贷款用途的合规性，以及有没有形成有效率的资产。二是转借给集团下属子公司使用。要关注用款企业的还款能力，尽可能要求用款企业为本行对集团母公司的贷款提供担保；要关注资金拨付和偿还的方式，尽可能采用集团母公司委托本行发放委托贷款的方式转借给子公司使用。三是用于自身或转借给下属企业用于项目建设。要关注项目合规性、资本金落实情况以及预期效益，并要求项目资产抵押以及项目现金流回笼本行。四是用于股权投资或兼并收购。债务有固定的到期期限，到期偿还的义务是刚性的；但股权投资没有期限，且通常回报期很长。当集团母公司借款或发债资金用于股权投资时，投资无须偿还，改变了债务的性质，此类用途存在严重的期限错配及流动性风险。

集团合并报表的分析与解读

合并报表是母公司编制的，将母、子公司形成的企业集团作为一个会计主体，综合反映集团整体的财务状况、经营成果和现金流量的报表。

合并报表从宏观层面上大致反映了集团整体的经营情况，弥补了母公司和子公司个别报表信息的不足。合并报表有利于减轻集团成员企业通过关联关系粉饰报表的影响。如果不编制合并报表，集团内部个别成员企业非常容易通过内部关联交易操纵业绩。合并报表抵销了内部购售、债权债务以及股权投资关系，有利于避免部分集团客户利用控制关系人为粉饰报表的情况。合并报表把母公司长期股权投资的内容具体化了。合并报表主要服务于母公司的投资人，但仅看母公司报表无法了解长期股权投资的内容，合并报表把母公司的长期股权投资还原成子公司的资产、负债项目，把母公司的投资收益还原成子公司的各项收入、费用项目，有利于投资人看到长期股权投资的全貌及效果。合并报表反映了集团整体的对外销售情况、盈利能力以及对外负债情况，有利于债权人大致判断集团整体的债务负担，并制定授信方案。

从银行债权人的角度看，合并报表的主要缺陷包括以下几个方面：一是现实中合并报表的编制很不规范。合并报表的编制很复杂，普遍存在并表过程中有关科目抵销不干净的问题。很多企业编制的根本不是合并报表，而是类似汇总报表，造成资产或业绩虚增，而且未经抵消的项目往往很难发现。此外，当前对合并报表的监管很弱，合并损益也不构成税收部门的征税依据。这些问题都使合并报表的有用性大打折扣，并增加了利用合并报表进行决策的风险。二是割裂了融资总量与并表财务数据之间的相关性。在报表合并的过程中，不同业务板块以及不同性质的收入、成本、利润被简单合并了。比如，产品销售收入、物业租金收入以及高速公路通行费收入是性质完全不同的收入，其成本构成也不一样，但在并表过程中均被合并成营业总收入和营业总成本，有时会导致融资总量与合并资产、收入、利润和现金流量的配比关系失真，相关指标之间的匹配关系扭曲。当前还有不少集团客户利用贸易业务虚增合并销售收入，掩盖主业的萎缩，粉饰业绩，这些行为往往会误导信贷决策。三是掩盖了集团内部的发展不平衡。合并报表抵销了内部购销、关联往来及股权投资，看不到内部之间的债权债务及股权投资关系，看不到集团内部的发展不平衡及不同成员企业间的差异。四是部分集团客户随意变更合并范围操纵业绩。部分集团客户在年度间随意变更合并范围，或通过并表范围内外企业之间的关联交易粉饰报表和操纵利润，此外，随意变更合并范围也导致集团年度间的数据不具有可比性。五是部分常规的比率分析失去经济意义。如果集团客户涉及的板块较多，则并表的存货周转率、应收账款周转率、固定资产周转率等指标没有任何经济含义。六是多元化集团客户的合并报表数据不具备预测基础。多元化集团客户各板块的商业模式和成长性不同，当前信贷调查和审查中经常以合并报表数据作为预测基数，以简单线性模式预测集团未来的收入及盈利状况，实际上并不可取。

银行债权人在使用合并报表的过程中，还应重点关注以下几个问题：一是合并报表所反映的企业是不存在的。合并报表反映的对象是经济意义上的会计主体，而非法律意义上的法律主体。二是银行贷款给谁就要看谁的报表。子公司管控的资源是不能在合并报表的范围内随意调动的，合并报表不能直接作为针对集团内个别企业的决策依据。但在依据成员企业的个别报表进行信贷决策时，仍需放在集团整体的框架内评估其经营情况及还款能力，因为在集团整体的框架内，个别成员企业的业绩还是很容易操纵的。三是要将集团合并报表拆分成各业务板块进行分析。对于集团客户，要尽可能要求企业提供各业务板块的营业收入、成本、盈利及对应融资情况，分析各业务板块及其核心企业的经营情况和财务状况，银行融资要尽可能对应优质板块和核心企业。四是要关注通过变更合并范围以及并表范围内外企业进行关联交易操纵业绩的情况。五是要关注债务在集团成员企业之间的分布情况。债务在集团成员企业之间的分布通常是不均衡的，当前要特别关注部分成员企业财务实力与债务负担严重不匹配的情况，本行融资要逐步转移到核心企业或对应有效资产；六是要关注合并报表的其他应收款和长期股权投资。一般认为报表合并后上述两个科目的余额不应过大，如并表其他应收款余额仍很大，通常其可回收性很差，存在较大的坏账风险。

财务报表分析中常见的误区

财务报表分析有用吗？

信贷工作中，我们经常听到这样的议论：当前企业财务报表假的太多，银行分析企业财务报表的意义不大。这是一个似是而非的说法。财务报表是标准的商业语言，是人类历史上最伟大的商业发明之一。诚然，财务报表有太多的缺陷，也因这些缺陷饱受诟病，比如，它是对过去事项的记录，过去与未来之间越来越没有必然联系；它包含了太多假设及估计事项，容易受管理层的操纵及会计人员职业判断的影响；企业的表外资源不能在报表中得到记录和反映。尽管如此，由于财务报表是企业所有经济活动的综合反映，它仍然是我们分析企业的起点和基础，是我们以最快速度了解企业经营情况及财务状况的主要途径。我们无须也不可能了解企业的全部事实，只要有用的信息足够做出判断即可，而通过一定的分析方法和手段，是可以挤出企业报表的水分，还原主要的事实真相的。除前述一些方法外，银行还可通过与纳税信息进行交叉验证；与水表、电表、煤气表进行交叉验证；与企业回笼到本行的销售收入及办理资金结算的情况进行交叉验证等，分析判断企业财务报表的真实性，并从多个维度对企业报表反映的信息进行补充。银行从债权人的视角看企业财务报表，就是要尽可能挤出企业报表的水分，还原主要的事实真相，进而做出客户是否能够偿还贷款的判断。

有利润就一定能还款吗？

利润非常重要，企业存在的全部目的就是为了盈利。但是，很多客户经理和风险经理习惯以利润表作为财务报表分析起点，甚至以为有利润就能还款的认识又是错误的。首先，利润与企业偿债能力之间没有一一对应的关系。流动资金贷款参与企业的生产经营周转，从主营业务成本中得到补偿，具有自偿性。理论上，只要企业的贷款回笼正常，即使企业没有利润，流动资金贷款也能得到偿还。中长期贷款通常与企业固定资产的形成有关，在折旧中得到补偿，补偿的快慢与折旧计提政策及固定资产项目的资本金比例有关，利润只是长期贷款的补充还款来源。总之，理论上流动资金贷款和固定资产贷款的本金分别对应到产品的变动成本或固定成本中，因此，贷款首先是靠收入来偿还的，收入比利润重要，特别是回笼到本行的可持续的销售收入比利润重要。其次，基于权责发生制的利润太容易粉饰和操纵了，企业的账面利润与现实的偿债能力有时差距甚远。再次，银行债权人与股东和管理层的立场不完全相同。利润是股东视角，是潜在投资者视角，甚至是管理层视角，但不是债权人视角。债权人视角一定是债权的安全性，关注企业债务负担的轻重，关注资产的质量，关注贷款能不能得到偿还。债权人视角和股东视角是不同的，有时甚至是冲突的，如股东希望利用杠杆，但债权人均不喜欢企业过度利用杠杆。很多企业借钱时有还款能力，但后来钱越借越多后，就没有还款能力了。而且债务太重以后，即使企业当期有盈利，贷款本金也可能不一定能够得到偿还。因为盈利只扣除了当期财务费用，并不能解决企业借短用长、借款用于投资、利息资本化、折旧计提过少、还款安排不合理等影响贷款本金偿还的问题，特别是当期盈利解决不了中长期贷款对企业持续稳定经营的依赖问题。因此，企业有利润也不一定就意味着能还款。“发达国家的统计资料表明，大约80%的破产公司从会计上看仍属于盈利公司，导致它们倒闭的不是账面亏损，而是现金不足。”①

资产负债率越低越好吗？

一般意义上，对债权人而言，企业的资产负债率越低越好，但仍需看资产的内容及质量。如当前很多银行都大量介入了政府平台融资，不少政府融资平台的资产负债率都很低，平台公司的债务都是刚性的，但资产中很大部分是公益性资产或准

① 《财务报表分析》，第 187 页，王宛秋、张艳秋，北京工业大学出版社 2010 版。

公益性资产，不创造收入和现金流，也无法对债务偿还提供保障；又如，企业的待摊费用和递延资产在形式上均表现为企业的资产，但其实是虚拟资产，是企业的资本化了的费用，有些企业的专利权、商标权等无形资产及商誉等科目的余额过大，上述情况都会降低企业的资产负债率，但虚拟资产是企业未来利润的减项，无形资产和商誉很多时候也并不能创造收入和现金流。因此，对银行债权人而言，又不能简单地说资产负债率越低越好。

流动比率和速动比率越高越好吗？

银行在计算企业偿债能力指标时，通常要求企业的流动比率大于2，速动比率大于1，且一般认为流动比率和速动比率越高，企业的短期偿债能力越好。但上述认识可能是错误的，特别是在当前经济下行时期，上述两个指标畸高经常是由于存货和应收账款高企造成的，如果应收账款和存货的质量不高，则流动比率和速动比率高，并不能说明短期偿债能力强。相反，上述两个指标不高，反而可能是好企业，例如，企业的应收账款和存货较低，应付账款较高，相应地流动比率和速动比率都可能较低，但这正好说明了企业在上下游关系中谈判地位较强，产品销售和货款回笼比较顺畅，应收账款和存货周转较快，资产效率较高，偿债能力较强。

现金流量表比其他报表对债权人更重要吗？

从银行债权人的角度看，现金流量表的确比资产负债表和利润表更重要。主要理由包括：（1）银企债权债务关系的终结，是以借款人以现金清偿债务为主要标志的。无论是账面的收入、利润还是资产，都无法直接用于偿还债务，与现实的偿债能力都还有距离，只有现金才是企业现实的偿债能力。（2）受权责发生制、历史成本计价、会计估计及会计人员职业判断等因素影响，资产负债表和利润表很容易被粉饰，从而导致资产、收入和利润信息失真，这时现金流量表提供的信息无疑是非常重要的。（3）现金关系到企业的生死存亡。如果说经济上行期更强调资产，那么在经济下行期则更强调现金。经济下行期“物”变成“钱”越来越难，很多企业满手的资产，却无法变成现金，结果造成资金链条断裂。（4）银行天然与企业现金流量表之间存在更紧密的关系。银行是全社会资金的归集中心，企业的资金汇划、资金结算与资金流动，都是通过银行进行的，都会在银行留下痕迹。企业的现金流量表，只不过是银行对账单的另一种表现形式。银行债权人从现金流量表入手，既有助于验证企业资产负债表和利润表的质量，也有助于了解企业的风险状况及现实偿债能力。总之，“银行从来都不希望企业还不起钱，也不希望看到任何一家企业通过变卖自己的资产来还偿，它希望企业手头永远有大量的现金（可用于还款）。在这个角度上，银行最关心的当然是现金流量表。”①

在经济下行期，银行必须更加关注企业的创现能力，关注企业能创造现金的资产。银行不仅要重视经营活动产生的现金净流量，也要重视取得投资收益所收到的现金。前些年市场形势较好的时候，不少企业实现利润后，加大了对投资资产的持有，当前该部分投资资产已成为不少企业利润及现金流的重要来源，甚至是抵押资产的重要来源。总之，企业经营活动创造的和取得投资收益所收到的现金，是企业履行还本付息义务的重要保证。

① 《一本书读懂财报》，第 83 页，肖星，浙江大学出版社 2014 年 7 月版。

第十部分　创新业务篇

近年来，商业银行的经营转型取得了长足的进展，金融创新异常活跃，特别是投资银行和资产管理已成为银行资产端业务转型最瞩目的部分，2016 年 4 月，银监会批准了部分商业银行试点开展投资联动业务，银行的经营边界大大扩展。当前信贷、投行、理财、债权和股权融资之间的相互渗透日趋加速，企业实体经营与信贷市场、债券市场与资本市场的联系日益紧密，银行为企业提供“债权 + 股权、商行 + 投行、融资 + 顾问”全资产负债表金融服务的能力，越来越成为其核心竞争力的重要组成部分。

本部分主要探讨债务融资工具承销和投资业务、理财投资业务和投贷联动业务等商业银行创新业务及其风险控制问题。目前债券投资和理财投资（包括债权投资和股权投资），已成为除传统信贷业务以外，银行表内和表外最大的资产业务，控制好相关业务的风险，是促进银行转型发展的重要内容。

第32章　银行理财投资业务及其风险控制问题探讨

近年来，商业银行的理财业务发展很快。截至2016年3月末，银行理财产品余额24.6万亿元，同比增54%；其中投向权益类资产的比例为8%，近2万亿元；投向非标债权资产的比例为16%，近4万亿元；投向存款、货币基金及债券（债务融资工具）的比例为74%，近18万亿元[①]，理财业务已成为银行经营转型的重要领域及盈利的重要来源。但在当前经济下行的背景下，一方面，企业经营情况恶化，银行发行理财产品募集资金的投资标的（包括债券及非标资产）违约的情况时有发生；另一方面，银行理财产品尚未打破刚性兑付，风险并未真正从银行体系转移出去。不少金融机构前些年采取资金池的方式运作理财业务，在期限错配、发新偿旧的模式下，风险暴露延后，目前呈加快趋势。如何控制理财投资业务的风险，维护投资者利益，防范银行自身的声誉风险甚至信用风险，成为当前摆在商业银行面前迫切的课题。

商业银行的理财业务属代客理财及资产管理业务，本质上是代理业务，既涉及资金端，也涉及资产端，具有"一手托两家"的性质。资金端的核心是要充分披露信息，把合适的产品销售给合适的客户，防止误导性销售；资产端的核心是要切实控制债权投资的信用风险和股权投资的退出风险。本文着重于探讨银行理财业务资产端的风险控制问题。

---

① 《银行理财投向权益资产2万亿元　非标配置显著下降》，凤凰财经，http://finance.ifeng.com/a/20160802/14667773_0.shtml，2016–08–02。

银行理财投资业务、债权投资和股权投资

银行理财业务，是指银行接受客户委托，按照与客户事先约定的投资计划和收益与风险承担方式，为客户提供的资产管理服务。根据2016年7月银监会发布的《商业银行理财业务监督管理办法（征求意见稿）》，银行理财业务分为基础类理财业务和综合类理财业务。基础类理财业务是指商业银行发行的理财产品可以投资于银行存款、大额存单、国债、地方政府债券、央行票据、政府机构债券、金融债券、公司信用类债券、信贷资产支持证券、货币市场基金、债券型基金等资产；综合类理财业务是指在基础类业务范围基础上，商业银行理财产品还可以投资于非标准化债权资产、权益类资产（包括上市公司股票、定向增发股票及非上市公司股权）和银监会认可的其他资产，但投资权益性资产对合格投资者有严格要求，主要面向具有相关投资经验，风险承受能力较强的私人银行客户、高净值客户和机构客户。

在实践中，目前银行开展的部分基础类理财业务和绝大部分综合类理财业务，银行理财产品并不能或不是直接投资于上述债权或权益类资产的，而通常是先投资于合作机构所设立的投资工具（包括但不限于信托计划、资产管理计划和私募股权基金等），再由投资工具投资于上述债权和权益类资产。本文中的理财投资业务，主要是指银行发行理财产品募集的资金通过投资工具投资于非标债权资产和权益类资产的行为。

近年来，银行理财产品及投资工具的交易结构越来越复杂，嵌套的层级越来越多，涉及的主体及通道越来越多。银行营销部门和产品部门的聪明才智，在于将简单的事情复杂化，以实现相关目的和平衡各方利益；而银行风险控制部门的职责和聪明才智，则在于将复杂的事情简单化，善于化繁为简，直接切入问题的本质和核心。全社会的融资形式主要有两种，即债权融资和股权融资，当然在这两种基本形式的基础上还发展了很多变种，如优先股、永续债和夹层融资等。但不管交易结构设计得如何复杂，也不管理财资金投资标的是标准化的债权还是非标债权，或者是

未上市公司的股权，债权投资风险控制的核心都是借款人能不能还款（包括依靠收入或资产变现还款）；股权投资风险控制的核心是股权能不能退得出来。

当前商业银行理财投资业务中存在的主要问题

银行理财产品募集资金需要进行投资运用，才能为客户创造收益。银行在理财业务中的角色，一是利用自身在风险管理方面的专业技能，替投资者对投资项目进行风险把关；二是利用自己的渠道及客户资源，将合适的理财产品卖给合适的投资者，协助融资客户以非标债权和股权等方式融资。但当前部分银行的理财业务偏离了代客理财和资产管理的本质，存在一些带有共性的突出的问题。归纳起来，主要体现在以下几个方面。

部分银行寻求政策套利空间，把表内不好做的业务拿到表外来做

商业银行表内业务受到严格的监管，部分银行往往把自营贷款不能做或者不好做的业务设计成理财产品，拿到表外来做。主要表现在：一是将限制性信贷业务绕道表外来做。如银行利用表外理财业务变相为房地产、政府平台和产能过剩行业提供融资，而上述领域恰恰是银行自营信贷业务严格控制投向的领域，这种表内限制绕表外的做法，在一定程度上抵消了国家宏观调控的效果。二是通过理财业务规避国家产业政策。如银行通过表外理财方式，为部分项目未经核准，用地及环评均未取得国家有权部门批复，尚不具备发放正式项目贷款条件的客户提供融资。三是通过表外理财业务绕开表内客户授信控制。如部分客户现有授信额度不足，自营贷款做不进去，银行通过设计带回购条款的股权融资的方式，既解决了客户融资需求，还可降低其账面资产负债率，帮助客户美化财务报表。四是部分融资客户利用股权融资规避出资义务。部分企业通过采取高溢价向理财投资者出售股权的方式筹集资本金，降低自身出资比例；部分项目中，银行既通过表外向客户提供股权融资，又

通过表内向客户提供银行贷款，杠杆比例过高，银行表外股权投资和表内债权融资都面临较高的风险。五是部分非标理财投资业务的准入标准明显低于自营业务。由于非标理财投资业务引入了外部通道，增加了交易环节和参与方，通常融资成本较高，因此其面对的往往是次优客户或次优项目，偿债风险通常高于自营业务。

部分业务交易结构及层级复杂，法律风险和操作风险较大

当前，一些理财投资业务的交易结构及层级设计过于复杂，一旦出现风险，往往会增加投资者主张权益的障碍。主要表现在：一是为实现特定目的和平衡各方利益，部分业务往往会同时引入私募股权投资（PE）基金、信托公司、资产管理公司等多达5~6家合作机构，设计4~5层的投资层级，导致理财资金最终到达融资客户、投资到期融资客户兑付理财产品均不得不经过多个环节层层划转；二是在部分股权业务中，虽然引入了一般合伙人（GP）和有限合伙人（LP），但GP的出资份额通常很小，收取的管理费却普遍较高（通常按管理资产规模的2%/年收取，是正常通道费的10倍左右）。一方面，过高的管理费压缩了投资者收益空间，增加了理财产品发行难度；另一方面，畸高的管理费背后是否存在其他隐性风险较难判断，特别是相关管理费需通过银行（LP代理人）代为支付，增加了银行的声誉风险；三是部分业务虽然设计了优先级—次级结构，但次级的安全垫较薄，或次级部分与优先级部分一起投入到项目建设中，流动性差，并不能为优先级投资者提供足够的保障；四是部分业务出于企业避税要求或银行营销考虑等原因设计成股债交替，盘根错节，增加了项目运营和处置环节的法律风险和操作风险。

银行与合作机构的权责划分不够明确，不利于风险分担和投后管理

当前，银行的非标理财业务及部分标准化理财业务需要借助外部通道机构进行，但各家银行对合作机构的管理状况参差不齐，且总体不够规范。主要表现在：一是合作机构的准入管理有待加强。目前银行理财业务的合作机构类型多、数量大、范

围广，且业务合作涉及银行内部多个部门。有些银行尚未对合作机构进行准入管理，有些银行虽然对合作机构实行名单制管理，但合作机构的准入标准未区分一般类业务准入（如开户、结算等）与风险类业务准入，具体业务的合作机构遴选不够透明，合作机构尚未进行合作限额管理和刚性控制，部分业务中合作机构的实力与拟办理的业务规模不够匹配等。二是部分银行对与不同类型机构合作背后的业务模式和法律关系认识含混不清。实践中，不同类型合作机构的监管要求、业务合作模式及与银行的法律关系各有不同，如信托公司、券商和保险资产管理公司分属银监会、证监会和保监会监管，信托公司有贷款人资格，可以发放信托贷款，但券商或基金子公司则不能，相应地在抵押登记等问题上亦存在难点；又如，根据《信托法》，信托财产独立于信托公司和委托人的财产，受破产隔离制度保护，而其他合作机构则通常做不到；另外，同样是跟信托公司合作，资金信托和财产信托模式又存在很大差异，等等。不厘清不同合作模式下的法律关系，往往就难以准确界定银行与合作机构之间的权利义务。三是银行与合作机构的权责划分不够明确。目前大多数项目实际上由银行主导，对合作机构而言，项目与资金两头在外，因此不少银行仍简单地将合作机构看成是单纯的通道。在实际操作中，大多数项目或业务都由银行进行尽职调查，且在银行完成审查审批后，合作机构再履行相关的内部审批程序，高度依赖银行决策。此外，目前有关合同条款对银行与合作机构双方的责任与义务、存续期管理职责和信息披露等方面的约定不够明确，造成相关职责不明或难以落到实处。

企业融资用途呈现多元化组合化趋势，部分理财资金用途的合理性和真实性存疑

银行自营贷款的用途通常是明确而唯一的，“桥归桥、路归路，打酱油的钱不能用于买醋”。与自营信贷业务相比，一笔非标理财业务的资金用途有时包括补充营运资金、项目建设、置换存量银行融资、置换股东借款或用于股权并购等一揽子用途。当前以下几方面的问题比较突出：一是企业融资实际用于弥补经营亏损。部分大型国有企业经营大幅亏损，遭银行压缩授信，进而寻求高成本的银行表外融资。此类客户虽然融资的表面用途各不相同，但其大量举债都与大幅亏损造成的资金链紧张密切相关。二是企业融资用于股东套现。当前在住宅房地产及商业物业领域，股东急于套现的动机非常强烈，甚至部分业务通过简单的逻辑分析及报表间勾稽关系分析，便可证明理财资金拟归还的股东借款可能为虚构的交易。三是企业融资用于偿还旧债。当前在制造业及商贸领域，企业存货滞销、坏账增加的情况比较普遍，资金链条紧张的情况比较突出，借新还旧的需求比较迫切，部分企业甚至直接通过增加债务的方式化解债务危机，而且有时拟偿还的存量融资用途以及是否形成了相应的有效资产等难以核实。因此，当前要严防企业通过“击鼓传花”的方式将风险传导给银行理财投资客户。四是企业融资可能挪作他用。部分企业融资的表面用途可能与真实用途不一致。由于理财投资业务无严格的受托支付监管要求，企业以补充营运资金等名义融资后挪作他用，或转借给其他无偿债能力的集团成员企业的情况难以有效控制。

部分理财投资项目或是缺乏明确的兑付资金来源，或是兑付资金来源的可靠性欠佳

一是过度依赖股东回购或兜底。集中表现为被投资的标的企业自身盈利弱，创现能力或分红能力不足，回购方大而不强，债务负担过重，综合偿债能力不足。二是部分平台或类平台融资高度依靠卖地还款，理财投资业务的兑付资金主要来源于特定地块的卖地收入。此外，部分建筑施工企业为承揽市政项目替政府平台融资，导致自身风险快速集聚。为解决自身工程垫资和政府延期付款问题，该类客户的融资需求迫切，存在较大的风险；三是单纯依靠二级市场股票减持退出的可靠性不足。在部分定向增发、上市前融资（Pre-IPO）业务或股票收益权业务中，兑付资金来源往往主要依靠二级市场股票减持，但上述业务的其他投资者（通常也是财务投资者）也需要通过二级市场减持退出，导致届时减持股票的数量过大，占流通盘的份额过高，短期内大幅减持还可能导致股价大跌，投资退出的难度较大；四是部分企业过度扩张、过度融资、过度担保的问题突出，银行通过表外进一步对其增加融资的风险很大；五是部分财产收益权业务偏离风险控制要求，存在一定的兑付风险。一些业务的基础资产有瑕疵，如基础资产自身不能特定化、不能产生收益、已对外提供抵押或自身对应有大量债务；部分基础资产不能办理抵押，例如在财产收益权信托计划中，由于信托财产（基础资产）是特定资产的收益权而不是特定资产本身，如果特定资产不能抵押，一旦发生风险，无法对抗第三人，理财投资者无法享有优先受偿权。此外，部分企业通过高估资产价值的方式套现，有些银行以基础资产的价值倒算融资金额，造成融资额度过大，基础资产产生的现金流在融资期限内覆盖不了融资本金和收益。

部分理财投资项目的保障措施可靠性不强或存在瑕疵，增信效果受到影响

一是部分业务抵押的可靠性欠佳。如部分涉及政府融资平台的理财投资业务中，以土地抵押的情况比较普遍，仅从单笔业务看，似乎有一定的保障能力，但部分城市土地抵押融资的情况过于集中，已抵押土地的面积过大，融资总量过高，看似可行个案的业务，总体上可能存在一定的系统性风险。此外，当前土地房产等抵押物估值偏高的情况也比较普遍，风险隐患较大。二是非上市公司股权质押的可靠性欠佳。股权投资业务中，通常会将原股东持有的目标公司剩余股权质押给银行，但非上市公司股权的流动性差，估值难度大，股权质押的有效性及可靠性欠佳。三是部分业务模式下担保的有效性存在瑕疵。担保的从属性决定了其主要依附于债权债务关系发生和存在。在股权投资业务中，不仅自身受偿顺序劣于债权，而且因其股权投资的性质，造成要么无法落实担保，要么因抵质押登记等问题使依附于股东回购项下义务的担保存在一定法律瑕疵。此外，在财产收益权信托理财业务中，由于不存在直接的债权债务关系，相关抵押或保证手续不得不通过迂回曲折的方式办理，此外，由于基金、券商和保险子公司无贷款人资格，办理抵押或保证手续时也存在上述类似的情况，增添了后续的操作风险及法律风险。

大部分金融创新的本质仍为加杠杆，进一步加重了融资客户的偿债压力

近年来，国内资产管理行业快速发展，各类理财产品日益丰富，各种金融创新层出不穷。从银行理财投资业务的创新看，债权投资涉及的创新主要包括财产收益权模式、北金所委托债权投资模式、理财直接融资工具、理财资金参与信贷资产流转、理财资金参与交易所资产证券化业务、理财资金参与股票质押式回购交易业务等，上述创新业务主要围绕信贷替代、去通道化和产品标准化等方面展开，但大部分产品本质上还是以加杠杆为主。即使是理财资金参与的股权投资业务，如理财资金通过资管通道参与非上市公司股权投资、理财资金参与认购 PE 基金优先级份额、理财资金参与上市公司定向增发、理财资金参与 Pre-IPO 项目等，大部分亦设计成带回购条款的股权投资业务，本质上还是非标债权。在当前国内企业杠杆率普遍偏高的大背景下，以加杠杆为主的金融创新，实际上进一步增加了企业的债务负担，隐含了较大的风险。

融资客户越来越重视风险隔离，银行稍有不慎就可能导致风险误判

近年来，无论是民企还是国企均越来越重视对外融资的风险隔离，如果银行对项目复杂交易结构背后的风险隔离效应缺乏清醒的认识，就可能导致风险误判。以银行理财资金参与有限合伙企业优先级份额投资为例，有限合伙企业实质上是资本与智力的结合体，即拥有财力的人作为 LP，拥有专业知识和技能的人作为 GP，以此实现企业管理权和出资权的分离。GP 负责合伙企业的经营管理，并对合伙债务承担无限连带责任；LP 是合伙企业的主要出资人，但不执行合伙事务，以其出资额为限对合伙债务承担有限责任。但在实践中，GP 通常异化为“出小钱、占大头”，即 GP 的出资额很小，但其却拥有管理有限合伙企业全部资金的权力，收取的管理费很高，还拥有对后端超额收益的分配权，且其对合伙债务的无限连带责任仅限于 GP 公司，不能追索 GP 公司股东，而 GP 公司通常也是注册资本很小的有限责任公司或

空壳公司。当前很多银行理财资金都参与了产业基金、并购基金、股权基金或组合式基金，部分融资客户通过“设立 GP+ 部分劣后级出资”的方式，获得了对整个有限合伙企业的管理权和资金运用权，而仅需就 GP 出资额和劣后级出资份额承担有限责任。如果基金后续投资不能获得预期回报，银行理财投资者就将面临较大的风险。例如，在某央企设立的光伏产业投资基金中，募集资金用于基金收购国内民营企业拟建及在建的光伏电站项目，银行理财资金到期后将由各个被投资项目的公司偿还，该央企下属子公司承诺，当被投资项目公司无法正常还本付息时，由其收购项目公司的全部资产。但为实现上述事项出表，该公司不同意提供担保。该收购条款很具迷惑性，但如该子公司届时违约不收购项目公司资产，银行只能追索其违约责任，要求其进行赔偿，而损害赔偿责任大小及赔偿金额多少往往都很难界定，违约责任与担保责任区别还是很大的。当前部分基层金融机构常常将优质客户出资设立的基金、项目公司或非核心子公司的信用混同于优质客户自身信用，再加上眼花缭乱的交易结构，很容易导致风险误判。如果债项信用无法与优质企业的信用挂钩，出现风险后就不能追索优质企业，后续风险隐患较大。

理财产品“期限错配 + 组合投资”的模式，造成风险暴露滞后且为后续发展留下隐患

理财产品的期限越长，通常投资者要求的收益就越高，销售的难度也就越大。考虑到理财产品成本及投资者偏好等方面的影响，当前银行理财产品的期限大部分在半年以内，期限超过 1 年期的理财产品很少。与此同时，理财资金投资非标项目的期限通常超过 3 年，甚至 5 年以上，且通常采取投资到期一次性还款或是一次性回购（受让）股权或资产管理计划份额的方式，这既增加了客户集中偿付的压力，也加剧了理财投资的流动性风险。期限错配是过去几年商业银行理财业务和资产管理业务最重要的操作模式和盈利方式，银行通过将理财产品期限与理财投资期限拆期管理的方式赚取期限价差。但是，只要是期限错配，往往就涉及发新偿旧的问题，即理财产品到期以后，理财投资的项目尚未到期，需要针对同一项目发行新一期理财产品以偿付到期理财产品。如果将一个非标项目同时配置到几只理财产品中去，就存在理财投资项目到期后，部分理财产品还未到期的情况。“期限错配+组合投资”，往往就涉及资金池的问题。银行在发新偿旧时，一般不再对理财投资项目履行风险审批程序，即假定投资项目的风险与原投资时点并未发生不利变化，而上述假设往往并不符合实际；而且，即使理财投资项目出现风险，在前期理财资金已经投资，且在银行理财产品刚性兑付的环境下，银行除发新偿旧外，实际上也没有更好的解决办法。因此，在资金池运作的模式下，部分理财投资项目失败形成的不良资产，通过发新偿旧的方式掩盖在资金池中，风险暴露延后，对银行理财业务的可持续发展构成了很大的风险隐患。

银行理财资金投资信用债除了承担市场风险外，信用风险正在快速上升

信用债是银行理财投资的重要标的，也符合监管部门倡导的理财投资标准化的方向。信用债包括企业债、公司债、短期融资券、中期票据、私募债、资产支持证券和次级债等品种，银行金融市场部门主要依据外部评级机构对债券的评级，结合市场状况和投资者的风险收益偏好进行债券投资。长期以来，中国债券市场很少违约，导致信用价差并未拉开，银行金融市场部门的交易员普遍认为债券投资主要承担市场风险和利率风险，对债券投资背后的信用风险并未引起重视。近两年来，债券市场违约的案例呈快速上升趋势，而且一旦企业出现兑付风险，可能导致债券价格的断崖式下跌，甚至面临债券无法交易或退市风险。如2016年4月11日，中铁物资发布公告称，由于近年来公司业务规模持续萎缩，经济效益有所下滑，暂停公司发行且尚在存续期的全部168亿元债务融资工具的交易。总之，信用债既充满了诱惑，又可能存在陷阱，如果投资时机把握不当，或对发行人的资质考察不周，都有可能使投资者遭受重大损失。当前银行理财资金投资信用债，存在以下几方面突出的问题需引起关注：一是过分依赖外部评级进行投资决策，对发行人资质考察不够。在当前外部评级存在较大缺陷的情况下，过分依赖外部评级进行债券投资存在较大风险。二是部分机构过于追求收益，忽视信用风险。三是在投后管理方面，债券投资与信贷联动不够，债券投资部门主要依靠市场信息进行投后管理，风险预警的前瞻性不强。四是多头管理可能导致对某只债券的配置过于集中。银行的金融市场部门、资产管理部门和私人银行部门都有债券配置需求，当本行承销的债务融资工具发行遇到困难时，亦可能会协调前述相关部门予以支持，再加上发行人通常也是本行的信贷客户，有时会导致风险过于集中。

关于做好银行理财投资业务风险管理的几点思考

银行理财业务本质上是代理业务，理财业务形成的资产不反映在银行资产负债表内（本金或收益保障类理财产品除外），不占用或少占用银行资本。银行理财投资业务的风险管理问题，本质上是银行履行受托尽职的职责，利用自身在风险管理方面的专业经验及优势，从维护投资者利益出发，研判项目的投资价值，充分揭示和披露投资者可能面临的各项风险因素，供投资者决策，并在投资者完成投资后，替投资者进行风险管理。与银行自营业务相比，银行理财业务既要考虑资金来源，又要考虑资金运用，而且往往涉及产品市场、股票市场、债券市场、货币市场甚至艺术品市场，连接实体经济与虚拟经济，需要同时考虑信用风险、市场风险、操作风险、法律风险及声誉风险等风险因素，往往比自营信贷业务更加复杂，风险更加难以把握。因此，如何做好理财投资业务的风险把控，成为关系银行资产管理业务能否持续健康发展的核心问题。

把握理财投资业务的实质风险，积极探索不同于银行传统信贷业务的差别化风险控制方法

商业银行对传统信贷业务的风险控制非常有经验，但对于股权投资、与资本市

场相关业务以及资产证券化等创新业务，却相对缺少经验。银行理财投资主要涉及债权投资和股权投资，对于债权投资业务，应坚持表内外统一的风险把控标准，凡是达不到自营贷款准入门槛的业务，也决不能办理理财投资。对于传统信贷业务不涉及的股权投资及资产证券化等创新领域，应积极探索相关领域的风险控制规律，形成有别于自营信贷业务的差别化的风险控制方法，例如针对 Pre-IPO、定向增发及资产证券化等非传统信贷业务，应研究探讨更具有针对性的风险控制方法。要适当考虑投资者不同的风险偏好，风险较高的产品可考虑将投资者收益与浮动超额回报挂钩，给予不同风险偏好的投资者更多的选择机会。要合理设计投资方案，确保投资收益与产品风险的匹配，通过适当的交易结构设计和落实可靠的保障措施，帮助投资者合理规避风险，并把合适的产品推荐给合适的客户，确保业务风险状况、收益情况及投资者风险承受能力之间的匹配。

明晰银行与合作机构的权责划分，强化合作机构管理

在银行理财业务中，银行与合作机构的关系通常表现为两个方面：一是银行销售本行发行的理财产品，但形式上表现为银行发行理财产品募集的资金投资于合作机构所设立的投资工具（如信托计划、资产管理计划等），再由投资工具投资于债权或股权资产。二是代理代销合作机构的产品。前者合作机构仅承担通道功能，理财产品为银行主动管理型产品；后者代理机构是风险承担主体，理财产品为合作机构主动管理型产品。但在实践中，银行的投资银行部门也经常将本行主导的项目，推荐给合作机构，并以其名义设计成理财产品，再由本行代销（银行收取财务顾问费和代销费，合作机构收取管理费），但如此一来，银行与合作机构之间在不同业务模式下的角色分工及权利义务又很容易混淆。因此，银行在办理每笔业务时，要认真厘清银行与不同类型机构合作背后的业务模式和法律关系，准确界定银行与合作机构之间的权利义务。银行要切实加强对合作机构的管理，制订合作机构风险业务准入办法，严格审查合作机构的资信情况、以往管理的产品是否发生过风险事件、与本行合作情况和信用记录、合作机构的综合实力及其与拟办理业务的规模是否匹配。对于本行代理代销其他机构产品的，应更严格审查合作机构的资信情况，原则上应要求合作机构先履行内部审批程序并提供相关文件。此外，要认真审核具体业务涉及的银行与合作机构的权责划分，通过与合作机构签署的《信托合同 / 资产管理合同》《投资协议》或《代理销售协议》等相关合同协议条款安排，明确约定双方权利义务，明确风险承担主体，落实投后管理职责。

适当简化交易结构及层级，理顺相关主体的法律关系

交易结构是指交易各方以合同条款形式确定的、协调与实现交易各方最终利益关系的一系列安排。银行在审核理财投资业务的交易结构时，要重点关注以下问题：（1）交易结构设计的合理性。要关注交易背景的真实性以及有关交易安排是否符合正常的商业惯例，对于涉嫌关联交易或内部交易、交易价格市场偏离度较大以及合作机构收费偏高的业务，应从严掌握、谨慎办理；要关注交易结构设计是否遵循平衡原则，即交易各方的权利、义务与承担的风险是否匹配对等，是否存在显失公平的情况（特别是不得损害理财投资者利益）；要关注交易结构设计是否遵循了简单透明的原则。应尽可能减少交易层级，简化交易结构，以降低投资的操作风险和交易成本。在不违反相关监管要求的前提下，一笔业务应尽可能只通过一层交易结构、一家合作机构办理，对因交易结构复杂、投资层级过多导致权利义务关系不够清晰、兑付责任或退出安排弱化的业务，应从严掌握，审慎办理。（2）交易主体之间的法律关系。应根据不同的业务模式（如财务收益权、单一资金信托计划、资管入股、PE 基金等）以及投资入股方式（如增资扩股、向原股东购买股权），厘清银行与各参与方之间的法律关系及各自的权利义务。通过审核拟签署的协议文本的主要条款，关注相关各方的法律关系和法律责任是否清晰，回购方的回购义务及保证人的担保义务是否落到实处，有无例外免责条款，一旦出现风险是否可实现有效追索。对于交易结构复杂、投资层级过多和涉及关联方范围较广的业务，尤其要注意防范其中

的法律风险。在理财产品成立前或理财资金募集前，具体业务涉及的合同、协议及相关法律文件须经本行法律事务部门审核同意，确认无重大法律风险，且无明显不利于投资者的条款。（3）结构化融资中的优先次级安排。对于投资工具设置有优先级、中间级、劣后级等结构化分级安排的，银行理财资金原则上只投资于优先级，包括原股东或产业投资者在内的其他投资者认购的次级或中间级。由于投资次级份额的收益较高，但相应风险也较高，如合作机构将次级份额包装成集合理财产品后推荐给普通个人理财客户，则后续出现风险时会严重影响次级对优先级份额的保障和优先级份额的正常退出。因此，理财资金投资时除要明确次级的份额和比例外，还应对次级投资者的准入要求加以限制，原则上次级投资者应为符合监管要求的法人客户、机构客户或私人银行客户。

对理财投资项目进行风险评级，确保项目、产品与投资者风险承受能力三者之间的匹配

目前银行在发售理财产品时，需要分别对理财产品的风险状况和理财投资者的风险承受能力进行评级，但对理财资金投资的非标债权项目和股权项目，却未进行项目风险评级，即默认通过本行风险审批的项目都是同质的。但事实上，即使是通过了银行风险审批的项目，风险差异也是始终存在的。因此，银行应根据融资客户及项目自身的风险状况，对理财资金投资的项目进行风险评级。同时应综合考虑监管要求、项目自身的风险评级、客户可承受的融资成本、投资者的收益要求及风险承受能力等各方面因素，将每个项目配置到合适的产品中，同时匹配适当的资金募集渠道，将合适的产品推荐给合适的投资者，避免低风险承受能力客户的资金流向高风险投资领域。应重点把握以下原则：（1）风险相对较高的股权投资业务，须匹配较高的投资收益或约定后端超额收益分成，确保收益与风险匹配。同时尽可能通过一对一专项理财产品的方式向符合监管要求的私人银行客户、高资产净值客户、法人客户和机构客户募集资金，并确保向投资者充分披露银行在尽职调查和审查审批过程中揭示的投资者可能面临的各项风险因素，实现卖者有责，买者自负。（2）对风险相对较高，但收益也相对较高的非标债权项目，应在风险等级较高的理财产品中配置此类资产。对于投资者主要承担市场风险的股权投资业务，如定向增发、Pre-IPO 业务、组合式基金业务等，当退出安排方面缺少回购方兜底或虽有回购方兜底但其财务实力较弱时，应尽可能发行一对一专项理财产品，或在无固定期限净值型产品的投资组合中适量配置此类资产，严格设定投资上限，向合格投资者募集资金并充分披露风险。（3）风险相对较低的非标债权投资项目，或符合银监会"非标债权"定义的股权投资业务，如有明确的回购或兜底条款，且回购（受让）方财务实力较强，退出保障措施的可靠性也较强，可配置到风险等级较低的产品中，不对资金募集渠道做过多的要求。

加强对基础资产或入股标的企业的审核，确保资产（股权）价值及其产生的收益能与理财投资额度匹配

基础资产是指符合法律法规，权属明确，可以产生独立、可预测的现金流且可特定化的财产或者财产权利，主要包括企业应收款、租赁债权、信贷资产、信托受益权等财产权利、公共事业或基础设施的收益（收费）权、商业物业等不动产或收益权等。基础资产是理财资金参与财产收益权信托计划、各类资产管理计划及资产证券化业务应关注的核心内容之一。基础资产的权属必须清晰、完整、合法，能够特定化，能够产生比较稳定的现金流，且具备抵质押条件。要确保基础资产没有为第三方设定抵押权或质权，不存在其他债务负担（拟以本次理财投资资金置换的债务除外）或第三方的权利主张等权利瑕疵。要严格监管基础资产产生的现金流，控制不住现金流就控制不住兑付资金来源，要确保上述现金流全额归集在银行指定的账户或托管账户，专项用于兑付对应的理财产品。

对于股权投资业务，要认真筛选合适的入股标的企业，审慎审核股权估值合理性。目前银行理财股权投资业务多为"名股实债"型业务，投资到期后主要依靠股东或第三方回购（受让）股权，不太重视标的股权自身的投资价值，投资特殊目的公司（SPV）及超高溢价入股的情况比较普遍。一旦不能按期兑付投资本金和收益，容易引起公众和投资者对入股价值公允性的质疑。因此，银行要更加重视标的股权自身的价值及被投资企业的遴选，尽量避免入股集团下属财务实力较弱的子公司或 SPV，减少超高溢价入股，降低对大股东回购的过度依赖，并尽可能落实标的企业剩余股权质押或追加其他有效的担保措施。入股价值高低将直接影响投资收益率以及投资到期后股权退出的难度，理财资金平价入股的关键是股权合理估值，目前股权估值经常使用的方法包括 PE 法（市盈率法）、PB 法（市净率法）和现金流折现法，三种方法可结合使用，互相验证。对于通过 PE 法、PB 法估值明显偏高以及使用现金流折现法估值后明显低于拟投资额度的业务，应从严掌握，谨慎办理。

关于带回购条款的股权投资（即所谓的“假股真债”）问题，从操作实践看，“假股真债”的提法并不准确。无论是根据投资入股协议还是工商注册登记，在法律上完成投资后，投资工具（资产管理计划或信托计划）[①] 都将成为被投资企业的真实股东，受《公司法》保护，享受作为股东正当权利。而股权投资附属的回购协议或远期受让条款，则单独构成一项远期约定之债，同样受《合同法》保护，上述理财投资业务实际上是“真股真债”。考虑到股权投资的直接兑付资金来源为被投资企业的分红，由于债权优先于股权，股权投资者的回报以及在发生风险情况下的受偿顺序必然劣后于债权投资者。因此，带回购条款的股权投资业务既要从股东角度出发，关注被投资企业的盈利能力和分红情况，又要从债权人的角度出发，关注股权回购方（受让方）的偿债能力。

① 专项资产管理计划并非适格的法律主体，涉及到签署投资协议、股东工商登记等事项，专项资产管理计划的管理人可以以受托人的名义，代表专项资产管理计划行使投资过程中产生的权属登记等权利，信托计划亦存在类似情况。

关注客户融资用途的合规性、真实性和合理性，分析判断融资用途及其形成的资产对兑付能力的影响

要高度关注融资用途的合规性。理财资金不得投向融资平台承担的公益性项目（包括公共租赁住房、非经营性公路）、“两高一剩”企业，不得投向审批手续不合规的项目，不得投向环保要求不达标的企业。股权投资涉及国有股权转让、行业准入或反垄断等事项的，应取得有权部门的批准文件，必要时还要核实批准机关是否具备相应的审批权限。企业增资扩股、转让股权或引入新的投资者等事宜均须履行内部决策程序，应关注股权投资事项是否已按照入股标的企业或其股东公司章程的相关规定履行了内部审批程序。入股资金最终用于项目建设的，还应关注项目的核准、用地、环评、安全生产等各项审批手续是否完备，项目资本金比例是否符合国家规定等；国有企业发生产权（股权）转让事项的，应当对国有资产进行评估，且应当以经核准或备案的资产评估结果为作价参考依据。对于由各级国资委监管的企业，当交易价格低于评估值的 90% 时，应当暂停交易，在获得原经济行为批准机构同意后，方可继续交易，银行要切实防范因业务合规性问题可能承担的法律风险或刚性兑付责任。要高度关注融资用途的真实性，认真审核客户申请的融资用途与实际用途是否一致，是否为生产经营和项目建设过程中的真实资金需求，分析客户有无将融资挪作他用的可能、需要和动机；此外，还要高度关注融资需求的合理性，分析判断客户是否存在过度融资等问题。

对于债权投资业务，客户融资用途与还款来源和兑付风险密切相关，融资用途不同，对企业偿债能力的影响也不同。债权投资业务的用途主要包括以下五个方面：（1）用于偿还存量融资。该用途在通常情况下不增加融资客户财务负担，不削弱客户偿债能力，但要严防客户因财务状况恶化或无法偿还到期债务而利用理财资金进行借新偿旧，从而跌入为其他金融机构到期债务解套的陷阱。此外，还要关注原存量融资用途的合规性以及是否形成了有效率的资产。（2）用于补充流动资金。笼统地说，将融资用于补充企业的流动资金是当前理财投资业务中比较常见的现象，银行要重点核实融资客户补充流动资金的合理性和真实性，核实实际用途与表面用途是否一致，核实企业是否存在因销售不畅、应收账款增加或财务状况恶化等问题需要补充流动资金等。（3）用于项目建设。由于一般项目从建设到收回投资所需的时间较长，仅靠项目收益往往难以与理财投资的期限及兑付安排匹配起来，因此将理财资金用于项目建设往往是风险较高的用途。银行除了要对项目自身效益及还款能力进行分析外，还必须分析判断融资客户是否具备综合偿债能力。（4）集团母公司将融资转借给下属子公司使用或用于对外投资。集团母公司的兑付能力主要取决于自身资产的质量、集团财务管理模式和用款企业的还款能力。如集团母公司融资后用于对外投资，则风险很大。（5）用于并购或资源整合。理财资金用于企业并购的，应比照监管部门对并购贷款的有关要求掌握，要是考察并购及资源整合所形成的资产或股权的价值及其流动性，原则上应落实并购形成的资产或股权应抵（质）押；此外，并购及资源整合的回收期一般较长，可能与融资期限及兑付安排不够匹配，因此，要特别关注客户的其他还款来源及综合偿债能力。当前还要重点关注客户融资用于弥补亏损、股东套现、挪用于其他用途的问题，以及一揽子用途中搭配部分不合理用途等问题。

对于股权投资业务，融资用途则涉及直接用途和间接用途两个方面。（1）直接用途。一是直接向原股东购买标的公司的部分股权，在此种情况下，理财资金通过支付股权对价款的形式给了原股东，而并未留在入股标的企业，且理论上原股东有权自由处置和运用其出售股权所获得的资金。但在原股东承诺到期回购股权或为投资工具到期退出提供兜底补足义务时，原股东上述出售股权所获资金的用途、投向及所形成资产的质量仍将对理财资金到期兑付产生实质性影响；二是向标的公司增资或与第三方共同出资新设企业。在此种情况下，理财资金将留在投资标的企业，标的企业对上述资金的使用效益，将对股权投资效益及未来股权退出产生重要的影响。（2）间接用途。即原股东对出售股权所获资金，或标的企业对增资（出资）资金的实际用途。一般来说，上述间接用途通常包括用于偿还存量贷款、补充流动资金、项目建设、并购、转借给下属子公司使用和项目资本金等。应重点分析上述资金使用对入股标的企业或原股东（回购方）经营情况及财务状况的影响，以及该用途所产生的直接收益是否为未来投资退出的兑付资金来源，前 5 种用途其余需要关注的内容与债权投资一致。关于企业将入股资金或出售股权获得资金用于建设项目出资的问题，鉴于带回购条款的股权投资实际上是“非标债权”，原则上，理财资金不应替代股东或企业本应该投入项目的资本金，但针对私人银行客户、法人客户和机构客户募集的权益性股权投资资金除外。此外，从控制风险和维护投资者利益的角度出发，同一项目要尽量避免既做表外股权投资，又提供表内自营贷款的情况，如确有需要，在设计交易结构时应争取为股权和债权投资分别落实不同的兑付资金来源。

严格审核债权投资的还款能力和股权投资的退出方案，分析判断理财投资能否到期兑付

在债权投资业务中，融资客户通常是理财资金的兑付主体，理财资金能否按期兑付主要取决于融资客户的综合偿债能力。为此，首先要认真核实融资客户究竟有多少债务（特别是付息债务），分析债务是否与客户资产、收入、利润与现金流匹配，明确客户拿什么还款，估算还款来源是否足够，在此基础上分析判断客户的综合偿债（兑付）能力，这与银行授信业务分析客户的综合还款能力并无本质区别。对于主要依靠特定资产产生的现金流作为兑付资金来源的业务，则要认真审核特定资产自身的价值、以往年度产生收益的情况及其稳定性，预测特定资产未来产生的现金流在多大程度上能够覆盖对应理财投资的本金和收益。如果特定资产产生的收益不足以覆盖理财投资的本金和收益，则必须补充其他还款来源，或要求融资客户做出无条件差额补足承诺。

股权投资业务的退出方式根据交易场所的不同主要分为场外退出和场内退出。

（1）场外退出。即通常所说的非上市股权回购或转让，着重分析股东或第三方回购（受让）行为的合规性、回购方的回购意愿和回购能力。（2）场内退出。主要是通过境内外股票市场减持所投资股票，包括首次公开发行（IPO）、参与定向增发的股票解禁或投资标的被上市公司通过定向增发等方式，收购后退出。对以未来IPO上市交易作为主要退出方式的，应根据证监会的相关规定，审查入股标的企业上市的可能性，核实截至目前的上市筹备进度，结合入股标的企业的历史经营情况和同行业可比上市公司的数据，分析测算其未来上市股价，分析投资者通过二级市场减持退出的可行性及保障程度，保障程度较弱时，要进一步降低质押率或追加其他有效的担保措施。（3）多种退出方式混搭的情况。要判断多种退出方式之间是叠加关系还是替代关系。如以IPO方式退出，大股东通常仅在入股标的公司到期无法实现上市或上市价格不满足投资协议要求的情况下才履行回购义务。如上市可行性较高，则上市后减持是主要的退出方式，应重点关注入股价格以及上市的PE和PB倍数，股东回购或差额补足承诺可作为保障措施；相反，如上市可行性较差，则应将大股东回购作为主要退出方式进行重点分析和研判，而将上市退出作为补充备选方案。（4）关于目标公司以自我减资方式实现投资退出的问题。《公司法》允许股东通过公司自我减资实现退出，但《公司法》对公司减资有严格规定，如需要经股东会或股东大会决议，并获得2/3以上有表决权的股东同意；需要通知债权人并对外公告，债权人有权要求公司清偿债务或者提供相应的担保，上述规定导致公司减资能否实现具有较大不确定性。此外，针对目标公司以减资实现投资退出的情况难以设定有效的担保措施，实践中还会面临会计处理和税务负担上的障碍，也难以与投资资金分期偿还安排相匹配。因此，以减资方式实现投资退出面临诸多法律障碍，不仅程序烦琐，对投资者也缺乏必要的保护，因此不主张银行理财资金介入以公司自我减资为退出方式的股权投资业务。（5）关于由目标公司支付投资收益或做出收益补偿承诺的问题。如果公司对特定股东进行补偿，公司的资产将非正常减少，将弱化股东对公司承担的有限责任，根据《公司法》的规定及相关司法判例，如公司对特定股东进行此种固定投资收益的支付，则有可能被司法机关认定为滥用股东权利，损害公司利益和债权人利益的行为，存在合同约定无效的风险。上述情况表明，除利润分配、减资和清算外，公司不得对股东进行财产转移，不得对股东承担任何补偿义务。

根据兑付资金来源的可靠性和稳定性情况，合理配置债权投资的增信措施和股权投资的退出保障措施

债权投资业务的增信措施主要包括抵押、质押、保证、设置财务限制条款和其他约束性条款等，与银行授信业务的增信要求并无明显的差别。需要特别关注地方：一是以特定资产的收益权设立信托计划或资产管理计划的，原则上应要求以该特定资产设定抵质押；二是理财资金用于偿还客户存量融资的，原融资的抵押物释放后，原则上应为本次理财投资设定抵质押；三是要特别防范抵押物估值过高、无效抵押和重复抵押的风险；四是特定资产收益不足以兑付理财资金本金及收益的，可要求融资客户或其股东提供差额补足。融资客户、股东或第三方对债权人的固定回报提供差额补足，是在意思自治下，根据约定达成的一种债权债务关系，具有法律效力。

股权投资业务退出保障措施主要包括抵押、质押、保证、股东或第三方承担股权或投资工具份额的回购（受让）义务或差额补足责任、委派董事、账户监管、设置财务限制及其他约束性条款等。需要关注以下几个问题：（1）股权投资业务中的担保具有其特殊性。传统意义上的担保是一种从债权，必须以主债权成立和有效为前提。股权投资行为本身不是一种债权债务关系，因此，准确地说，为股权投资业务提供担保，是指担保人为入股标的企业股东或第三方履行回购（受让）银行或合作机构受托持有的入股标的企业股权（或投资工具份额）这一债项义务提供的担保，不能简单理解为是直接为股权投资业务本身提供担保。（2）股权投资性质的不同可能影响担保措施的效力。在带回购条款的股权投资中，名为投资，实为借贷，股权回购或受让义务是在投资时，即事先确定存在的一种投资资金偿还方式（退出方式），无论入股标的企业经营好坏、盈利与否，股东或第三方均须履行对投资者投资本金和收益的到期偿付义务。作为一项约定之债，其法律效力与一般债权债务关系项下的债务并无实质区别。根据《合同法》、最高人民法院《关于印发审理联营合同纠纷案件若干问题的解答》等相关规定，在当事人意思表示真实、不违反相关法律法规强制性规定的前提下，相应融资行为和股权回购协议的效力应属有效。为强化回购方的付款义务，一般应在回购协议中明确约定回购方的回购义务是无条件不可撤销的，一旦回购方不履行回购义务，其损害赔偿责任至少须覆盖尚未兑付的投资本金和收益；在权益性股权投资中，股权回购或受让义务不是作为主要退出方式，而是入股标的企业股东基于企业经营发展的不确定性而予以投资者的一种特殊保障和补偿措施（除股权回购外，补偿方式还包括原股东将其持有的部分股权无偿转让给投资者，以及原股东向投资者进行现金补偿等）。这种保障不同于传统意义上的担保，在实践中，这些保障承诺通常称之为“对赌条款”或“对赌协议”，因此在讨论其法律效力时，需从对赌条款的有效性加以分析。虽然对赌条款在私募股权投资领域中的使用较为普遍，但目前尚没有明确的法律法规对其效力进行确认，证券监管机构对权益性股权投资中股权回购与利润差额补足承诺的效力在一定程度上予以认可，但各地司法机关在审判实践中对此问题尚存在不同认识。股权回购和差额补足承诺是否有效，难以一概而论，要视相关承诺的具体内容而定。（3）在权益性股权投资中，股东固定回报条款较难得到法律认可。股东固定回报条款一般是指在投资协议中约定，不管标的公司是否盈利，是否符合利润分配条件，某一方股东均按照固定的数额或投资额的一定比例从入股标的企业或其他股东处取得固定收益，而不承担公司经营的风险。与优先股仅在公司盈利的情况下才获得分红有所不同，在权益性股权投资中，股东固定回报强调的是无条件收益，因此损害了标的公司和其他股东的利益，可能被裁定为显失公平。固定回报条款与对赌条款有联系也有区别。与通常以经营业绩为指向的对赌条款不同，固定回报条款通常不关注标的公司的经营业绩，而是仅约定到某个特定期限，无论标的公司是否盈利，特定股东均取得一定的固定回报。由于违反公平原则，固定回报条款较难得到法律认可。需要特别关注的是，在权益性股权投资中，由于间接担保的原因，即使担保手续自身没有瑕疵，如交易结构设计不当，一旦原股东的“股权回购承诺”或“收益差额补足”被看作是显失公平的固定回报条款而被法院裁定为无效，将导致依附于这一回购义务的所有抵质押担保措施全部无法落实，投资者仅能通过处置股权实现退出，因此将面临较大的投资风险。（4）关于股权回购条款的设计问题。在权益性股权投资的条款设计上要趋向于“对赌补偿”，避免“固定回报”，即在协议中明确：股东或第三方的回购（受让）或差额补偿不是在投资期限届满必须无条件履行的固定义务，要为其设定一项或多项对赌条件，如标的公司到期无法上市或者上市发行价格低于约定的 PE 倍数时，触发回购义务。

根据具体业务的风险状况，银行还可提出相应的财务限制条款和其他约束性条款，一旦融资客户触发相关条款，可及时起到预警作用，银行与合作机构亦可据此及时采取相应的风险控制措施，包括：暂停已签订合同项下的投资；或宣布投资提前到期，要求融资客户提前兑付部分或全部理财投资本金；或要求入股标的企业股东或第三方提前回购股权或受让投资工具份额；或要求融资客户追加或补充经银行与合作机构认可的合法、有效、可靠的担保措施等。

综合考察理财投资项目的风险状况、兑付资金来源及保障措施，合理确定最终投资方案

银行在综合考察理财投资项目的风险状况、兑付资金来源及保障措施的基础上，要确定是否进行投资。对拟进行投资的项目，要合理确定最终的投资方案。完整的理财投资方案一般包括：投资金额、投资标的、合作机构（信托公司、券商、基金和保险子公司、PE 投资机构等）、业务模式、投资期限、资金用途、投资收益、投资保障措施、投资本金和收益的兑付安排、资金募集渠道等要素，并根据业务调查和审查过程中发现的问题及风险因素，提出个性化的风险防范措施，合理设置业务

办理前提条件和投后管理要求。

1. 投资金额。债权投资金额要与还款来源、基础资产的价值及其产生收益的能力相匹配，且不能超出融资客户的财务承受能力；股权投资金额应与股权投资期内各项退出资金来源情况相匹配，并确保退出资金来源可覆盖股权投资的本金及收益。

2. 分期募集。根据融资客户或用款项目的实际用款进度，理财投资业务可采取分期募集、分期投资的方式，尽量避免分期用款的理财投资业务（如组合式基金或固定资产投资项目）一次性募集到大额资金后在托管账户上长期闲置，否则既会增加融资客户不必要的财务成本，又可能诱发资金挪用风险，加大银行投后管理的难度。银行可视具体业务的用款进度及风险控制要求，合理设定募集期次、募集时点和分期募集金额，必要时还可有针对性地为各期资金募集设定相应的前提条件，并通过受托支付等符合监管要求的支付方式，确保募集资金按约定用途使用。

3. 资金用途。理财投资资金应约定明确的用途，股权投资除须列明直接用途外（如向原股东购买标的公司的部分股权、向标的公司增资或与第三方共同出资设立新企业），一般还应明确资金的间接用途，即资金的最终投向。募集资金涉及多项用途的，应列明各项用途的具体投资金额，不能笼统表述为归还原有存量融资或补充营运资金等。

4. 投资期限。理财投期期限与理财资金成本、投资风险和流动性相关，投资期限越长，资金来源成本越高、投资风险越大，期限错配引起的流动性风险越大。投资期限设置要重点关注以下三个问题：一是对于债权投资和通过股东或第三方回购（受让）股权等方式实现退出的股权投资业务，投资期限设置需要考虑的主要因素是融资客户或回购（受让）方的综合偿债能力、存量融资的期限结构以及投资期内理财产品发行的接续难度等问题；对于以上市交易为退出渠道的股权投资业务，则应综合考虑上市准备期、股票禁售期以及出售或减持股票所需要的时间等因素，合理确定投资期限。此外，在组合式基金业务中，还应注意不要将理财资金的投资退出期限与该只基金的项目遴选投资期（或称建仓期）相混淆。二是鼓励短期投资，严格控制期限过长的投资业务。对部分期限较长的股权投资业务，应提高收益或引入收益分成机制，以增强对投资者的吸引力，必要时还可采用 N+N 的模式，并明确银行享有是否延期的主动选择权；三是要关注期限错配可能引发的流动性风险和利率风险。目前银行发行的期次型理财产品存续期限普遍较短，以滚动发行的方式进行期限较长的投资业务，当资金市场遭遇流动性不足时，就可能会造成理财资金接续不上；而且，在短期理财产品发行成本随行就市而投资收益端固定的情况下，如市场利率快速上行，就可能出现理财产品成本收益倒挂的情况。

5. 投资收益。投资收益要覆盖理财资金的成本、银行和合作机构的运营成本和理财投资风险，还要关注投资收益在投资者、银行和合作机构等各参与方之间的分配方案是否合理。收益分配首先要充分保护投资者的正当权益并与其承担的风险相匹配；银行既是理财产品管理人，往往也是投资项目的财务顾问，其收取的管理费和财务顾问费必须正当和合理，防止利益冲突；合作机构在不同业务中的角色可能包括通道、产品管理人和财务顾问等，合作机构的收益必须与其承担的角色及风险相匹配，对于合作机构收益畸高或与其承担的风险明显不对称的情况，应予以调整。在参与定向增发等权益性股权投资时，如次级份额的占比较低，则作为优先级份额的银行理财资金原则上应分享一定比例的超额收益，并向投资者充分披露风险。

6. 增信措施和退出保障措施。要根据融资客户的综合实力、资信状况、投资期内各项兑付资金来源的情况及其可靠性，合理匹配投资的担保条件及其他退出保障措施，确保一旦投资出现风险，能实现有效追索。

7. 本金和收益的兑付安排。一般而言，一年以内的短期投资可采取到期一次性兑付方式，一年以上的中长期投资应采取本金分期兑付方式，根据兑付资金来源的情况，合理确定分期兑付金额。投资收益一般应采取按月或按季兑付的方式，短期投资有时也采取投资到期一次性兑付本息的方式。

8. 产品配置及资金募集渠道。根据投资项目的风险收益状况，将项目配置到合适的产品中去，并匹配合适的资金募集渠道，即将合适的产品推荐给合适的投资者。

需重点关注以下几个地方：一是项目风险评级，根据项目风险状况对投资项目进行评级，根据项目风险评级结果将其配置给合适产品；二是产品配置，主要包括发行一对一专项理财产品（如针对私人银行客户的风险较高的非上市公司股权投资），在普通理财产品中适量配置本项目资产（如针对普通理财客户的风险相对较低的非标债权投资）、无固定期限净值型产品的投资组合中适量配置本项目资产（如针对私人银行或高净值客户发行的风险相对较高的非标债权和股权投资）等；三是资金募集方式，可选择的方式包括本行发行理财产品募集资金或代理销售合作机构产品等；三是产品发行渠道，包括个人金融渠道、私人银行部渠道、公司机构渠道及线上线下渠道等。

9. 前提条件。包括理财投资前须落实的条件和理财投资前须在有关合同或协议中约定的条款两个方面，投资前须落实的条件包括各项合规性要求、政府批文、需履行的内部程序以及有关担保抵押手续等；投资前须在相关的合同及协议中约定的条款包括：根据调查和审查过程中发现的问题和风险因素提出的有针对性的风险防控措施，以及有关财务限制条款和保护性条款等。项目一旦出现风险后，往往就只能在有关合同或协议中去寻找有利于保护自身权益的条款及救济措施，而此时后悔当初未约定相关条款的情况时有发生。因此，风险管理要特别重视有关合同条款的约定。

10. 理财产品销售及投后管理。要规范银行理财产品销售，并区分银行和合作机构的投后管理责任，明确分工，各负其责。对银行相关部门和机构的管理要求着重规范操作、规范销售、做好对投资者的信息披露，避免操作风险、法律风险和声誉风险。常规的管理要求包括：（1）理财产品设计部门在理财产品募集说明书中（或通过其他恰当的方式）对投资者充分披露银行尽职调查和审查过程中揭示的风险因素；（2）理财产品销售部门在向投资者推荐或销售理财产品时，必须确保销售对象是合格投资者，将合适的产品销售给合适的客户，同时严格按照有关监管规定向投资者说明投资对象、交易结构及可能存在的风险因素等核心事项，提示投资者须自行承担投资风险，确保不发生误导性销售；（3）经办行要做好融资客户及回购（受让）方的日常跟踪管理、监督检查和账户监管，特别是基础资产产生的收益要全部归集到银行指定账户，要及时做好或督促合作机构做好抵质押物的登记、投保和动态管理。此外，还要督促合作机构按约履责，承担约定的投后管理义务，切实保护投资者利益。

第33章　银行承销和投资债务融资工具及其风险控制问题探讨

近年来，银行间债券市场快速发展，商业银行参与的广度和深度日益增加。2015年，银行间债券市场债务融资工具发行规模为5.63万亿元，同比增长31%，年末存量规模突破9万亿元。一方面，企业发行债务融资工具对银行贷款形成明显的替代效应。当前债务融资工具的品种日益丰富，各种期限的贷款都可以找到对应的可替代的债券品种，加大了银行信贷经营的压力；但另一方面，银行可参与银行间债券市场债务融资工具的承销和投资（包括银行账户投资及交易账户投资），可获得可观的承销费收入和投资收益，又丰富了银行的收入来源。当前银行已成为参与银行间债务融资工具承销及投资的最主要的金融机构。与此同时，债务融资工具实行注册制发行方式，近年来发行的门槛越来越低，企业违约的情况越来越多。2015年以来，债券市场发生信用事件的频度增加，从私募债到公募债，从民企到国企，从利息违约到本金违约，涉及面呈扩大趋势。如何把握债务融资工具承销与投资业务的风险，成为当前摆在银行面前非常迫切的问题。

债务融资工具及其主要特点

债务融资工具，全称为银行间市场非金融企业债务融资工具，是指具有法人资格的非金融企业在银行间债券市场发行的，约定在一定期限内还本付息的有价证券。债务融资工具的品种目前主要包括短期融资券（以下简称短融，CP）、超短期融资券（以下简称超短融，SCP）、中期票据（以下简称中票，MTN）、长期限含权中期票据（以下简称永续债）、中小企业集合票据（SMECN）、非公开定向发行债务融资工具（以下简称私募债、PPN）、资产支持票据（ABN）、项目收益票据（PRN）及绿色债务融资工具（GN）等。

债务融资工具发行对象为银行间债券市场的机构投资者，包括银行、证券公司、保险资产管理公司、基金公司等、期货公司及符合条件的私募投资基金等。参与债务融资工具发行的中介服务机构包括会计师事务所、律师事务所、评级公司、增信机构和主承销商等。会计师事务所负责对发行人近三年年报及最近半年报进行审计并出具审计意见；评级机构主要负责发行人主体评级和发行的债务融资工具进行债项评级，主体评级及债项评级最终会影响到发行利率，目前交易商协会许可的评级机构主要有 4 家，分别为中诚信、新世纪、联合和大公；律师事务所负责对发行人向交易商协会提交的各种文件进行合法合规性审查，并出具法律意见；主承销商负责协助发行人撰写募集说明书，负责与交易商协会和其他中介机构之间的沟通协调工作，确定具体发行事宜，并在债务融资工具完成发行后，监管募集资金的使用，负责跟踪发行人的经营和财务状况，督促发行人按时兑付债务融资工具本息，持续督导发行人信息披露及信守承诺等。债务融资工具的主要特点如表 10–1 所示。

表 10–1　债务融资工具的主要特点

项目	发行条件
发行主体	非金融企业
发行规模	待偿还某一品种债务融资工具余额不得超过发行人净资产的 40%，但私募债允许超过该指标。
发行期限	超短融不超过 270 天，短融不超过 1 年，中票存续期无强制性规定，大多数集中在 3~7 年，私募债存续期亦无强制性性规定，大多数集中在 3~5 年。
资金用途	所筹资金用途应符合国家产业政策和行业发展规划，应用于企业生产经营活动，并在发行文件中明确披露具体资金用途，在存续期内变更募集资金用途应提前披露，实践中一般为补充流动资金、偿还存量贷款和用于项目建设等。

（续表）

项目	发行条件
发行方式	发行审核方式采取注册制，一次注册，注册额度有效期内（2年）可一次或分期发行，不需要审批。
担保方式	交易商协会无强制性规定，一般采取信用发行方式，实践中中小企业集合票据及部分低信用级别发行人往往会选择由中债信用增进投资股份有限公司进行担保。
定价方式	采取市场化定价方式，债务融资工具的发行利率根据发行人主体评级和债项评级，结合银行间市场当期市场利率水平进行定价，一般低于银行贷款基准利率。

当前银行债务融资工具承销及投资业务中存在的主要问题

银行获得委任担任主承销商通常须与余额包销和投资挂钩

当前，银行、券商等金融机构之间对企业债务融资工具承销业务的竞争越来越激烈，不少银行将债务融资工具承销业务当作纯粹的代理业务看待，即通过提供承销、托管、簿记、顾问等服务获取承销费、托管费、顾问费等中间业务收入以及募集资金存款收益，无须履行风险审查审批程序。但是，银行获得主承销商资格通常须与余额包销和投资挂钩。发行人在委任主承销商时，一般均要求主承销商承诺余额包销，是否提供余额包销是银行争取主承销商资格的关键。但如银行承诺余额包销，则可能承担被动包销风险，尤其是对于私募债、永续债等流动性欠佳的品种，发行人或债项评级较低的情形，或是市场情况不好的时候，则被动包销的风险更大。此外，发行人委任某家银行担任主承销商，通常还希望该行领投并借助其市场号召力带动债券销售。但银行投资债务融资工具，通常需要承担市场风险或信用风险，如果银行对发行人偿债能力不是非常有信心，通常希望仅承销不投资或少投资（特别是银行账户投资），这就与发行人的诉求存在冲突，银行往往面临两难选择。总之，银行获得发行人委任担任主承销商资格，往往是与承担包销风险、投资风险及声誉风险等为代价的。

发行人披露的募集资金用途比较笼统且监管难度较大

债务融资工具募集资金的用途通常为补充流动资金、偿还银行存量贷款或用于项目建设等。当前募集资金用途管理方面主要存在以下问题：一是用途不够明确。债务融资工具发行主体一般为集团母公司，用款企业通常为下属子公司，发行人在披露募集资金用途时往往比较笼统，很少明确具体用款企业、用款额度、具体偿还哪家企业、哪家银行的融资，用途的合理性及真实性较难核实。二是部分企业募集资金中用于补充流动资金的额度，远大于按银监会规定公式测算出的流动资金需求量，资金用途的真实性存疑。三是长借短用问题。由于中期票据和私募债的期限普遍较长，募集资金中用于补充营运资金的部分在完成一个经营周期的周转后，中期票据和私募债尚未到期，销售回款实际上无法用于兑付尚未到期的债券，在事实上造成了募集资金长期沉淀在企业生产运营中的情况；四是短借长用问题。部分集团客户下属参股、控股子公司众多，不少集团母公司长期股权投资余额往往超过净资产，母公司发行短融或超短融等大额债务融资工具，不排除用于股权投资用途或项目建设的可能。总体来看，由于债务融资工具募集资金的实际用途往往与披露用途和融资期限不匹配，放大了资金用途监管风险和债券到期兑付风险。

发行主体资质弱化和融资期限长期化等问题突出

2005 年 5 月，人民银行刚推出短期融资券时，发行人以央企、大型国有企业及行业龙头企业为主；2008 年 4 月，交易商协会推出中票据，发行人仍以央企、区域性大型国有企业及少数大型优质民营企业为主；2009 年 11 月，交易商协会推出中小企业集合票据，发行主体扩大到中小企业；2011 年 4 月，交易商协会正式向市场推出私募债。私募债对发行人资格无特殊要求，对注册额度及资金用途无明确限制，且不需要进行信用评级，从制度设计上看，私募债的推出主要是为解决许多规模较小且信用评级较低的企业难以通过公开发行方式进行债务融资的问题。总体上，近年来债务融资工具发行的门槛不断降低，发行主体的资质呈不断下降趋势，风险因素趋于复杂，银行参与的风险加大。与此同时，债务融资工具的发行期限呈长期化趋势。短期融资券推出时，主要解决企业短期周转性资金需求，期限不超过 1 年，中期票据和私募债刚推出时，融资期限以 5 年和 3 年为主。但当前企业发行中期票据和私募债的数量及额度占比加大，且大部分中期票据和私募债的融资期限为 7 年和 5 年，部分中期票据的期限长达 15 年。2015 年 9 月，湖北交投成功注册的 26 亿元项目收益票据，期限长达 23 年。2013 年 12 月，交易商协会推出了永续债。在当前经济下行及部分企业经营前景不明朗的情况下，发行主体的资质变差、融资期限变长，银行面临的包销风险及投资风险越来越大。

发行主体与用款主体分离拉长了募集资金使用与偿还链条

当前，集团母公司作为发行主体并在募集资金后拨付给下属子公司使用的情况比较普遍，容易带来以下 4 个方面的问题：一是集团母公司通常为管理总部，履行投资管理职能，无实际生产经营活动，自身并无实际用款需求。集团母公司一次性注册发行大额债务融资工具后，往往将募集资金拨付给下属子公司使用，造成发行主体与用款主体分离；二是发行人（集团母公司）将募集资金拨付给下属子公司使用后，如果用款企业不能在债务融资工具到期前偿还母公司拨付的资金，通常会造成集团母公司资金链紧张甚至兑付困难；三是集团母公司作为发行人，是法律主体，一旦集团母公司违约，银行作为主承销商，即便能履行代理追偿职责，也只能追偿无经营收入的集团母公司，而不能直接追偿实际使用资金且有经营收入的子公司；四是由于发行主体与用款主体不一致，拉长了募集资金使用与偿还链条，并使银行在监督企业资金支付和使用环节的难度加大，增加了到期兑付的不确定性，加大了偿债风险。

部分发行人过度负债存在较大的兑付风险

当前，部分发行人过度负债，杠杆率过高，兑付压力过重，银行作为主承销商和债务融资工具的主要投资者，承担的风险较大。主要表现在以下几个方面：一是不少发行人在剩余待偿还债务融资工具余额接近或突破其净资产 40% 的上限，不能继续发行公募债的情况下，转而发行私募债，部分发行人在发行私募债后，剩余待偿还债务融资工具余额占其净资产的比例甚至超过 100%，企业申请注册发行的额度远超出其自身的财务能力；二是集团客户通常由母公司作为发行主体，但是按照不超过合并报表净资产的 40% 计算发行额度，该额度往往远超出母公司自身的偿债能力；三是集团母公司和下属核心子公司同时发债，分别按合并报表和个别报表净资产的 40% 计算发行额度，造成多头发行和重复融资；四是尽管发行人在发行单一品种的债务融资工具（如短期融资券或中期票据）时，待偿还余额未超过企业净资产的 40%，但当发行人注册发行多个品种的债务融资工具时，全部债务融资工具余额就可能远超企业净资产的 40%；五是相当一部分发行人在发行债务融资工具前的存量银行贷款已经很重，杠杆率过高，其再发行债务融资工具后，虽然待偿还债务融资工具余额可能未超过发行人净资产的 40%，但全部付息债务余额可能远超过发行人净资产的 40%，造成严重过度融资。总之，发行人过度发行和过度融资不仅加重了其财务负担，增加了兑付风险，也增加了主承销商发行和分销的难度，加大了被动包销和投资的风险。

部分发行人依靠滚动的方式解决到期兑付问题

近年来，大部分发行人待偿还债务融资工具余额逐年增加，而且相当一部分发行人是在产能或销售收入没有增长甚至下降的情况下，发行额度逐期加大，债券余额逐年增加。不少发行人在债务融资工具到期后，通常需要依靠发行新一期额度更大的债务融资工具进行兑付（有时两期债务融资工具之间会采取过桥贷款的形式进行衔接），通过加杠杆的方式解决到期债务融资工具兑付问题。事实上，由于债务融资工具的发行额度普遍较大，且采取一次性到期的方式，绝大部分客户依靠经营收入是难以正常兑付的，发新偿旧或再融资似乎也就顺理成章地成了解决到期兑付问题的重要方式。但是，一旦由于政策、市场变化或发行人财务状况恶化等因素，导致新一期债务融资工具无法发行，客户又无法通过其他渠道筹集兑付资金，其资金链就可能断裂。近年来，上述风险正在不断加大，仅2016年前4个月，因市场波动等因素，就有239只信用债被迫推迟或取消发行计划，规模高达2 126亿元，创历年之最。

部分中介服务机构对发行人兑付能力的预测过于乐观

债务融资工具的中介服务机构包括主承销商、信用评级机构、会计师事务所、律师事务所和信用增进机构等。从银行主承销商向交易商协会提交的推荐企业注册发行债务融资工具的材料来看，不少中介服务机构仍延续了经济上行时期的惯性思维，对发行人兑付能力的预测普遍过于乐观。主要表现在：一是采取简单的线性模型进行预测，且有关参数的取值过于乐观，如销售收入或利润按年均增长10%甚至更高进行取值，并以此来测算发行人的预期效益和兑付能力。上述测算方法比较粗糙，有关参数取值也不符合当前经济下行时期企业生产经营的逻辑。二是有些募集说明书或银行主承销商推荐材料甚至未对发行人的兑付能力进行定量测算，仅对其兑付能力进行定性描述；还有些尽管发行人是集团母公司，但以集团合并报表数据作为测算兑付能力的依据，则涉及测算方法错误等问题。三是中介机构的信用评级结果虚高。截至2016年6月末，债券市场全部存续债券里，有很强偿债能力（AA级）以上的债券占比为95.7%，投资级（BBB级）以上债券占比为99.68%。短融券的级别均为A级以上。这意味着，几乎所有发债企业的偿债能力都很强。但与评级结果形成鲜明对比的是，在1 096只投资级（BBB以上）债券中（剔除重复值与空值），资产负债率大于等于70%的主体有245个，2015年全年亏损企业有189个，净资产收益率为负的企业有 107 个。仅从财务方面来看，存在偿债问题的企业超过 20%。2013 年至 2016 年 6 月末发生到期未及时兑付事件的 53 只债券中，中期票据的评级均在 AA 级以上，短期融资券的评级均为最高的 A–1 级别，说明当前债券评级前瞻性的严重缺失。而在相关债券出现违约风险后，评级机构又大量下调企业评级，不仅没有起到风险预警作用，反而推波助澜，进一步加剧了市场的恐慌[①]。

银行仍是债务融资工具最主要的投资者和风险承担方

债务融资工具主要面向银行间债券市场发行，虽然证券公司、基金公司、信托公司等都可投资债务融资工具，但当前银行仍是债务融资工具最主要的投资者。银行除了以自有资金进行银行账户或交易账户投资外，还会通过表外渠道以理财资金等进行投资，将债务融资工具配置到相关理财产品中。银行既是承销债务融资工具的主力军，也是债务融资工具的主要投资者。从结果上看，银行承销的债务融资工具，很大一部分还是被各家银行认购了，本质上仍主要是银行承担了发行人的信用风险，同时，在当前银行理财产品仍未打破刚性兑付的环境下，即使是由理财资金配置的债务融资工具，风险实际上也未从银行体系分散出去。当前债务融资工具仍主要采取信用方式发行，除少部分由中债信用增进投资股份有限公司担保外，绝大部分无其他担保措施。因此，债券到期能否兑付主要依靠发行人自身的经营情况、财务状况和偿债能力，一旦债券到期后发行人无法兑付，银行等机构投资者在大部分情况下亦无第二还款来源可供追索，就须自行承担投资风险。在当前债务融资工具违约事件不断增加的环境下，银行承担了较大的风险压力。

银行作为主承销商承担一定的隐性担保及代理追偿责任

交易商协会规定：“当企业不履行债务时，除非投资者自行追偿或委托他人进行

---

① 《信用评级虚高与债券市场风险》，散文吧，http://sanwen8.cn/p/123Z4ou.html，2016–07–03。

追偿，否则主承销商应履行代理追偿职责”。虽然银行作为主承销商在法律上不对发行人能否兑付到期债券承担责任，但监管部门可能通过窗口指导和承销资格管理对主承销商施加一定压力，投资者也可能会对主承销商施加一定的压力。因此，一旦债务融资工具到期不能兑付，迫于监管部门和市场的压力，主承销商除履行代理追偿、召集债券持有人会议及协调相关事宜外，有时甚至不得不向发行人提供贷款支持以保障兑付，以避免信誉损失或丧失承销资格。如 2015 年 6 月 8 日，广西有色发布风险提示公告称：“因公司巨额亏损，其所发行的将于 2015 年 6 月 13 日到期的中期票据本息偿付存在不确定性”。但就在市场普遍认为其即将违约之际，2015 年 6 月 13 日，该公司如期兑付了该期中票据，兑付资金来源疑为主承销商国开行提供的贷款支持①。此外，当前主承销商撰写的募集说明书对发行人兑付能力的预测往往比较乐观，而且对募集资金用途的管理比较宽松，发行人改变用途的情况比较普遍，按照交易商协会的相关规定，如果被认定主承销机构所出具的文件含有虚假记载、误导性陈述或重大遗漏的，可能需承担相应的法律责任。

当前承销业务的竞争日益激烈，风险收益比不断恶化

当前银行等金融机构对债务融资工具承销业务的竞争日趋激烈，不少承销机构都将债务融资工具承销业务视作代理业务，流程越来越简化（大部分银行无须履行风险审批流程），部分业务的承销费率过低（如低于 1‰），甚至有个别机构以零费率竞争承销业务，债券承销业务的风险收益比持续恶化。事实上，一旦发行人违约，主承销商至少须承担声誉风险；如果以银行账户投资了该笔债务融资工具，则还须承担信用风险；如果推荐文件含有虚假记载、误导性陈述或重大遗漏的，可能还需承担相应的法律责任。因此，过度竞争造成的过于简化的审批流程和过低的承销费率，既降低了收益，又增加了银行主承商承担的风险。

---

① 《广西有色中票兑付揭秘：国开行或成紧急“救火队员”》，新浪财经，http://finance.sina.com.cn/chanjing/gsnews/20150629/173222544803.shtml，2015–06–29。

当前加强债务融资工具承销与投资业务风险管控的思考

银行要高度重视债务融资工具承销的风险

近两年来，债务融资工具违约呈现高发多发态势。由于债务融资工具承销通常与余额包销和投资挂钩，银行作为主承销商，不宜简单将债务融资工具承销业务视作纯粹的代理业务。从风险控制角度出发，银行应将债务融资工具承销、余额包销和银行账户投资等三个相互关联的问题统一进行考量，在银行内部建立严密的业务流程，履行严格的风险审查审批程序。银行对于经营情况和财务状况欠佳的客户，应审慎提供承销服务；对于其中合作关系密切，从维护客户关系出发，拟继续承销的，应尽可能采取代销方式承销，或通过组建承销团、降低本行承销份额和尽力收回本行部分存量融资等方式，分散和降低风险，并督促发行人如实向投资者披露有关风险因素。鉴于债务融资工具的注册额度有效期长达两年，而目前的市场变化较快，当债务融资工具实际发行时，主承销商必须对客户即期的财务状况进行分析和审核，对财务状况恶化不具备兑付能力的客户，要与客户协商停止相关承销发行工作。

充分认识债券投资的风险并不比贷款风险小

一般认为，债券（债务融资工具）的流动性较好，受市场纪律约束较强，债券投资的风险较小。长期以来，国内债券市场很少发生违约事件，也助长了部分机构忽视债券投资风险的行为。实际上，银行账户投资债券的风险一点儿也不比贷款小。企业发行的债券通常金额大、期限长、用途限制较少且较难监管，特别是对于城商行和农信社而言，发行人多为异地客户，很难像本地信贷客户一样进行深入的贷前调查的贷后管理，而且债券都是到期一次性兑付，没有分期还款安排，通常也没有担保措施，发行人按期兑付债券对发新偿旧或再融资的依赖很大。一旦债券市场有风吹草动，就很可能造成后续债券发不出去，或发行价格大幅飙升的情况。因此，不宜简单认为债券投资主要承担市场风险和利率风险，债券价格波动的背后实际上也反映了市场对某只债券信用风险的判断。一旦发行人出现财务状况恶化或到期贷款违约等信用风险事件，债券价格就可能出现断崖式下跌。贷款与债券投资的风险对比如表10–2所示。

表 10–2　贷款与债券投资的风险情况对比

	贷款	债券投资
协调难度	一对一的关系，好协调	一对多的关系，难协调
用途管理	用途有严格限制	用途限制相对较少
担保方式	通常有抵押或保证	通常采取信用方式发行
还款安排	分期还款	到期一次性还款
收益率	较高	较低
区域属性	借款人多为本地客户	发行人多为异地客户
流动性	较差	相对较好
风险类型	信用风险	交易账户投资主要承担市场风险；银行账户投资主要承担信用风险

要加强银行账户投资债务融资工具的风险控制。对于风险较大的债务融资工具承销业务，要减少银行账户投资额度；或银行账户投资额度与偿还本行存量贷款的额度挂钩，尽可能多收少投，或投资后等额收回存量贷款等。

要选好债券发行主体并引导其合理确定发行额度和期限

银行要选好发行主体，优先选择集团下属股份公司或核心企业作为债务融资工具的发行人。对于集团母公司和下属企业同时作为发债主体的，要从严控制。按交易商协会规定，除私募债外，发行人待偿还债务融资工具余额不得超过净资产的40%。银行应在交易商协会规定的发行额度范围内，结合发行人的经营情况、财务状况、偿债能力以及行业债务结构特征等多种因素，并在与企业充分沟通的基础上，审慎确定发行额度，避免简单按净资产 40% 的上限确定发行额度。银行对客户发行债务融资工具后可能造成过度融资的，应与发行人沟通，尽可能争取将发行额度控制在其财务承受能力范围内。

要尽可能采取有条件余额包销等方式避免被动包销风险

在目前债务融资工具承销业务竞争激烈、主承销商资格与通常与余额包销挂钩的情形下，承诺提供余额包销可能是银行竞争主承销商资格时面临的不得已的选择。但这并不意味着银行无所作为，特别是私募债等债务融资工具的发行条件很多都是双方协商的结果，因此银行在发行时机、发行价格及投资额度等方面上还是有一定发言权的。银行可通过在《承销协议》中约定或要求发行人向银行书面承诺：一旦发生投资者认购额度不足的情况，则发行人须就主承销商余额包销的部分缴存全额保证金；针对私募债，还可约定：（1）本笔私募债发行时机及发行价格由发行人与主承销商共同协商确定；（2）如遇发行困难，发行人同意延期择机发行或适当提高发行价格，具体由双方协商确定；（3）若投资者对债务融资工具的最终认购金额不足 70%，则本笔私募债暂不发行。上述约定有助于降低主承销商被动包销的风险。

要加强募集资金用途审查核实并确保资金用途合理

银行应详细审核发行人募集资金的具体用途，并按交易商协会的要求认真审核募集资金的使用方案及其合规性。应重点关注以下 4 个方面：一是对于债务融资工具募集资金中，用于补充企业流动资金的额度明显大于按银监会规定方法测算的流动资金需求量的；或发行人产能和销售收入均未增加，但流动资金需要量大幅增加的情形，要从严掌握；二是对于发行人债务负担较重的，应要求发行人提高募集资金中用于偿还存量银行贷款的比例，相应减少用于补充流动资金额度；三是对于发行中期票据、私募债、项目收益票据和永续债等用于项目建设的，要认真审核项目有关核准（备案）、环评和用地等审批手续的合规性，严禁将募集资金投向审批手续不全的项目，同时要关注项目其他建设资金来源的落实情况，以及项目的预期效益和偿债能力；四是严禁集团母公司将募集资金用于股权投资或房地产项目。

通过分期发行、分期兑付等方式降低集中兑付风险

考虑到债务融资工具一般注册发行的额度较大，且通常采取到期一次性兑付的方式，发行人到期集中兑付的压力较大。银行对企业债务融资工具发行金额较大的，应尽量采取在注册有效期内分期发行的方式，减轻集中兑付压力；特别是中期票据、私募债和项目收益票据等，原则上应采取“分期发行＋分期兑付”方式，如原拟一次性发行7年期限的中期票据，可调整为分2~3期发行，并约定合理的分期发行间隔期，错开兑付时点，降低集中兑付风险。

规范募集资金的归集和拨付管理

银行作为主承销商承销债务融资工具时，应要求发行人将募集资金全部归集至本行指定账户，并接受银行对账户资金的监管。鉴于目前集团母公司作为发行人的情况比较普遍，除部分优质客户以外，对投资管理型集团母公司将募集资金拨付给下属实体性子公司使用的，应尽可能采取以下方式：一是要求发行人通过银行采取委托贷款方式将募集资金拨付给下属子公司使用，且委托贷款的期限不超过债务融资工具的到期期限；二是在委托贷款合同中约定：（1）委托贷款到期前，借款人须将偿还委托贷款的资金划入委托人（债务融资工具发行人）开立在银行的指定账户，专项用于兑付到期的债务融资工具，且委托人承诺接受银行对该指定账户资金的监管，即将用款企业的还款与债务融资工具的兑付匹配起来；（2）当借款人不能按期偿还上述委托贷款时，银行（主承销商）拥有不可撤销的代理委托人向借款人追偿委托贷款本息的权利，相关费用和损失由委托人承担。

落实兑付资金来源并力争分期提取兑付资金

鉴于债务融资工具均采取到期一次性兑付方式，为降低集中兑付风险，除少数优质客户以外，应尽可能落实分期提取兑付资金的方式。考虑到要求发行人提取大额偿债资金长期不允许动用将会降低其资金使用效益，可将法人理财与偿债专户资金运用结合起来。如因同业竞争等原因确难落实分期提取兑付资金，则银行至少应明确发行人兑付资金的来源渠道，评估发行人预期兑付资金来源的充足性和可靠性，同时加强对兑付资金来源的监管，确保相关兑付资金来源归集至银行指定账户。在债务融资工具到期前，银行要督促发行人及时筹措落实兑付资金，保障债务融资工具按期兑付。

强化债务融资工具的存续期管理

银行要强化债务融资工具从发行到兑付的整个存续期管理。要重点做好以下五个方面的工作：一是募集资金原则上应按不低于本行承销的份额归集到发行人开立在本行的监管账户，对他行作为簿记管理行的，本行应与其协商确定资金监管方式；二是对本行主承销的债务融资工具，发行人在使用募集资金时，银行必须严格审核资金用途。对存在发行人挪用资金风险的，可要求发行人采取受托支付等的方式，确保募集资金严格按照推荐注册时约定的用途和募集说明书披露的用途使用；三是要切实履行主承销商日常管理职责，督促发行人严格按照《银行间债券市场非金融企业债务融资工具信息披露规则》的相关规定履行信息披露职责；四是要加强对已投资债券的风险排查，增强投后管理的预见性和主动性，对已出现较高风险或存在较大风险隐患的债券，不再持有到期，应尽早处置，减少银行投资风险；五是在债务融资工具到期前，经办行须及时督促发行人筹集兑付资金，确保债务融资工具到期足额兑付。

实行差别化的收费标准

银行承销债务融资工具的主要收益是承销费。《债务融资工具管理办法》规定，债务融资工具所涉费率以市场化方式确定。实践中债务融资工具承销费的收费标准一般为：中期票据不高于0.3%/年，短期融资券不高于0.4%/年。银行可根据发行主体的综合实力、兑付能力和银行承担风险不同实行差别化的收费标准，对于综合实力一般、外部评级相对较低、银行承担的风险相对较高的企业，要适当提高收费标准，并争取发行人在本行办理更多的金融业务，提高银行承销业务的综合收益水平。

第 34 章　投贷联动与银行公司业务投行化

2016 年 4 月，银监会、科技部与人民银行联合发布了科创企业投贷联动试点方案，并明确了首批 10 家试点银行，市场期待已久的银行投资联动正式启动。事实上，近年来，国内银行同业一直在积极实践各种形式的投贷联动，因此投贷联动并不是新事物，但银行直接进行股权投资，以及银行在表内进行投贷联动，确是新事物。由于股权投资是层次最高、最复杂和不确定性最大的投资，银行表内投贷联动是把“双刃剑”，容易造成投资和信贷一荣俱荣，一损俱损的情况，金融创新还是要始终保持对风险的敬畏。投贷联动更重要的意义在于打通了信贷市场与资本市场，有利于商业银行为客户提供“债权 + 股权”全资产负债表的金融服务，有利于进一步推进银行公司业务投行化。本文从推动公司业务投行化的角度，谈谈对商业银行开展投贷联动业务的一些思考。

什么是投贷联动

投贷联动的定义

狭义的投贷联动，是指本次试点方案界定的银行业金融机构以“信贷投放”与本集团设立的具有投资功能的子公司“股权投资”相结合的方式，通过相关制度安排，由投资收益抵补信贷风险，实现科创企业信贷风险和收益的匹配，为科创企业提供持续资金支持的融资模式，其适用对象为试点银行业金融机构面向试点地区的科创企业。

广义的投贷联动，是指商业银行以客户为中心，根据客户经营和财务的实际情况，整合银行内外部各项资源和表内外各项产品，为客户提供“股权 + 债权”“商行 + 投行”“表内 + 表外”“贷款 + 顾问”的全功能、个性化、一揽子的金融解决方案，目的是协助企业成长，提升企业估值，银行通过分享企业股权的增值收益，在组合的层面上覆盖信贷风险。在广义投贷联动中银行的角色是“财务顾问 + 贷款 + 股权投资 + 总协调人”，实际上是指银行公司业务的投行化。本文重点讨论广义的投贷联动。

传统的银行贷款主要服务客户资产负债率的右上端，投贷联动和股债结合，可达到服务客户全资产负债表的目的，包括调整和优化客户资产、负债和权益及其内部结构[①]。客户的资产负债表改变后，相应地利润表也就改变了，企业的估值也就改变了，从而使银行投贷联动有可能通过股权增值收益覆盖信贷风险。

股权投资与债权投资的组合

股权投资与债权投资是两类性质不同业务，股权和债权投资的特点如下表：

表 10–3　股权投资和债权投资的区别

	股权	债权
1. 偿还期	没有固定到期期限，无须偿还	有固定的到期期限，需要到期偿还
2. 经营权	参与企业经营，决定企业战略、人事及财务等	不参与具体经营
3. 收益安排	收益不固定	获得固定收益
4. 剩余收益分配权	企业的剩余收益全部归股东	与剩余收益的分配无关
5. 承担风险顺序	保障债权安全，承担最终风险	债权人对所有者权益有追偿权

① 如调整资产结构，盘活低流动性资产，并把其转化为高流动性资产；调整负债结构，优化债务到期期限，减轻企业财务压力；增加企业所有者权益，改善资产负债状况，提升企业承债能力。

投贷联动还包括将两类投资的要素进行不同的组合，创新出兼具两者某些特点的新产品。例如，银行理财资金通过投资基金子公司专项资产管理计划，再通过专项资产管理计划参与企业股权投资，约定业绩回报基准，而不参与企业具体经营，当未达到业绩基准时，投资收益由股东或第三人补足；达到基准业绩以上，超出部分按约定比例分成，投资本金到期由股东或第三人回购，就是一款结合了股权和债权特点的产品。

投贷联动对企业和银行的效应

传统银行信贷追求的是低风险条件下的规模化，靠“广种薄收”获取利润；股权投资资金天然是冒险资金，是用来承担最后风险的，因而也追求更高的收益，股权投资追求的是高收益条件下的专业化，靠“精耕细作”获取利润，靠大数定律在组合层面上覆盖风险。

从企业的角度看，投贷联动和股债结合，大大扩宽了企业资金来源的渠道和可获得性，特别是企业以未来的股权增值为对价，获得了一定期间内无须偿还且不用支付利息的权益性资金来源，大大改善了企业的经营环境和财务压力。

从银行的角度看，一是股权投资和投贷联动丰富了银行服务客户的手段，特别是通过股权投资的增值收益，补偿了债务融资风险，拓展了银行金融产品的风险收益有效边界；二是外部机构的股权投资，提升了被投资企业的承债能力，为银行对企业提供债务融资留出了一定的空间，也提高了银行债务融资的安全性；三是债务融资扩大了企业资产和收入规模，改善了企业的财务状况，间接提升了企业的股权投资价值，增强了企业抵补债务融资风险的能力；四是银行通过股权投资，与企业建立了天然的“血缘”关系，可锁定银企长期合作关系，并成为企业金融业务的主办银行，这是投贷联动对银行更为重要的意义。银行通过企业存款、结算、汇兑、托管、代发工资甚至员工个人金融业务，可获得综合性金融服务收入。

总之，投贷联动是商业银行跨机构、跨市场、跨产品的创新服务模式，通过投贷联动和股债结合，打通了企业的产品市场、信贷市场和资产市场的边界，从而使银行的还款来源不再局限于企业的实体经营和销售收入，还包括企业股权的增值收入（特别是资本市场的增值收入），如企业上市或定增转为上市公司股权后二级市场的减持收入、股权出售或转让收入、原股东或其关联方股权回购收入等。

投贷联动业务的核心是股权投资的退出

投贷联动的要义是“以投补贷”，即用股权增值收益弥补债权融资风险，因此，股权投资能否增值、未来股权能否变现、股权变现收益能否覆盖信贷损失，是投贷联动能否实现可持续发展的三个关键问题，其中股权投资能否增值和变现，在目前条件下很大程度上还是依赖一、二级市场的价差和上市预期。首先，股权投资是高风险的投资行为。企业的实体性对外投资一般包括三类，即存货投资、固定资产投资和长期股权投资。必须清醒认识到的是，对外股权投资是上述三类投资中投资回收时间最长、收益最不确定、风险最大的投资行为；其次，股权投资需要独特的眼光、专业的知识和成功投资的丰富实践。眼光决定利润，要有发现“黑马”的能力，发现别人发现不了的机会。如徐小平 2010 年起先后投资聚美优品 38 万美元，持有聚美优品 8.8% 的股份，2014 年聚美优品上市后，徐小平持有股票的账面价值达 3.4 亿美元，不到 4 年时间获得了 800 多倍的回报，这不是每个投资机构都能做得到的；再次，股权投资机构还有协助企业成长的各种资源，以及实现投资退出的丰富渠道。“投”是很简单的，关键是股权投资机构要有协调各种资源帮助企业成长的能力，使企业各个方面得到提升，财务报表得到优化，把企业“打扮好”后再把它卖出去，并卖个好价钱。总之，“投”是手段，不是目的，退出来才是目的。投贷联动中的“投”，不是真正的长期股权投资，银行或其附属机构是财务投资者而不是产业投资者，财务投资是有期限的，最终是要退出来的，而且要加上资金的时间价值。因此，在决定投之前，就要想好能不能退出来，“投”是为了“退”，“买”是为了“卖”。

银行为什么要开展投贷联动业务

银行传统的简单放贷模式已几乎走到尽头

从资金需求端看，首先，中国以间接融资为主体的金融体系，权益性资金来源的渠道很窄，加上过去经济高速增长时期企业负债扩张，造成国内企业的资产负债率普遍都很高，借款人过度融资的情况比比皆是，中国企业的资产负债表可能是全世界最差的；其次，金融脱媒的趋势越来越明显，大企业都是从资本市场、债券市场等渠道融资，留给银行（特别是中小银行）的都是中小企业和次优质客户；再次，经济下行期间，企业负债经营的风险大增，杠杆率越高的企业越脆弱，加上抵押物价值贬值，从第一还款来源和第二还款来源两个方面加大了银行信贷的风险。

从资金供给端看，首先，国内银行业的产能严重过剩，过度竞争，竞相放宽贷款条件，造成银行承担的风险快速增加；其次，其他金融机构（包括信托公司、券商、保险、基金子公司、各类 P2P 公司）纷纷加入债务融资提供方的行列，竞争日益激烈，各类金融创新层出不穷的，但实质上大多数仍在加杠杆，特别是借助理财资金和同业资金，市场上充斥着借短用长、期限错配和发新偿旧的“庞兹型”产品；再次，企业发债的门槛不断降低。近年来，交易商协会、交易所、发改委相继放宽了债务融资工具、公司债和企业债的发行标准，债券市场快速扩容。

总之，一方面，企业的还款能力越来越差，另一方面，越来越多机构加入放贷者的行列，债务融资市场泛滥，银行越来越难找到优质的放贷对象，债权人的安全越来越没有保障。

国内企业迫切需要权益性资金的注入

首先，中国市场不缺资金，但缺少资本，市场上债务性资金过多，但权益性资金不足。企业对股本权益性资金的需求较债务性资金更加迫切，特别是很大一部分企业资产负债率畸高，已不具备加杠杆能力；其次，国内大多数企业重视营业收入，不重视企业估值；重视搞实体经营，不太熟悉资本市场，也不重视借助资本市场的力量快速做大做强，部分商业模式、成长性和盈利前景均较好的企业，实体经营背后的股权价值未被充分挖掘，还有一些企业在资产或债务重组后，也具备股权增值的潜力；再次，银行通过投贷结合的方式，为企业引入一定阶段不用偿还，甚至无须支付利息，主要依靠二级市场减持或股权转让收入，而不仅仅是依靠企业销售收入偿还的资金，有利于企业减轻财务负担，促进企业健康发展；最后，企业生产层面可以创造效益，销售层面可以创造效益，物流层面（采购、库存、销售）可以创造效益，资金层面可以创造效益（如优化自有资金与借贷资金的配比，提高资金运用效率等），而企业实体经营与资本运作相结合，可以创造出更大的效益。实际上，企业经营所有的行为都是交易，都是买卖，但最大的买卖是企业股权层面上的买卖。企业做好了实体经营，就可以在资本市场上卖个好价钱。

未来几年居于企业上市预期的股权投资仍具有投资机会

首先，随着国内多层次资本市场的快速发展，企业股权的流动性将大大增强。当前除主板、中小板和创业板外，新三板市场快速扩张，各类私募投资基金、创投基金、产业投资基金非常活跃，特别是随着未来注册制的推出，优秀企业的股权更容易在资本市场实现增值、交易和流动，企业股权的价值更容易在资本市场或二级市场上得到体现及变现，今后股权投资及交易将更趋活跃。任何行业都有生命周期，只有投资没有，任何经济环境下都会有一些领域具有投资机会，如银行信贷的冬天，就是资产管理公司处理不良资产的春天；其次，高净值人群有参与股权投资的愿望。当前高净值人群快速增长，居民手中大量的流动性资产需要找到一个风险收益比相对较好的出口。近期非标理财、P2P及民间借贷等领域的风险集中爆发，信用债也已进入一个高违约时期，居民传统的投资渠道正在发生变化，特别是随着资本市场的发展，股权投资正逐步替代以前的实物投资、债权投资和银行理财。在高净值人群的资产配置中，股权投资的需求及配置比例逐步提高，为银行扩展表外代理股权投资业务提供了广阔的空间；再次，国内居于企业上市或重组预期的股权投资可能还是一个风险收益比相对较好的投资领域。当前企业 A、B、C 轮融资之间的估值差以及一、二级市场的价差始终存在，银行通过投贷联动全方位支持企业的发展，有利于企业股权在资本市场实现增值。而且，股权（股票）投资的风险不一定比债权投资（包括贷款和非标债权投资）的风险高。长期以来，房地产投资、理财投资甚至贵金属投资较好的收益，使人们忽视了股权（股票）投资的优点，放大了其缺点。实际上，在当前经济下行且企业杠杆率普遍很高的背景下，发放贷款的风险一点儿不比股权投资小。贷款发放之后，银行没有有效的纠错机制，而且钱变成物之后，流动性很差，除资产价值贬值风险外，实物资产的处置远比股票更难，真正发生风险时，抵押资产往往还存在一堆纠纷，因此贷款出现不良可能比股票投资失误的后果更加可怕。

投贷联动的有关政策及实践

投贷联动的有关政策历程

2009 年 5 月 5 日，银监会、科技部下发了《关于进一步加大对科技型中小企业信贷支持的指导意见》，首次提出投贷联动融资模式。

2014 年 10 月 9 日，国务院《关于加快科技服务业发展的若干意见》提到要探讨投贷结合的融资模式。

2015 年 3 月 13 日，国务院发布了《关于深化体制机制改革加快实施创新驱动发展战略的若干意见》，明确提出要“完善商业银行相关法律，选择符合条件的银行业金融机构，探索试点为企业创新活动提供股权和债权相结合的融资服务方式，与创业投资、股权投资机构实现投贷联动”。

2015 年 5 月 8 日，银监会副主席周慕冰在国务院相关政策吹风会上明确表示，银监会正在研究投贷联动机制，鼓励条件成熟的银行探索建立科技企业金融服务事业部积极支持科技创业企业发展。

2015 年 6 月 11 日，国务院发布《关于大力推进大众创业万众创新若干政策措施的意见》(国发〔2015〕32 号)，提出要“拓宽创业投资资金供给渠道，进一步降低商业保险资金进入创业投资的门槛。推动发展投贷联动、投保联动、投债联动等新模式，不断加大对创业创新企业的融资支持”。

2015 年 9 月 24 日，中共中央办公厅、国务院办公厅印发了《深化科技体制改革实施方案》，提出要“完善商业银行相关法律，选择符合条件的银行业金融机构，探索试点为企业创新活动提供股权和债权相结合的融资服务方式，与创业投资、股权投资机构实现投贷联动”。

2016 年 1 月，银监会尚福林主席在全国银行业监督管理工作会议上表示，将推进科技创新创业企业投贷联动融资的试点工作。目前监管部门推动投贷联动的思路已经基本明确，预计近期监管部门将出台科创企业投贷联动融资试点的指导意见，允许有条件的银行设立子公司从事科创企业的股权投资，并将优选有意愿的创新区进行试点。

2016 年 2 月 3 日，李克强总理主持国务院常务会议，部署建设双创基地发展众创空间，加快培育新动能，提出“引导和鼓励天使投资、创投基金等入驻双创基地和众创空间，选择金融机构试点开展投贷联动融资服务”。

2016 年 4 月 21 日，中国银监会、科技部与人民银行联合发布《关于支持银行业金融机构加大创新力度，开展科创企业投贷联动试点的指导意见》，鼓励和指导银行业金融机构开展投贷联动业务试点，并明确了首批 10 家试点银行。

国内银行投贷联动的实践

虽然我国实行严格的分业经营、分业监管，但近年来，国内主要商业银行通过与外部股权投资机构合作、在境外设立投行机构或通过表外代客资产管理等方式，参与股权投资和各种形式的投贷联动实践。

工、农、中、建、交五大银行均在香港设立了附属投行机构（如工银国际、农银国际、中银国际、建银国际、交银国际），并几乎都拥有投行业务全部牌照，可提供包括 IPO 承销、增发、境外债券承销和发行、提供夹层融资以及直投等全部投行业务等，这些投行机构可在境内设立直投子公司或参与设立产业基金（如中银国际渤海产业基金和工银国际鄱阳湖产业基金），并与境内银行开展投贷联动业务。

国开行根据国务院批复的改革方案，获得了直接进行股权投资的牌照，其全资子公司国开金融有限责任公司（下称国开金融）成立于 2009 年，目前注册资本金 508.7 亿元，专门从事私募股权基金、直接投资、投资咨询和财务顾问等业务。截至 2015 年末，国开金融累计投资超过 300 个项目，累计对外投资 1 200 多亿元。国开行可将直投业务和银行业务对接，开展投贷联动业务。

股份制银行方面，招商银行于 2010 年启动了“千鹰展翼”计划，无须担保抵押，专为创新型中小企业的成长服务，其主要创新做法就是投贷联动；民生银行、光大银行等银行推出了选择权贷款产品，银行在为企业提供贷款及顾问服务时，企业为银行创设一项特定权利，银行有权在约定的期间内，指定投资者按照协议约定的投资入股价格、份额和期限，对目标公司进行股权投资，企业无条件配合指定投资者入股权的行使；浦发银行与上海国际集团创业投资有限公司、上海再担保公司推出了“投贷宝”产品，浦发银行还推出“PE 综合金融服务方案”，整合券商、律师、会计师等中介机构，建立“财务顾问 + 托管”的模式，从融资、投资、管理、退出、托管和咨询等多方面为股权投资机构提供服务；广发银行联合人保财险以“新三板”为平台，共同开展投贷联动，并为挂牌企业并购、资产重组提供顾问服务及融资支持，并向合作券商推荐有挂牌意向的优质中小企业；华夏银行于 2016 年初成立中关村管理部，将投贷联动作为重要的工作抓手，在与多家天使和创投机构沟通的基础上，积极探索投贷联动服务模式，布局科技金融创新业务。

城商行方面，北京银行于 2015 年 6 月设立“中关村小巨人创客中心”，服务对象是科技、文化、绿色领域的创客，以投贷联动创新为主线，通过联动企业、机构、银行、政府等多方资源，围绕股权投资、债权融资、创业孵化开展工作，搭建一个股权投资和债券融资联动的平台，推动北京银行探索中国的“硅谷银行”运营模式；2015 年 10 月，上海银行与互联网股权融资平台筹道股权合作，向平台的投资人推出“创投贷”试点；上海农商银行开发出针对成长期企业的股权质押贷款，针对 Pre-IPO 企业的信用和质押贷款，以及订单融资等科技型中小企业信贷产品。

民营银行方面，上海华瑞银行通过和君联资本、美国国际数据集团（IDG）、华兴资本等知名风险投资机构合作，获得项目筛选和导入，开展投贷联动业务。2016 年 1 月，华瑞银行与互联网理财平台“懒财网”达成战略合作协议，以投贷联动的方式向懒财网提供约 2 亿元的授信额度。

目前上海正探索筹办两大科技特色银行——张江科技投资银行和民营张江科技银行，并将此作为我国的战略性新兴产业的策源地，上述银行分别侧重投贷联动和信贷服务创新两个方面。

当前国内银行参与股权投资和投贷联动的主要模式

《商业银行法》规定：“商业银行不得向非自用不动产投资或者向非银行金融机构和企业投资”。近年来，国内银行主要通过“迂回”方式开展投贷联动业务。国内银行参与股权投资和投贷联动主要包括以下 4 种模式：即“表内贷、表外投”“母行贷、子公司投”“内部贷、外部投”和“境内贷、境外投”。

“表内贷、表外投”模式：银行表内贷款 + 表外代理股权投资

（1）银行贷款 + 表外理财资金参与带回购条款的股权投资。该模式下，股权投资的操作方式为：银行普通客户理财资金投资券商、基金子公司设立的专项资产管理计划，约定投资金额和投资期限，由专项资产管理计划购买原股东持有标的企业部分股权或直接增资入股标的企业，投资收益由股东或第三人按期支付，投资到期由股东回购或第三人无条件受让标的企业股权或资产管理计划份额。在该模式下，股权投资方仍获得确定的固定回报，银监会认定该类带回购条款的股权投资仍属非标债权投资范畴。该模式交易结构如图 10–1 所示。

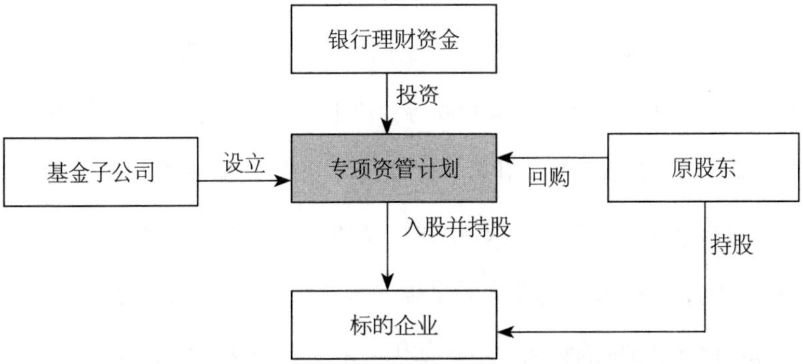

图 10–1　表外理财资金参与带回购条款的股权投资示意图

（2）银行贷款 + 表外私人银行客户理财资金投资股权基金优先级份额。以某银行近期完成的私人银行客户理财资金参与股权投资项目为例，该模式下股权投资的操作方式如下：A 公司拟增资扩股 10 亿元，私募股权投资机构 B 基金管理公司拟通过设立股权投资基金的方式参与其中的 2.1 亿元。交易结构如图 10–2 所示。

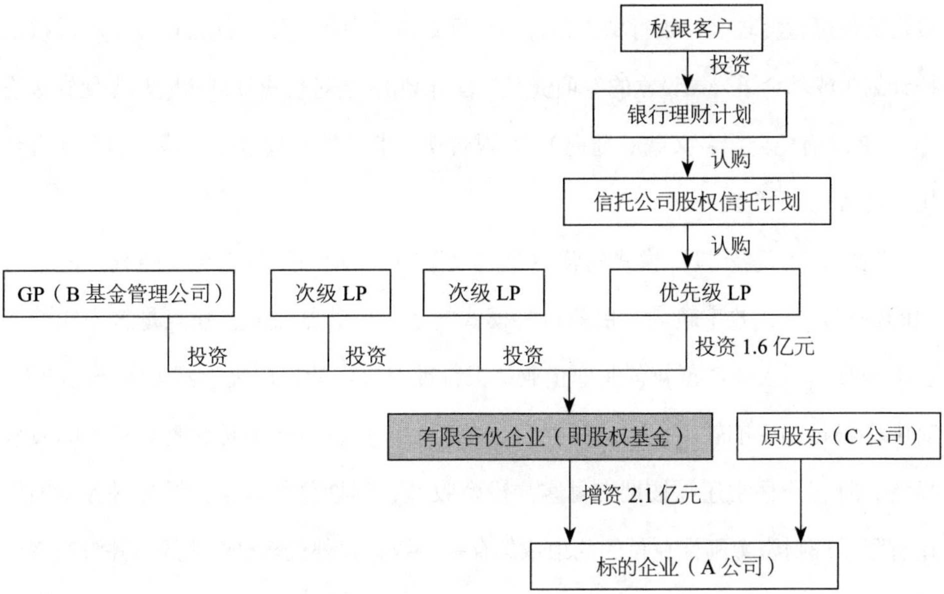

图 10–2　私人银行客户理财资金投资股权基金优先级份额示意图

在本案例中，B 基金管理公司发起设立有限合伙企业（即股权投资基金），由其担任 GP 并投资 1 000 万元，LP 出资份额 2 亿元拟通过向合格投资者募集资金的方式解决，其中优先级份额与次级份额的比例为 4∶1。优先级份额 1.6 亿元拟通过与银行合作的方式募集，次级份额 4 000 万元由 B 基金管理公司负责募集，投资期限 5+1+1 年，优先级合伙人预期年化收益率 7.5%，投资收益来源于 A 公司分红、二级市场减持或向第三方转让股权所获得的股权溢价。投资期内 A 公司每年分红应不低于净利润的 60%，分配顺序为首先满足优先级合伙人 7.5% 的年化收益；如有剩余，再满足次级合伙人 7.5% 的年化收益；如仍有剩余，按 1∶9 比例在优先级和次级合伙人之间进行分配。退出方式为：若 5 年内 A 公司未能上市，则由原控股股东 C 公司在期满后 1 年内无条件溢价回购基金所持有 A 公司的全部股权（溢价水平为 6.5%/ 年扣除 A 公司历年对基金的分红）；若 5 年内 A 公司实现上市，基金在 2 年内以出售或转让股票方式退出。基金可向 A 公司委派董事和监事各 1 名，A 公司上市事宜需经全体董事一致同意。当 A 公司股票上市发行价格相比基金入股价格溢价低于 3.6 倍时，优先级合伙人对 A 公司上市方案有一票否决权。上述方案中，对优先级合伙人投资的保障程度较高，银行私人银行客户理财资金可投资于信托公司设立的股权信托计划（或基金子公司设立的专项资产管理计划），通过信贷计划认购基金优先级份额（LP 以信托公司名义载册登记）。有限合伙企业（即股权基金）募集的全部资金用于对 A 公司增资。

“表内贷、表外投”模式的优点是“投”“贷”均由银行主导，能统一考虑客户的融资需求，效率较高，目前这种模式的运作已非常成熟。缺点是客户的准入要求较高，不大适合创新创业型企业；银行理财投资能力取决于募集资金的能力，对中小银行的影响较大；银行理财资金参与的股权投资还不是完整意义上的股权投资，且客户通常还需按期支付客户投资收益，到期兑付本金，缓解财务压力作用有限；理财资金刚性兑付的约束依然存在，银行表外代客投资的风险并没有完全转移。

“母行贷、子公司投”模式：国开行贷款 + 子公司直投

该模式的主要代表是国开行的“母行贷款 + 国开金融股权投资”。在本次银监会批准 10 家投贷联动试点银行之前，国开金融是国内唯一获得直接进行股权投资业务牌照的银行子公司，其主要业务包括基金业务、新型城镇化、产业投资和海外投资四大板块。国开金融既可直接投资，也可通过定向增发、借壳上市等方式参与企业股权重组、资产重组或债务重组，并对目标公司形成投资，还可通过基金或母基金等方式参与企业股权投资，同时国开金融与国开证券的配合，可为客户提供完整的从股权投资到企业上市的一揽子金融服务。以国开金融与苏州创投集团有限公司合作发起的国创母基金为例，国开金融参与股权投资的交易结构如图 10–3 所示。

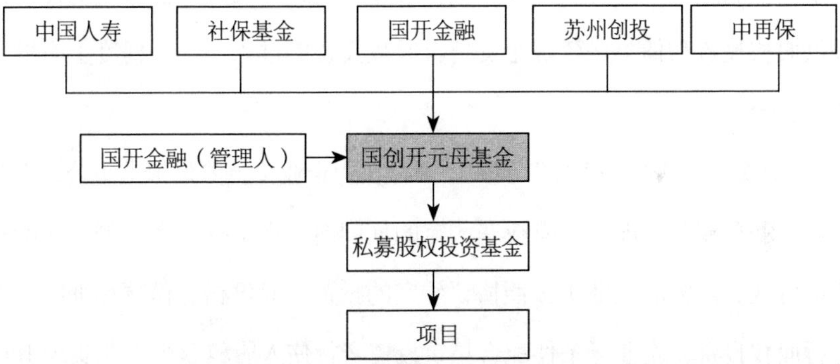

图 10–3　国开行“母行贷，子公司投”模式示意图

“母行贷、子公司投”模式的优势在于投贷都通过银行表内的方式进行，可在银行层面实现以股权增值收益弥补信贷风险损失，有利于客户资源的深度挖掘，同时投贷联动不仅补充了创新创业型企业稀缺的权益性资金来源，而且通过股债结合，一揽子解决了创新创业型企业融资难的问题，缓解了其财务压力。缺点是风险无法分散，客户出现问题可能导致银行投贷同时失败，放大了银行承担的风险。

“内部贷，外部投”模式：银行贷款 + 外部机构股权投资

银行与外部股权投资机构开展投贷联动，是当前国内银行采用最广泛的一种投贷联动模式，双方合作方式主要包括以下几种：

（1）“先投后贷”模式。即外部机构先进行股权投资，银行再择优发放贷款。外部股权投资增加了企业的所有者权益，降低了企业的资产负债率，企业的承债能力相应提高了。对于股权投资后改善了财务状况及治理结构的企业，银行可结合贷款的准入标准再筛选一遍，择优给予一定的信贷支持。

（2）“先贷后投”模式。对于外部股权投资机构有投资意向，但需要时间完成注资的，银行可先给予企业“过桥贷款”，外部投资机构注资后，注资资金可用于偿还银行贷款。

（3）“即投即贷”模式。对于企业需要较大资金支持，既不想股权过于稀释，也不想过多负债的，银行可与股权投资机构合作，通过“股权 + 债权”的方式分别为企业提供股权投资和债务融资资金支持。股权投资的进入，一定程度上有助于降低银行贷款风险。

（4）“贷款 + 可认股选择权”模式。银行在为企业（主要是拟上市公司）提供贷款时，附带一项权利，即银行有权在约定的期间内，指定投资者（如合作的私募股权投资机构或集团关联企业）按照协议约定的投资入股价格、份额和期限，对目标公司进行股权投资，企业无条件配合指定投资者行使入股权。当企业实现 IPO 或者股权转让等股权增值后，由投资者抛售所持的该部分股权或期权回笼现金，再由投资者按照约定，将相关投资收益以融资顾问费等方式返还银行。银行也可在企业上市前将上述认股期权溢价卖给外部股权投资机构。此外，银行亦可按上述思路，在贷款时附加在约定期限内可将部分债权转成股权的权利，并在确定有溢价时将上述权利卖给外部股权投资机构，以股权投资机构的入股资金偿还贷款并实现投资收益。

（5）“外部投资机构为银行对企业的贷款提供担保或银行直接对外部投资机构贷款”模式。银行与股权投资机构合作时，可对股权投资机构已评审通过拟进行投资的项目配套提供一定金额的贷款支持，并给予一定的利率优惠，以增强股权投资机构的竞争力，但投资机构须对被投资企业的贷款提供担保；或者银行直接对股权投资机构贷款，投资机构在进行股权投资后，对于企业配套的债务融资需求，投资机构可将资金委托给银行，通过发放委托贷款的方式解决，并可将对应的股权质押给银行，或由被投资企业按其借款份额，为银行对投资机构的贷款提供连带责任保证。

“内部贷、外部投”模式，有利于银行和投资机构双方共享客户资源，发挥各自专业优势，实现优势互补；缺点是银行无法实现以投补贷，而且双方的风险偏好不同，客户判断标准不一，协调成本较高，决策效率较低。

“境内贷、境外投”模式：境内银行贷款＋境外子公司投资

国内五大行等商业银行在香港都设有投行子公司，可以通过内外联动的方式实现投贷联动。如银行境内分支机构将有股权融资需求的优质客户资源推荐给境外子公司，境外子公司从中筛选客户并通过自有资金直接进行投资，此外，这些境外子公司还可通过在境内设立有限合伙企业等方式，建立了境内股权投资平台，进行股权投资。由于这些境外子公司具有投行业务全牌照的优势，除直接投资境内企业股权外，还可提供 IPO 承销、增发、境外债券承销和发行、夹层融资等配套服务。境外子公司以在境内设立基金的方式，参与境内股权投资的示意图如图 10–4 所示。

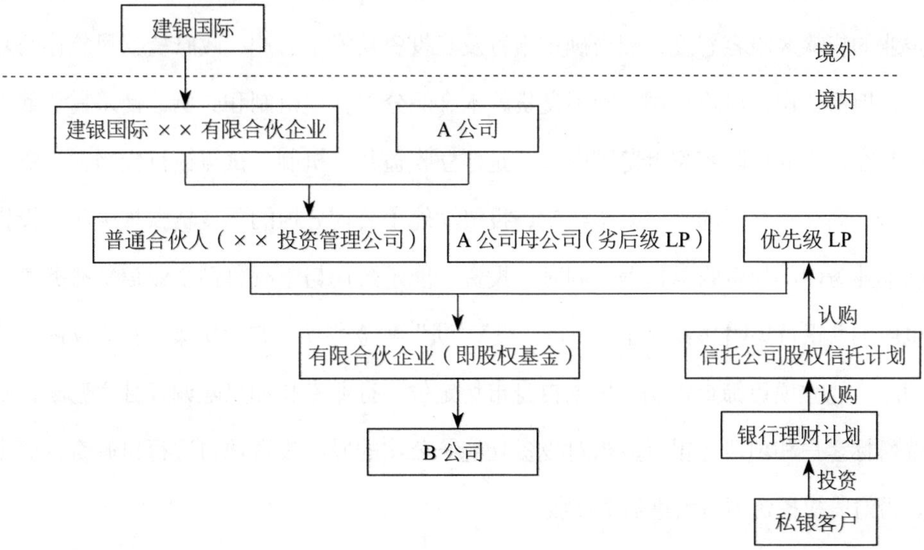

图 10–4　“境内贷、境外投”模式示意图

“境内贷、境外投”模式中，“境外投”是包括直接投资的完整意义上的投资银行业务，较国内直接投资能够为企业提供更全面的金融服务。这种模式的缺点是境外投行子公司不能提供境内的IPO、定增、发债等配套服务，由于受跨境地域的限制，境外投行子公司直投后的后续服务能力稍显薄弱。

目前试点方案中的投贷联动模式

目前试点方案中的投贷联动模式为：试点银行设立具有投资功能的子公司开展股权投资，同时银行设立科技金融专营机构，专司与科创企业股权投资相结合的信贷投放业务。投资功能子公司应当作为财务投资者，可选择种子期、初创期、成长期的非上市科创企业进行股权投资，分享投资收益、承担相应风险，按照约定参与初创企业的经营管理，适时进行管理退出和投资退出。在投贷联动业务的风险防控机制方面：一是建立“防火墙”。在开展投贷联动业务时，投资功能子公司应当以自有资金向科创企业进行股权投资，不得使用负债资金等非自有资金；投资功能子公司应当与母行实行机构隔离和资金隔离；银行在开展科创企业信贷投放时，贷款来源应为表内资金。二是建立风险容忍和风险分担机制。试点银行应当合理设定科创企业的贷款风险容忍度，应当确定银行及其投资功能子公司、政府贷款风险补偿基金、担保公司、保险公司之间不良贷款本金的分担补偿机制和比例，使不良贷款率控制在设定的风险容忍度范围内。三是建立收益共享机制。试点银行应当在投资与信贷之间建立合理的收益共享机制，投资功能子公司分担的不良贷款损失应由投贷联动业务中的投资收益覆盖。同时，投资功能子公司与银行科创企业信贷账务最终也应纳入银行集团并表管理。四是“投”“贷”独立判断，自行决策。投资功能子公司应当建立项目筛查机制，根据自身市场定位、行业专长和风险偏好独立判断，筛选目标客户和项目。银行应当对投资功能子公司的股权投资项目进行再筛查，确定是否对股权投资项目跟进信贷投放。

当前商业银行开展投贷联动业务应重点关注的几个问题

近年来，国内主要商业银行大部分都已开展了卓有成效的投贷联动实践，目前试点方案主要对银行集团内部的投贷联动业务予以引导和规范，除试点银行的表内投贷联动模式外，今后“表内贷、表外投”“内部贷、外部投”和“境内贷、境外投”等投贷联动模式仍会是银行开展投贷联动业务的重要模式。当前商业银行开展投贷联动业务应重点关注以下几个问题。

充分认识银行表内开展投贷联动业务是把“双刃剑”

目前，银行同业对争取投贷联动试点的热情很高，但从政策导向上看，监管层本次推出的投贷联动试点主要是配合国家培育创新型企业战略的实施，是国家创新驱动发展战略的组成部分，表内投贷联动的主要对象是科创企业，客户对象本身具有风险较高的特征。而且，与此前的“表内贷、表外投”“内部贷、外部投”等模式不同，试点银行开展的投资联动业务，是商业银行的表内股权投资，企业因银行股权投资降低的资产负债率，实际上起不到降低银行贷款风险的作用。银行在表内开展投贷联动时，股权投资和贷款的收益或损失，都将同时直接反映在银行利润表内，不具有前两种模式中“投”“贷”之间风险隔离的功能，容易造成“投”“贷”一荣俱荣、一损俱损。因此，银行表内开展投贷联动是把“双刃剑”，具有放大收益和风险的功能。例如，一个还不了贷款的客户，其股权也没有价值；反之，如果股权投资失败，则贷款本金往往也难以收回。因此，金融创新要敬畏风险，必须充分认识到企业股权层面的投资是最高层次、最复杂、不确定性最大的投资，要专业、审慎、稳妥地开展投贷联动业务。

选择适合做投贷联动的客户并设计合适的产品

无论是投资还是信贷，客户风险都是首要风险。如果企业经营失败，债权人和投资者都会遭到损失，因此，遴选好的客户对股权投资和发放贷款都同等重要，选好了客户就控制了风险的源头。但信贷的核心是客户能不能还款，股权投资的核心是股权能否退得出来，两者的客户选择标准又有区别。首先，银行选择投贷联动的目标客户，从风险控制的角度看，至少应是成长期而非初创期的企业，或至少经过A轮或B轮融资，具备比较清晰的商业模式，有一定的创现能力，在可以预见的未来3~5年里具备持续经营的能力，有比较好的成长性和上市潜力，或经过培育后有比较好的上市的潜力，或即使不能单独上市，也具有被上市公司或大企业收购的潜力，否则，所谓“股权增值”或“以股权增值收益弥补信贷损失”，就难以真正落到实处。必须清晰地划分出天使投资和投贷联动不同对象的边界；其次，与传统信贷注重企业销售收入还款不同，投贷结合业务既看重企业的销售收入，也看重企业的估值，并将贷款的还款来源从利润表延伸到资产负债表，即投贷结合业务的还款来源是“销售收入+股票减持或股权转让收入”，经营净现金流至少要能覆盖贷款利息并偿还一部分本金，剩余部分本金偿还及超额收益的实现可通过股票减持或股权转让实现；再次，要做好投贷联动的产品设计，如股权投资重点解决企业的资本性需求，贷款主要解决企业流动资金需求，过桥融资主要解决确定投资与投资资金到位的时间差。

加强与外部专业投资机构的合作开展投贷联动业务

虽然试点方案明确指出，试点银行投资功能子公司可直接进行股权投资，但股权投资是非常专业的事情，既要有独到的眼光，更需要有退出渠道方面的优势，此前商业银行并无表内股权投资的经验，所谓“隔行如隔山”，股权投资并非商业银行的强项。因此，在试点初期，银行要加强与专业股权投资机构的合作，借助它们的投资理念和在募、投、管、退等方面的专业能力，有效地甄别和管控风险。银行在挑选合作股权投资机构时，要注重管理团队的专业背景、投资经验、投资能力、过往业绩和社会公信度等，注重外部投资机构协调各种资源协助企业成长、推动企业上市以及各种情况下处置企业股权的能力，精心挑选优秀的投资机构合作开展投贷联动业务。银行表内股权投资及投贷联动是个小众市场，试点初期不宜大规模铺开做，在与投资机构合作的过程中，银行可充分利用投资机构遴选项目的丰富经验，选择部分其拟投资的项目跟投；同时努力学习其在股权投资项目的交易结构设计、合同协议条款制订以及退出机制安排方面的经验，学习其专业的项目筛选能力、资本市场运作能力和投资管理能力，尽快弥补自身的短板。在此基础上，银行还要加强与政府引导基金、创业投资基金、创业产业园区，以及会计师事务所、律师事务所等中介机构的合作，特别是企业上市及相关资本市场服务离不开证券公司，而目前，银行不允许直接持有证券公司股权，银行直接投资企业股权后的配套服务不够完整，因此，加强与证券公司的合作，对提升银行的投资能力、服务能力及风险管控水平均具有重要意义。

探索构建与投贷联动相适应的考核机制

信贷的收益是固定的，任何一笔贷款发生风险都是本金损失，很难以利息收入弥补本金损失；股权收益是浮动的，如企业上市后股票价格可能是其原始投入的几倍、十几倍甚至几十倍，因此其有可能在组合层面上平抑风险。因此，“捆绑考核”才能做到“以投补贷”。可以探讨对银行涉及投贷联动业务的股权投资及配套信贷资金均实行限额管理，同时适当拉长考核周期，衡量一段时间内（如三年或五年）全部或某个考核板块的投贷联动业务收益覆盖损失的情况，重点考核组合层面上风险对冲情况。考核周期不宜过短，不宜投贷分开考核，也不宜按单笔业务进行考核。

广义的投贷联动是商业银行公司业务投行化的重要手段

投贷联动最终要放在如何做好商业银行对公业务的框架下进行讨论。无论是股权投资还是发放贷款，都是银行服务对公客户的手段，是商业银行为客户提供一揽子金融解决方案工具箱中的工具之一。传统信贷眼中只有一个市场，即企业实体经营涉及的产品市场，主要考虑营业收入作为还款来源，但随着国内金融日益深化以及多层次资本市场的快速发展，实体经济与虚拟经济、产品市场与资本市场已深度融合，多市场之间日益互相渗透，影响企业利润表的因素越来越多，广义的投贷结合就是要同时考虑产品市场、资本市场等多个市场及其相互之间的影响。今后企业只满足于生产销售可能难以做大做强，银行只满足于简单放贷可能难以生存，无论是企业还是银行，不懂资本市场都是不行的。未来银行公司业务转型的重要方向是公司业务投行化，即打通企业实体经营与信贷市场、债券市场与资本市场的通道，为企业提供“股权＋债权、商行＋投行、融资＋顾问”全资产负债表的金融服务。企业是生产专家、制造专家、技术专家，但可能不是金融专家、财务专家、并购专家、资本运作专家，而银行是这些方面的专家，特别是银行还是企业资金流、信息流的处理中心，具有明显的信息优势。今后银行要在深入研究客户的基础上，做到比客户更了解客户，同时针对客户实际情况，整合各种资源，为企业提供从债权融资到股权融资，从账户管理、支付、清算、托管到供应链整合、大数据服务及公司理财，从企业诊断、报表优化到企业上市、定增、并购、重组、股权转让，从企业财务顾问到企业各类金融服务的总协调人等全产品、全功能、全方位、一揽子的金融服务，协助企业实现从生产经营层面的扩展到股权层面的增值全方位的成长，并让银行有机会分享企业成长的收益。

光大银行中电设备选择权贷款案例[①]

江苏中电设备制造有限公司（以下简称中电设备）成立于1990年，主营业务为输配电设备的研发、制造及销售，是中电电气集团四大体系（分别为电力变压器、

① 《光大另类PE选择权贷款模式背后的玄机》，搜狐媒体平台－搜狐网站，http://mt.sohu.com/20151122/n427508402.shtml，2015-11-22。

太阳能光伏、绝缘防护材料和成套电气）发展的基础。该公司注册资本本 1.5 亿元，计划于 2011 年 3 月完成上市材料申报，当年年底完成 IPO 挂牌。

2008 年金融危机期间，中电设备向光大银行南京分行申请贷款 4 亿元，用于补充流动资金，保持企业的可持续发展。光大银行对企业调查后发现：（1）该公司 2007 年、2008 年的资产负债率均处于高位，基本维持在 90% 左右；（2）该公司短期贷款余额较高，2007 年为 6.04 亿元，2008 年增加到 6.778 亿元。根据了解到的情况，光大银行认为，中电设备财务状况欠佳，对银行贷款的需求比较迫切，考虑到中电设备未来有较为明确的上市计划，光大银行同意对中电设备贷款的前提条件是中电设备应与该行额外签署一份附加协议，即光大银行有权在约定的期间内，指定合作的 PE 机构对目标公司进行 1 亿元股权投资。最终双方达成一致，中电设备在签署了附加协议后并取得了贷款。

2009 年底，中电设备更名为中电电气（江苏）股份有限公司（以下简称中电电气），2010 年 3 月，中电电气引进战略投资者，包括上海明煦、好万家等 5 家机构及 1 位自然人共出资 3 亿元，以每股 4 元的价格共获得中电电气 7 500 万股股权，持有其增资后 33.3% 的股份，中电电气注册资本从 1.5 亿元增至 2.25 亿元。但中电电气违反协议约定未将增资扩股事宜告知光大银行。光大银行得知此消息后，即要求中电电气兑现先前的承诺，准许其通过指定的 PE 机构入股。随后双方达成妥协，光大银行向中电电气再增加融资 3 亿元，其中 2 亿元为 5 年期贷款，1 亿元为入股资金，可由光大银行指定的 PE 机构行使，同时收取财务顾问费 600 万元。在认股期权的条件设定上，入股期限为“贷款结束前或上市申报材料前三个月”，中电电气承诺 2010 年净利润达到 1.5 亿元以上，每股收益为 0.6 元，否则光大银行或其指定的 PE 机构可以选择放弃认股权，仅获得约定的利息回报。在此基础上，2010 年 6 月，中电电气又进行了一次私募，即光大银行指定的 PE 机构——北京光大金控金能投资中心（以下简称光大金能）投资 1 亿元，按照每股 4 元的价格，获得中电电气 2 500 万股股权。2010 年 10 月，有关增资手续完成，中电电气的注册资金从 2.25 亿元增加到 2.5 亿元。完成增资后，光大金能以 10% 股份并列为第三大股东。

光大金能是光大银行主导发起设立的一只股权投资基金，采取市场化方式募集，但光大银行并不直接参与投资和管理，而是通过光大集团下属的光大金控资产管理有限公司设立光大金控（北京）投资管理有限公司（以下简称光大金控），由光大金控作为光大金能的 GP 及管理人，光大金能的 LP 为江苏宁石投资有限公司、上海兴元投资管理有限公司、苏州工业园区辰融投资有限公司、南京创元房地产开发有限公司、苏州羲融创业投资有限公司和苏州新康投资有限公司等。2010 年 6 月，光大银行将其拥有的以 4 元 / 股入股中电电气的权利，以 6 元 / 股的价格转让给了光大金能的 LP，同时将 2 元 / 股的溢价部分共计 5 000 万元作为自身的营业收入。

光大金能入股中电电气后，由于中电电气的业绩不理想，2010 年净利润 1 亿元，每股收益仅为 0.6 元，此后由于光伏行业市场发生剧烈变化，中电电气的上市计划被迫搁浅。

此笔光大银行选择权贷款是投贷联动业务的一次很有价值的尝试。光大银行通过贷款获得了可认股选择权，通过 PE 机构光大金能参与企业股权投资，通过将可认股选择权溢价转让给 LP，成功实现了可认股选择权的变现，获得了可观的投资收益。

后记

大约从 2010 年前后开始，我在日常工作中逐渐养成了记信贷笔记的习惯，主要记录工作中碰到的一些问题，自己的一些观察、思考和体会，与同行交流过程中思想的火花以及一些稍纵即逝的灵感，也记录了领导、同事，特别是“老信贷”前辈们宝贵的经验，甚至也包括饭桌上别人新颖的观点或独到的见解，几年坚持下来，大约记录了两大本笔记。现在回过头来看，这种每天一点一滴的积累和进步，还是让自己受益匪浅。此外，10 多年来，根据工作安排，我还承担了工商银行系统内信贷相关专业条线近百次的培训课程，也让我有机会不断梳理自己的工作经验和体会，不断完善自己关于银行信贷及风险管理方面的一些思考，期间也得到很多学员同事的鼓励，让我萌生了写作一本信贷实务方面的书的冲动。2013 年 7 月，我应“工银亚洲”的邀请，为“工银亚洲”的同事做了题为“信贷工作的 20 个常识”，为期两天的培训，主要内容即为本书的雏形，回到总行后就香港交流培训的情况向行领导写了一个签报。非常意外的是，易会满董事长（时任行长）在繁忙的工作中还翻阅了签报的附件（即本次培训的 PPT 课件），并在签报上批示：“课件内容很直观、通俗，但道出了风险把控的重点”，给我很大的鼓励。此后两年多时间里，我又在系统内外多次授课和交流的过程中，不断完善了有关框架、内容和观点。以上就是写作这本书的最初动机以及本书内容的主要来源。

信贷工作是银行一个实践性很强的专业。为了更贴近现实，本书还精选了 50 多个案例。本书涉及的每一个案例，都是作者职业生涯中亲历或印象尤其深刻的案例。为使案例与本书叙述的主题能够很好地结合起来，每一个案例的选择都权衡再三，其中凡是媒体有公开报道的案例，均采用公开资料进行整理分析，并均注明了出处；凡是来源于其他渠道的案例，作者均进行了精心的改编，改编后的案例并不指向特定的企业或项目，也不是某一笔业务的简单再现。当我每次面对这些成功或失败的案例时，都感触良多，反复告诫自己，信贷是时刻与风险打交道的专业，没有常胜将军，每一笔新的业务，都是一次风险决策，也都是一次新的考验。

本书的写作前后花了一年多的时间，一年多来，几乎从没有周末和假期，花费了我几乎全部的业余时间，且经常晨昏颠倒、深夜作昼。写作过程中的煎熬，还体现在学到用时方恨少，常常真切地感受到知识储备不足，专业水平有限，驾驭文字的能力不强，常感言不由衷、词不达意。

感谢我的母亲，母亲无比的勤劳和坚忍教会我人生中许多朴素的道理。感谢我的妻子柯伟玲女士，是她一直的鼓励以及与母亲共同承担了全部的家务，才让我这么多年来能心无旁骛地工作、学习和写作。

在过往的职业生涯中，我要感激成长路上曾给予我诸多关怀、指导和教诲的许多领导和师长，特别是要感谢引导我走上信贷工作岗位的工商银行授信审批部索绪全总经理。我和索总共事 12 年，长期在索总的领导和指导下工作，在观摩或参与无数项目的风险决策过程中，在耳濡目染、言传身教和潜移默化中，深受索总信贷思想的影响，本书的框架、思路和内容，主要得益于索总的日常指导，很多观点实际上也是索总在各种场合的见解。

感谢我的同事徐冰雪、吴琳和王溪若，他们帮我绘制图表、编辑文档格式和校对文字。感谢中信出版集团副总编辑、财经社社长王颖女士，王社长对本书“一见钟情”，在编辑过程中又对本书给予诸多肯定，使我深受感动又忐忑不安。中信出版社各位编辑身上表现出来的职业素养、敬业精神和市场意识，完美地阐释了中信出版社不愧为国内最好的财经类出版社。

由于作者能力及水平有限，书中肯定有不少错误和不足，恳请广大同行和读者批评指正。